HEYNE BÜCHER

ESOTERISCHES WISSEN

Von Shakti Gawain sind erschienen in der Reihe
HEYNE ESOTERISCHES WISSEN

*Im Garten der Seele* · Band 08/9563
*Meditationen im Licht* · Band 08/9610
*Das Leben-im-Licht-Programm* · Band 08/9621

Zusammen mit Laurel King:
*Leben im Licht* · Band 08/9535

SHAKTI GAWAIN
MIT LAUREL KING

# LEBEN IM LICHT

## QUELLE UND WEG ZU EINEM NEUEN BEWUSSTSEIN

WILHELM HEYNE VERLAG
MÜNCHEN

HEYNE ESOTERISCHES WISSEN
Herausgegeben von Michael Görden
08/9535

Aus dem Amerikanischen übertragen und bearbeitet von
Ursula Fassbender

Titel der Originalausgabe:
LIVING IN THE LIGHT
erschienen bei Whatever Publishing, Inc., Mill Valley, California

13. Auflage


Printed in Germany 1994
Umschlagfoto: Interfoto/Pogantke
Umschlaggestaltung: Atelier Ingrid Schütz, München
Satz: KortSatz GmbH, München
Druck und Bindung: Presse-Druck Augsburg

ISBN 3-453-03375-2

# Inhalt

# Danksagung

Ich möchte Laurel King meinen Dank aussprechen, die eine wichtige Rolle bei der Entstehung dieses Buches gespielt hat. Sie assistierte mir jahrelang in meinen Workshops und ist daher mit meiner Arbeit sehr vertraut. Sie sammelte und ordnete eine Unmenge Bandaufzeichnungen aus meinen Workshops, schrieb längere Passagen von einigen Kapiteln dieses Buches und entwickelte viele der Meditationen und Übungen. Und – was das Wichtigste ist – ihr klarer Geist und ihre sprühende Kreativität machten die Arbeit an diesem Buch zu einer wahren Freude.

Kim Peterson, der Herausgeberin dieses Buches, möchte ich ebenfalls für ihre vielen wertvollen Anregungen und Beiträge danken.

Meinen Partnern in unserem Verlag ›Whatever Publishing‹, Mark Allen und Jon Bernoff, danke ich für ihre Unterstützung. Jahrelang versuchte Mark auf jede erdenkliche Weise, mich dazu zu bringen, dieses Buch zu schreiben. Ich freue mich, daß seine Mühe nun schließlich belohnt wird.

Ganz besonderer Dank gilt meinem Freund Dean Patyk für seine beständige Liebe und Unterstützung. Ich bin voller Dankbarkeit für die Hilfe meiner wunderbaren Freunde und meiner Familie, die an meinem Wachstumsprozeß, der mit diesem Buch einherging, teilnahmen. Auch Michael Kayden, einem wichtigen Freund, sei hier gedankt, der mir in diesem Prozeß ein wertvoller Spiegel war.

Und zuletzt danke ich euch, meinen Lesern, Klienten, Schülern und Freunden, die mir soviel Liebe, Ermutigung und Anerkennung zuteil werden lassen.

# Einführung

## Der Beginn meiner Reise

Schon immer hatte ich den brennenden Wunsch zu verstehen, worin der Sinn des Lebens besteht und warum ich eigentlich hier bin. Rückblickend wird mir klar, daß mein ganzes bisheriges Leben der Suche nach Wahrheit und Erkenntnis gewidmet war.

Ich wuchs in einer sehr intellektuellen, gebildeten und nichtreligiösen Familie auf. Meine Eltern waren eigentlich Atheisten, und ich kann mich erinnern, daß ich schon sehr früh die Einstellung vermittelt bekam, der Glaube an Gott sei eine menschliche Erfindung, eine Phantasievorstellung und ein Aberglaube, der den Menschen helfen soll, mit dem absolut Unerklärlichen und Unerklärbaren in unserem Innern besser umgehen zu können. Die menschliche Existenz sowie alles sonst Bestehende war ganz einfach ein Zufall der Natur und hatte keine besondere ergründbare Bedeutung. Ich gab lieber zu, daß ich nicht wußte, wie und warum wir hier auf die Erde kamen, als irgendeiner simplen Erklärung zuzustimmen, nur um ein Gefühl der Sicherheit zu erlangen. Ich glaubte, daß Wahrheit etwas Rationales ist und alles, was nicht wissenschaftlich beweisbar ist, nicht existiert. Auch fühlte ich fast eine Verachtung gegenüber Menschen, die so schwach waren, sich einen Gott zu schaffen, an den sie glauben konnten.

Die positive Seite solchen Aufwachsens war, daß ich nur sehr wenig starre oder negative Verhaltensmuster entwikkelte, was Vorstellungen wie richtig und falsch, Himmel und Hölle oder Sünde anbelangt. Viele Menschen werden diesbezüglich in ihrer frühen religiösen Erziehung sehr negativ vorprogrammiert. Darüber hinaus hatte ich Eltern, die mich als klare, intelligente und starke Persönlichkeit betrachteten. Obwohl sie sich scheiden ließen, als ich noch nicht einmal zwei Jahre alt war, erhielt ich eine Menge Unterstützung von ihnen, besonders von meiner Mutter, bei der ich aufwuchs.

Meine Mutter ist ein sehr aufgeschlossener und abenteuerlustiger Mensch. Sie hat anscheinend nicht so viele Ängste, wie andere Menschen ihrer Generation, so daß ich niemals zu der Lebenseinstellung gelangte, die Welt sei gefährlich oder angsterregend. Meine Mutter lernt gerne neue Gegenden kennen, und so reisten wir viel, als ich klein war – durch ganz Amerika, zu den westindischen Inseln, nach Mexiko, Hawaii und Europa. Wir zogen auch häufig um. Bis zu meinem fünfzehnten Lebensjahr habe ich nirgends länger als zwei oder drei Jahre gewohnt. Meine Mutter probiert auch gern Neues aus, und so wurde sie für mich zu einem großen Vorbild an Unerschrockenheit und Pioniergeist. Sie war eine der ersten gebildeten Amerikanerinnen ihrer Generation, die ihr Kind durch eine ›sanfte Geburt‹ zur Welt brachte. Ich war das erste Kind, das ihr Arzt ohne Narkose entband. Ich hatte das Glück, eine natürliche Geburt erleben zu dürfen.

Meine Mutter kommt aus einer Quäker-Familie, und im Umgang mit meiner Großmutter sprachen wir immer die besondere Sprache der Quäker, in der man ›Ihr‹ statt ‹du‹ zueinander sagt, als Anerkennung des Göttlichen in jedem Menschen. So entwickelte sich tief in mir ein großer Respekt für das Spirituelle, und ich lernte, was Menschenliebe bedeutet. Beides ist in der Religion der Quäker miteinander verwoben.

Mit dreizehn Jahren durchlebte ich eine emotionelle Krise, die zunächst durch das Ende meiner ersten Liebesaffäre mit einem ›älteren‹ Mann von neunzehn Jahren ausgelöst wurde. Ich war überzeugt, daß sich kein anderer Mann jemals mit ihm würde vergleichen können. Diese Krise steigerte sich zu einer tiefen existentiellen Verzweiflung, die lange dauerte. Auf schmerzliche Weise erkannte ich, daß es wirklich keinen Sinn des Lebens gibt. Damals sah ich bereits, daß all die Dinge, die dem Leben Bedeutung geben sollen – Ausbildung, Erfolg, Beziehungen, Geld – in Wirklichkeit vergänglich und ohne Sinn und Inhalt sind. Es schien nichts mehr zu geben, das diese Leere füllen konnte. Ich war zutiefst desillusioniert und niedergeschlagen. In diesem Zustand lebte ich einige Jahre.

Rückblickend erkenne ich, daß ich eine Phase durchlebte, die jeder von uns zu irgendeinem Zeitpunkt in seinem Leben durchmachen muß und die die Mystiker ›das Durchdringen der Schleier der Illusion‹ nennen. Es ist der Punkt, an dem wir wahrhaft erkennen, daß unsere physische Welt nicht die einzige Realität ist, und an dem wir beginnen, uns nach innen zu wenden, um die wahre Natur des Daseins zu entdecken. In dieser Zeit fühlt man sich meist wie am Boden zerstört, aber wenn man dann tatsächlich völlig am Ende ist, stürzt man durch eine Falltür in eine helle neue Welt – das Reich der spirituellen Wahrheit. Nur dadurch, daß man sich voll und ganz in die Dunkelheit begibt, kann man durch sie hindurch ins Licht gelangen.

## Neue Erfahrungen

In den darauffolgenden Jahren fing ich an, neue Erfahrungen zu machen und eine innere Öffnung und wachsende Bewußtheit zu erleben, die nicht in meine frühere rationale Denkstruktur paßten. Ich studierte Psychologie und machte einige Gruppen für Begegnungs- und Sensibilitäts-Training mit, durch die es mir möglich wurde, leidvolle Emotionen aus der Vergangenheit aufzulösen und Gefühle der Liebe, der Freude und des Einsseins mit der ganzen Schöpfung zu empfinden. Ich rauchte ein wenig Marihuana, experimentierte ein bißchen mit LSD und machte dabei sehr positive Erfahrungen im Erreichen neuer Bewußtseins- und Erkenntnisebenen.

Ich lernte Tanzen und entdeckte, daß ich dabei oft eine Art beschwipstes Gefühl hatte, so als ob sich eine höhere Kraft meiner bemächtigt und mich in selbstvergessene und berauschte Bewegung versetzt hätte.

Schon immer hatte ich mich für östliche Philosophie interessiert und las Bücher über Buddhismus und Hinduismus. Ich machte Yoga und Meditation und fand, daß mir diese Techniken halfen, mich entspannter, mehr in meiner Mitte und in Harmonie mit mir selbst zu fühlen. Nach meinem Studium reiste ich zwei Jahre lang in der Welt herum und verbrachte einige Monate in Indien, wo ich eine tiefe Einsicht in die mystische Tradition des Ostens erlangte. Meine Reisen waren eine sehr wichtige Erfahrung für mich, da ich mit wenig Geld und ohne konkrete Pläne lebte und nur meiner Intuition folgte. Ursprünglich war ich weggefahren, um in Italien Urlaub zu machen, und daraus wurde eine zwei Jahre dauernde Weltreise. Dabei lernte ich, glücklich zu leben, und mich, ohne in Gefahr zu geraten, an unbekannte Orte zu begeben.

## Bewußtwerdung

Als ich nach Amerika zurückkehrte, war ich von etwas gefesselt, das sich ›Bewußtsein‹ nannte. Ich konnte nicht genau definieren, was es war, aber ich wußte, daß ich mehr davon wollte und daß nichts von vergleichbarer Bedeutung war. Was sollte das Streben nach Karriere, Geld oder Beziehungen angesichts der Erkenntnis, daß ich all diese Dinge automatisch bekommen würde, wenn ich mehr Bewußtheit erlange.

Ich zog in die Gegend von San Francisco, die ich in puncto Suche nach Wahrheit und Streben nach Bewußtheit als vorderste Front betrachtete, und stürzte mich regelrecht auf diese Suche. Ich nahm Unterricht und besuchte Workshops, verschlang neue Bücher, meditierte und stand in fortwährender Kommunikation mit Menschen, die denselben Prozeß durchlebten wie ich. Nachdem ich das ›Handbuch zu höherem Bewußtsein‹ von Ken Keyes gelesen hatte, begab ich mich für ein Jahr in sein Zentrum in Berkeley, wo wir Tag und Nacht intensiv an unserer Bewußtseinsentwicklung arbeiteten. Danach lebte ich noch einige Jahre mit verschiedenen Menschen zusammen, die in einem intensiven individuellen Wachstumsprozeß begriffen waren. Ich nahm jede erdenkliche Arbeit an, zu der ich fähig war, um mir meinen Lebensunterhalt zu verdienen – Hausarbeit, Bürotätigkeiten und alle möglichen Gelegenheitsjobs, während ich mich auf meine ›wirkliche‹ Arbeit konzentrierte, meine innere Arbeit an mir selbst.

Das war vor zehn Jahren. Seitdem lebe ich ausschließlich für mein Wachstum und für meine Entwicklung als bewußtes Wesen. Obwohl ich mir immer viele Dinge gewünscht hatte, erkannte ich, daß ich sie alle bekommen würde, wenn ich nur lernte, voll und ganz im Einklang mit den wahren Prinzipien des Universums zu leben. Und so wurde meine ›Reise ins Licht‹ zu meiner größten Leidenschaft.

## Mein Name

Ich werde immer wieder auf meinen Namen angesprochen und bin deshalb der Meinung, ich sollte hier etwas über ihn erzählen.

Während meines Aufenthalts in Indien faszinierte mich der Hinduismus sehr stark, und ich begann, diese Religion zu studieren. Das Christentum hatte mich nie besonders interessiert, weil ich nicht im christlichen Glauben erzogen worden bin. Einige buddhistische Glaubensvorstellungen gefielen mir sehr, aber der Buddhismus an sich schien mir ein wenig intellektuell zu sein. Die Mythen, Symbole und Gottheiten der Hindu-Religion hingegen berührten mich auf einer tieferen seelischen Ebene. Der Hinduismus ist eine sehr komplexe Religion, und ich tue gar nicht erst so, als könnte ich ihn verstehen. Aber ein paar Dinge habe ich begriffen.

In der hinduistischen Religion gibt es eine Dreiheit der drei Hauptgottheiten, die die drei Aspekte des Lebens symbolisieren. Brahma ist der Schöpfer, Vishnu der Hüter und Shiva der Zerstörer. Shiva stellt die ständige Veränderung des Universums dar, den Fluß des Lebens, die Tatsache, daß fortwährend alles zerstört werden muß, um wiedergeboren zu werden. Er erinnert uns daran, daß wir ständig damit konfrontiert sind, das, was wir festhalten, wieder loslassen zu müssen, um uns mit dem Fluß des Lebens weiterzuentwickeln. Viele seiner leidenschaftlichen Anhänger geben Haus und Besitz auf und gehen ohne Hab und Gut auf Wanderschaft. Sie geben sich Shiva hin, um der Energie des Kosmos zu folgen und zu vertrauen. Shiva ist auch der Gott des Tanzes und man sagt, daß sein Tanz das Universum in Bewegung hält. Er wird als ein wunderschöner starker Mann mit langem fließendem Haar dargestellt (man sagt, sein Haar sei der heilige Fluß Ganges). Ich fühlte mich unwiderstehlich zu ihm hingezogen.

Shakti ist der weibliche Aspekt von Shiva. Das Wort ›shakti‹ bedeutet ›Energie‹, die Energie, aus der alles im Universum besteht. Sie ist die Energie des Lebens – die Lebenskraft, die durch unseren Körper fließt. ›Shakti‹ bedeutet aber auch ›weibliche Energie‹. In hinduistischen Tantraübungen gibt es Techniken, bei denen man die Erleuchtung erlangt, indem man die Sexualenergie kanalisiert. Hierbei wird der Mann Shiva und die Frau Shakti zugeordnet.

Als ich aus Indien zurückgekehrt war, begegnete ich meinem Freund Mark Allen und lebte mit ihm einige Jahre zusammen. Er war der Meinung, daß mein früherer Name nicht zu mir paßte. Da er von meiner ›Liebesaffäre‹ mit Shiva wußte, begann er, mich Shakti zu nennen. Mir gefiel dieser Name und ich fing an, ihn selbst zu gebrauchen.

Damals habe ich wohl nicht begriffen, welche Kraft dieser Name besitzt, aber jetzt ist es mir sicherlich klar. Ich spüre, daß mir die Vibration des Namens dabei hilft, meine Kraft voll zum Ausdruck zu bringen.

›Gawain‹ ist mein Familienname. Denselben Namen trägt der ›Gawan‹ der Artussage. Laut Lexikon bedeutet er ›Jagdfalke‹, was, so meine ich, ein wunderbares Bild ist. Für mich repräsentiert Shakti meine weibliche, Gawain meine männliche Seite.

## Kreativ Visualisieren

Einer der ersten Workshops, die ich besuchte, war der ›Silva Mind Control‹-Kurs (Methode zur Erforschung und Entwicklung der Kreativität und des geistigen Potentials. Anm. d. Übers.). Zu diesem Zeitpunkt stand ich diesen Dingen immer noch ziemlich skeptisch gegenüber und wahrscheinlich wäre ich niemals in den Kurs gegangen, wenn meine Mutter ihn nicht mitgemacht und mir wärmstens empfohlen hätte. Ich werde niemals vergessen, wie sie eine Technik beschrieb, bei der man sich die Geschehnisse im Geiste so vorstellt, wie man sie gern hätte, und dadurch bewirkt, daß sie auch wirklich so eintreten. Mein Verstand bezweifelte dies, aber mein Gefühl wagte den Sprung, und ich erinnere mich, daß ich dachte: »Von Kind an habe ich immer gewußt, daß es Magie gibt und daß sie irgendwie und irgendwo wirklich existiert. Und von allem, was ich je gehört habe, scheint das hier am meisten mit Magie zu tun zu haben.«

Ich besuchte den Kurs und war verblüfft! Wir begannen Schritt für Schritt in leicht verständlicher Weise mit einfachen Techniken, die für jeden nachvollziehbar waren, und allmählich arbeiteten wir uns in immer unerklärlichere, aber sehr intensive Bewußtseinsprozesse hinein. Nach fünf Tagen hatte ich ein sehr starkes psychisches Erlebnis. Einige Stunden lang erhielt ich fortwährend ganz spezielle Informationen, zu denen ich, außer durch meine Intuition, niemals gelangt wäre. Durch diese Erfahrung begannen sich teils die Grenzen meiner bisherigen Vorstellung dessen, was möglich ist, aufzulösen.

Die wichtigste Technik, die ich in diesem Kurs erlernte, war die Grundübung der bildlichen Vorstellung (Visualisieren), wobei man sich in völliger Entspannung das gewünschte Ziel ausmalt und zwar genauso, wie man es sich erträumt. Ich begann diese Technik anzuwenden und stellte fest, daß sie erstaunliche Wirkungen erzielte. Ziemlich oft wurden die Dinge, die ich mir im Geist vorgestellt hatte, sehr schnell und auf unerwartete Art und Weise wahr. Ich war fasziniert davon, was alles möglich ist, und besuchte noch einige andere Kurse und Workshops mit ähnlichen Themen. Ich fing an, die Techniken der bildhaften Vorstellung regelmäßig in meinem täglichen Leben anzuwenden, und brachte sie meinen Freunden bei. Ich las das Seth-Buch ›Die Natur der persönlichen Realität‹ von Jane Roberts und war von der Idee fasziniert, daß wir alle unsere eigene Wirklichkeit erschaffen. Bald darauf begann ich, Workshops zu leiten und private Beratungen abzuhalten. Schließlich schrieb ich mein erstes Buch ›Kreativ Visualisieren‹.

Als ich die Idee hatte, dieses Buch zu schreiben, wollte ich eigentlich nur all die Gedanken und Techniken zusammengefaßt zu Papier bringen. Ich dachte, es würde ein kleines Heft daraus, das ich meinen Freunden schenken und vielleicht an meine Klienten und ein paar Interessierte verkaufen könnte. Während ich das Buch schrieb, war ich voller Selbstzweifel: »Wer bin ich denn schon, um ein solches Buch zu schreiben? Ich bin doch kein Fachmann.« Dennoch trieb mich eine innere Kraft fortwährend an, es doch zu tun, und so schrieb ich. Ich nahm die Techniken des Visualisierens zu Hilfe, um dieses Buch zu verwirklichen. Ein Freund machte den Umschlagentwurf, den hängte ich dann an die Wand und stellte mir vor und versicherte, daß das Buch bereits fertig sei. Ich fand, daß das Schreiben relativ mühelos ging (abgesehen von meinen nagenden Zweifeln), und ehe ich mich versah, war ein richtiges Buch entstanden, das ich zusammen mit einigen Freunden veröffentlichte.

Was mir zu diesem Zeitpunkt noch nicht völlig klar war, war die Tatsache, daß ich der Kanal einer höheren Kraft in mir war und das Buch aus dieser Energie heraus entstand. Auf einer Ebene meiner Persönlichkeit hatte ich Zweifel und Ängste, aber mein inneres Selbstvertrauen war gewillt, vorwärtszugehen und, gleich wie, der kreativen Energie zu folgen. Da ich die natürliche Begabung besitze, klar zu denken und mich verständlich auszudrücken und da ich mich wirklich für diese Ideen interessierte und über ein solides Grundwissen auf diesem Gebiet verfüge, darüber hinaus auch noch bereit war, ein gewisses Risiko einzugehen, konnte mich das Universum als Kanal benutzen.

Mit dem Verlegen des Buches verhielt es sich ähnlich. Meine Freunde, Mark Allen und Jon Bernoff, wußten ebensowenig über geschäftliche Angelegenheiten und vom Verlagswesen wie ich. Wir hatten überhaupt kein Geld, aber wir wollten unsere Bücher und unsere Musik selbst herausgeben. Wir vertrauten unseren Gefühlen und waren bereit, das Risiko einzugehen, nach unserem Gefühl zu handeln. Wir stellten fest, daß wir Schritt für Schritt an das, was wir tun mußten, herangeführt wurden. In diesem Prozeß unterliefen uns viele Fehler (meistens dann, wenn wir nicht unserer inneren Führung folgten), und einige davon waren sehr schmerzhaft und kosteten uns eine Menge Geld. Aber, dank vieler Wunder, haben wir heute einen erfolgreichen Verlag (Whatever Publishing, Inc.) und eine Schallplattenfirma (Rising Sun Records).

Der Erfolg meines Buches ›Kreativ Visualisieren‹ übertrifft meine kühnsten Phantasien aus der Zeit, in der ich es schrieb. Obwohl außer Mundpropaganda nie Werbung dafür gemacht wurde, nähern sich die Verkaufszahlen, während ich dies schreibe, einer halben Million verkaufter Exemplare. Außerdem wurde es bereits in einige Sprachen übersetzt. Ich habe viele Briefe und Anrufe aus der ganzen Welt erhalten, in denen mir die Menschen mitteilen, daß ihnen das Buch geholfen hat, ihr Leben zu wandeln.

Ich muß sagen, daß das alles sehr erfreulich ist, vor allem deshalb, weil ich sehe, daß hier die höhere Kraft des Universums am Werk ist. Ich fühle mich wie eine stolze Mutter, die ihr Kind dort draußen in der Welt beobachtet, wie es seiner Arbeit nachgeht und sein Glück macht. Und ich weiß dabei, daß es meines und doch nicht meines ist. Es entstand aus mir, und ich verhalf ihm dazu, konkrete Gestalt anzunehmen, und doch ist es ein eigenständiges und ganzheitliches Wesen mit seiner eigenen Bestimmung und Verbindung zur Quelle der schöpferischen Kraft.

## Hingabe ans Universum

Als ich die Techniken der bildhaften Vorstellung entdeckte und feststellte, daß sie funktionieren, war ich zunächst sehr fasziniert, weil ich fühlte, daß ich mit ihrer Hilfe alles erreichen konnte, was ich mir in meinem Leben wünschte. Ich hatte das erhebende Gefühl, daß ich alles haben konnte, was ich nur wollte!

Das war ein bedeutsamer Schritt für mich, da ich von meiner früheren, im wesentlichen energiearmen Lebenseinstellung loskam, nämlich von dem Glauben, daß das Leben ein Zufall ist und daß man nichts anderes tun kann, als das Beste daraus machen. Im Grunde genommen war diese Haltung eine Opferrolle, wobei die Menschen und Dinge außerhalb meiner selbst die Macht hatten. Durch das kreative Visualisieren begann ich zu erkennen, daß die Macht in mir selbst liegt und daß ich die Möglichkeit habe, mein Leben so zu gestalten, wie ich es möchte. Diese Erkenntnis gab mir enorm viel Kraft, und ich empfand eine große Befreiung.

Während ich mich damit beschäftigte, meine eigene Wirklichkeit zu gestalten, erkannte ich allmählich, daß die kreative Kraft, die ich in mir spürte, einer anderen Quelle entsprang als meinem ego-zentrierten Selbst. Zum einen verwirklichten sich manche Dinge, die ich zu wollen glaubte, nicht, und rückblickend sehe ich, daß es nur zu meinem Besten war, daß sie nicht eintrafen. Andere Dinge traten ein wie durch ein Wunder, so als lenke eine unsichtbare Kraft alles so, wie es richtig war. Manchmal hatte ich Augenblicke der Einsicht und Bewußtheit oder Zukunftsvisionen, die sehr klar und konkret waren und aus einer Quelle tief in meinem Innern zu kommen schienen. Mehr und mehr war ich daran interessiert, herauszufinden, was es mit dieser kreativen Kraft auf sich hat und wie sie funktioniert. In mir wuchs die Erkenntnis, daß ›es‹ (mein höheres Selbst) scheinbar viel mehr wußte als ›ich‹ (mein ego-zentriertes Selbst). Ich sah, daß es wahrscheinlich das Klügste sei, herauszufinden, was diese innere Führung mir eingab, und ihr dann zu folgen. Denn jedesmal, wenn ich das tat, schien es zu funktionieren.

Nach und nach verlor ich nun das Interesse daran, mein Leben beherrschen zu wollen und die Dinge meiner Vorstellung entsprechend zu beeinflußen. Ich begann, mich dem Kosmos zu überlassen und herauszufinden, welche Handlungsweise ›er‹ von mir erwartete. Ich entdeckte, daß auf lange Sicht gar nicht so viel Unterschied besteht. Der Kosmos scheint immer zu wollen, daß ich alles bekomme, was ich will, und scheinbar weiß er, wie er mich führen muß, damit ich es besser mache, als ich es allein könnte. Trotzdem liegt der Schwerpunkt woanders. Anstatt herauszufinden, was ich will, mir Ziele zu setzen und kontrollieren zu wollen, was mit mir geschieht, begann ich, mich auf meine Intuition einzulassen und nach ihr zu handeln, ohne immer zu verstehen, warum ich es so oder so machte. Es war ein Gefühl, jegliche Kontrolle loszulassen, sich hinzugeben und zuzulassen, daß die höhere Kraft die Führung übernimmt.

In dieser Zeit lernte ich eine Frau namens Shirley Luthman kennen, die eine bedeutende Lehrerin für mich wurde. Sie hielt jede Woche eine Gruppe ab, die ich von da an fünf Jahre lang gewissenhaft besuchte. Sie lehrte mich eine Menge darüber, wie man sich hingibt und zu einem bewußten Kanal für den Kosmos wird. Viele der Ideen in diesem Buch, einschließlich des Konzepts männlicher und weiblicher Energien, wurden von Shirley inspiriert, und ich bin zutiefst dankbar für das, was sie mich lehrte. Sie hat ein Buch mit dem Titel ›Collection‹ (Sammlung) geschrieben.

## Mir selbst vertrauen

Nachdem ich mehrere Jahre mit Shirley verbracht hatte, stand ich vor dem uralten Problem, wie man sich von seinem ›Guru‹ löst. Ich liebte und respektierte Shirley so sehr und hatte so unschätzbar viel von ihr bekommen, daß ich mir nur sehr schwer vorstellen konnte, nicht mehr zu ihr gehen zu können, um Antworten zu erhalten.

Während des Prozesses, in dem ich meinen Energiekanal stärken und ihm vertrauen lernte, diente mir Shirley als Spiegel, der die Kraft meiner inneren Frau reflektierte. In gewisser Hinsicht war sie die metaphysische Mutter, die mir die nötige Unterstützung und die Sicherheit gab, bis ich bereit war, vollkommen auf mich selbst zu vertrauen.

Irgendwann sagte mir meine innere Führung, daß ich aufhören müsse, mich auf Shirley zu stützen. Die Zeit war gekommen, der Kraft meines Energiekanals voll und ganz zu vertrauen. Zu begreifen, daß ich meinen eigenen Weg zu gehen habe und daß mir niemand vorangeht, war beängstigend und befreiend zugleich. Mein Leben ist ein tägliches Abenteuer, eine Entdeckungsreise von Augenblick zu Augenblick, und nur der Kosmos ist mein Führer.

## Leben im Licht

Seit ich mein Buch ›Kreativ Visualisieren‹ geschrieben habe, baten mich viele Menschen, ein weiteres zu schreiben. Ungefähr zwei Jahre nach der Herausgabe meines ersten Buches wuchs in mir das starke Gefühl, ich würde noch ein Buch schreiben. Eines Tages, als ich im Wald spazierenging, dachte ich über mein neues Buch nach und fragte mich vergeblich, welchen Titel ich ihm geben solle. Plötzlich wurde meine Aufmerksamkeit auf ein nahe gelegenes Waldstück gelenkt, wo ein leuchtender Sonnenstrahl durch die Bäume brach und auf die grünen Blätter schien. Es war ein wunderschöner Anblick, und während ich dieses Bild lange betrachtete, tauchten in mir die Worte ›Leben im Licht‹ auf. Sofort wußte ich, daß dies der Titel meines nächsten Buches sein würde. Ich erinnere mich an das Gefühl, daß nicht ich auf diesen Titel gekommen war, sondern die Worte tatsächlich ›empfangen‹ hatte. Ich hatte sogar den Eindruck, daß mir gar keine Wahl blieb … ich wurde angewiesen, diesen Titel zu nehmen!

Ich fühlte mich sehr stark inspiriert und begann, mir einige Notizen zu machen. Ich erzählte überall herum, daß ich an meinem neuen Buch arbeitete. Mein Verleger hatte einen Umschlagentwurf gemacht und fing an, schon vorab Werbung zu machen. Aber nach einer Weile stellte ich fest, daß ich in Wirklichkeit noch gar nichts geschrieben hatte. Ich glaubte weiterhin, es würde schon noch passieren, aber dem war nicht so. In Wahrheit spürte ich nicht die Energie, mich tatsächlich hinzusetzen und zu schreiben. Soviel ich mir auch Gedanken machte und mich dazu anhielt, doch endlich zu schreiben, ich konnte die Energie durch nichts herbeizwingen. Inzwischen aber baute ich ziemlich stark auf die Philosophie, daß das Leben kein Kampf sein muß. Ich wußte, es würde alles ganz einfach sein, sobald die Zeit dafür reif ist. Ich war nicht bereit zu schreiben, wenn ich mich dazu zwingen mußte und es in harte Arbeit ausartete.

Ich fühlte, der Augenblick würde kommen, wo die Energie so stark wäre, daß ich gar nicht anders könnte, als schreiben.

Einige Jahre vergingen, und ich war mit vielen anderen Dingen beschäftigt. Die Leute fragten mich weiterhin nach meinem neuen Buch, und ich blieb dabei, ihnen zu versichern, daß ich es schon noch schreiben würde. Insgeheim hatte ich manchmal Zweifel, und ich mußte die Tatsache akzeptieren, daß es möglicherweise nicht so sein würde. Aber immer noch hatte ich das Gefühl, es würde geschehen.

Dieses Buch zu schreiben war wie der Zustand, schwanger zu sein. Ich konnte fühlen, wie etwas in mir Gestalt annahm und wie es wuchs, und ich wußte, daß ich etwas hervorbrachte, obwohl nach außen hin scheinbar gar nichts geschah. Das Kind würde geboren werden, wenn es vollständig ausgereift und bereit dazu war.

Jetzt ist es soweit. Das Buch schrieb sich leicht, und die Zusammenarbeit mit Laurel machte das Schreiben aufregend und relativ mühelos. Obwohl ich mit einer Menge anderer Projekte beschäftigt bin, habe ich doch ab und zu irgendwie Zeit zum Schreiben gefunden.

Denjenigen, die mich um dieses Buch gebeten haben, möchte ich für ihre Ermutigung danken. Und euch allen möchte ich sagen: »Ich hoffe, daß die Freude, die ich beim Schreiben empfunden habe, beim Lesen auf euch überspringt...«

In Liebe

Shakti

# Teil 1

# Die Prinzipien

# 1

# Ein neuer Lebensstil

Wir leben in einer sehr aufregenden und energiereichen Zeit. In den tiefsten Ebenen des Bewußtseins findet eine radikale spirituelle Umwandlung statt. Ich glaube, daß die Menschen weltweit dazu aufgerufen sind, ihre gewohnte Lebensweise aufzugeben und einen völlig neuen Lebensweg einzuschlagen. Tatsächlich befinden wir uns in einem Veränderungsprozeß, durch den wir unsere alte Welt zerstören, um an ihrer Stelle eine neue aufzubauen.

In der alten Weltanschauung lag der Schwerpunkt auf den Äußerlichkeiten. Da wir unsere innere Verbindung mit dem Spirituellen verloren haben, lebten wir bisher in dem Glauben, die materielle Welt sei die einzige Realität. Wir fühlten uns verloren, leer und allein und versuchten, dieses Gefühl durch Äußerlichkeiten wie Geld, materiellen Besitz, Beziehungen, Arbeit, gesellschaftliches Ansehen, gute Taten, Essen oder Drogen zu kompensieren.

Die neue Welt kann in dem Moment entstehen, in dem wir uns der höheren Kraft des Universums öffnen und die kreativen Energien durch uns durchfließen lassen. Wenn wir die Verbindung zu unserer eigenen inneren Spiritualität wiederherstellen, erkennen wir, daß die kreative Energie des Universums in uns selbst verborgen liegt. Wir lernen, daß wir unsere eigene Wirklichkeit erschaffen können und die Verantwortung dafür tragen müssen. Je mehr Menschen ihr Bewußtsein umwandeln, um so positiver wird die Masse davon beeinflußt.

Meine Beobachtung, daß in unserer Welt augenblicklich eine tiefgreifende Bewußtseinsveränderung stattfindet, stützt sich auf die Tatsache, daß ich eine starke Veränderung in mir selbst und meiner eigenen Umgebung erkennen kann. Das Feedback, das ich von Tausenden von Menschen aus aller Welt bekomme, bestätigt nur diese Feststellung.

›Leben im Licht‹ befaßt sich mit dieser Bewußtseinstransformation in jedem einzelnen von uns und auf der ganzen Welt. Die von mir verwendeten Begriffe ›alte‹ und ›neue‹ Welt beziehen sich auf die herkömmliche Lebensweise, die wir gerade hinter uns lassen, und den neuen Lebensweg, den wir nun beschreiten wollen.

Viele Menschen sind über das, was sich augenblicklich auf unserem Planeten abspielt, erschüttert. Nichts funktioniert mehr so wie früher, und meiner Meinung nach werden die Katastrophen noch zunehmen. Alles bricht zusammen, aber ich habe nicht das Gefühl, daß dies negativ ist. Die Zerstörung wird uns nur in dem Maße aus der Fassung bringen, wie wir uns an unserem alten Lebensstil festklammern und stur auf unseren gewohnten Verhaltensmustern beharren, anstatt uns auf die tiefgreifenden Veränderungen, die gerade im Gange sind, einzulassen.

Es mag zwar paradox klingen, aber gerade diese Veränderungen sind der größte Segen, den wir uns vorstellen können. Die Wahrheit ist schlicht und einfach, daß unsere alte Lebensweise, die wir nun seit Jahrhunderten praktizieren, nicht funktioniert. Sie hat uns nie die Erfüllung, Zufriedenheit und Freude geschenkt, nach der wir immer gesucht haben. Sicherlich hat es immer einige Menschen gegeben, die ein relativ glückliches Leben geführt haben. Doch der weitaus größere Teil der Menschheit lebte ein Leben voller Enttäuschungen, Leid und Unerfülltheit. Doch nicht einmal das glücklichste Leben in der alten Welt läßt sich mit der tiefen Erfülltheit und dem unermeßlichen Glück vergleichen, das auf der höheren Bewußtseinsebene der neuen Welt erfahren werden kann.

Viele Inkarnationen lang haben wir im wahrsten Sinn des Wortes ›verlernt‹, wie das Universum wirklich funktioniert. Wir versuchen zu leben, wie man es uns lehrte; vielleicht erlangen wir damit sogar einen gewissen Erfolg, aber das Leben der meisten von uns verläuft nicht so, wie wir es uns erhofft hatten. Unsere zwischenmenschlichen Beziehungen sind niemals vollkommen, und selbst wenn sie es eine Zeitlang sind, ist das Glück doch niemals von Dauer. Ebenso verhält es sich mit unseren finanziellen Angelegenheiten. Wir haben anscheinend niemals soviel Geld, daß wir uns wirklich sicher oder unabhängig fühlen. Auch wenn wir zu Anerkennung und Erfolg gelangen, bleibt doch immer das Gefühl, daß das doch nicht alles im Leben sein kann. Auch diejenigen von uns, die durch ihre wachsende spirituelle Bewußtheit dem Sinn des Lebens näher gekommen sind, müssen sich immer noch mit Dingen herumschlagen, die aus den dunklen Bereichen der alten Welt stammen.

Wenn wir eine neue Welt aufbauen wollen, ist es daher unsere erste Aufgabe, einzugestehen, daß die ›Schule des Lebens‹ uns nicht gelehrt hat, wie man ein befriedigendes Leben führt. Wir müssen noch einmal ganz von vorn beginnen und das genaue Gegenteil von dem lernen, was für unser Leben bisher Gültigkeit besaß. Dies ist keine leichte Aufgabe. Wir werden viel Zeit, Engagement und Mut dafür brauchen. Deshalb ist es wichtig, daß wir uns selbst gegenüber nachsichtig sind und uns ständig daran erinnern, wie schwer die Aufgabe ist, die wir uns gestellt haben.

Ein Kind lernt laufen, indem es immer wieder hinfällt. Wir müssen denken, daß auch wir Kinder in einer neuen Welt sind. Wir lernen aus unseren Fehlern und werden uns noch oft unwissend, ängstlich und unsicher fühlen. Aber genauso wie wir nicht jedesmal ärgerlich werden, wenn das Kind wieder hingefallen ist – würden wir so reagieren, könnte es niemals vertrauensvoll laufen lernen – dürfen wir uns selbst nicht kritisieren, wenn wir uns nicht auf Anhieb so verwirklichen können, wie wir es gerne möchten.

Wir beginnen gerade zu lernen, im Einklang mit den wahren kosmischen Gesetzen zu leben. In Harmonie mit dem Kosmos zu leben bedeutet, auf jeder Ebene absolut lebendig, voll Lebenskraft, Freude, Energie, Liebe und Überfluß zu sein. Wie schwer es auch zuweilen erscheinen mag, sich von der alten Welt zu lösen, es lohnt sich, den neuen Lebensweg zu beschreiten, gleich um welchen Preis.

## Meditation

Setze oder lege dich hin und entspanne dich. Schließe die Augen und atme ein paarmal tiefer ein und aus. Wenn du ausatmest, stell dir vor, daß du alles losläßt, wovon du befreit sein willst. Ohne große Anstrengung lösen sich all deine Frustrationen, deine Müdigkeit und deine Sorgen auf. Jedesmal, wenn du die Luft aus dir herausströmen läßt, lösen sich deine alten Grenzen ein wenig mehr auf.

Nachdem du diese Übung ein paar Minuten lang gemacht hast, stell dir nun vor, daß du mit jedem Atemzug Lebensenergie einatmest, die Lebenskraft des Universums. In dieser Lebensenergie ist alles enthalten, was du brauchst und dir wünschst: Liebe, Kraft, Gesundheit, Schönheit und Reichtum. Atme diese Dinge mit jedem Atemzug ein. Stell dir vor, daß sich ein neuer Lebensweg vor dir auftut, der dir das Gefühl gibt, stark und lebendig zu sein. Stell dir vor, daß dein Leben genauso ist, wie du es gerne hättest, daß dieses neue Leben bereits Realität ist. Bewahre diesen Eindruck tief in deinem Innern. Laß dein altes Leben los und lebe vollkommen in deiner neuen Welt.

Wenn du das Gefühl hast, die Meditation sei abgeschlossen, dann öffne langsam die Augen und kehre in den Raum zurück, in dem du dich gerade befindest. Spüre nach, ob du das Gefühl der Erneuerung in dir bewahrt hast. Erinnere dich daran, daß du nun dabei bist, dir ein neues Leben zu erschaffen.

# 2

# Die höhere Kraft in uns

Das Leben in der neuen Welt baut auf der Erkenntnis auf, daß das Universum von einer höheren Intelligenz, einer kreativen Urenergie durchdrungen ist, welche die Quelle allen Lebens ist und die sich in jedem Teil der Schöpfung manifestiert. Für diese kosmische Kraft gibt es die verschiedensten Begriffe und Beschreibungen. Folgende Begriffe sind in unserer Kultur dafür gebräuchlich:

| | |
|---|---|
| Gott | Das Selbst |
| Großer Geist | Die Kraft |
| Höhere Kraft | Die Quelle |
| Das Licht | Kosmische Intelligenz |
| Das Universum | Innere Führung |
| Höheres Selbst | Christusbewußtsein |

Diese Begriffe sind ein Versuch, die Erfahrung oder das innere Wissen um diese kosmische Kraft in Worte zu fassen und rational begreifbar zu machen. Jeder von uns trägt dieses innere Wissen in sich und verwendet dafür das Wort, das ihm persönlich am besten zusagt.

Was mich betrifft, so verwende ich selten das Wort ›Gott‹, da es mit so vielen verwirrenden Assoziationen verbunden ist. Viele Menschen bringen mit Gott ihre religiöse Erziehung in Zusammenhang, die für sie keinerlei Bedeutung mehr hat. Für manche ist Gott jemand oder etwas außerhalb von uns selbst. Sie haben die Vorstellung von dem ›alten Mann mit dem langen weißen Bart im Himmel‹. Ich ziehe die Begriffe ›Höhere Kraft‹, ›Universum‹, ›Geist‹, ›Höheres Selbst‹ oder ›Das Licht‹ vor. Diese Begriffe sind austauschbar und werden in diesem Buch gleichbedeutend behandelt. Dies soll verdeutlichen, daß die höchste kreative Kraft und Intelligenz in unserem eigenen Inneren liegt. Jeder kann sich den Begriff wählen, der ihm am meisten zusagt.

In den ersten fünfundzwanzig Jahren meines Lebens hatte ich keine bewußte Erfahrung mit irgendeiner höheren Kraft, und ich glaubte auch nicht daran. Um zu dem tiefen Vertrauen an die höhere Kraft des Universums in mir und allen Lebewesen zu gelangen, das ich jetzt besitze, mußte ich viele Zweifel und Ängste überwinden. Ich habe nichts in blindem Glauben akzeptiert, sondern habe mir die Existenz dieser Kraft anhand meiner eigenen Lebenserfahrungen bewiesen. Seit ich gelernt habe, der höheren Kraft des Kosmos absolut zu vertrauen und in Einklang mit den universellen Gesetzen zu leben, hat sich mein Leben auf wahrhaft wunderbare Weise verändert.

Diejenigen, die in ihrem Leben bereits zu spiritueller Bewußtheit gelangt sind, können auf einem soliden Fundament bauen. Ich hoffe, daß mein Buch dazu beitragen kann, daß all die, die ihre spirituelle Verbindung verloren haben, wie einst ich selbst, sie in ihrem Innern wiederentdecken.

Das Universum kann sowohl persönlich als auch unpersönlich wirken. Wenn ich mich seiner Kraft überlasse und ihr vertraue, wird sie in mir selbst lebendig und spürbar. Ich fühle ihre Gegenwart in mir und nehme wahr, wie sie mich führt, liebt, lehrt und ermutigt. In diesem persönlichen Ausdruck hat die kosmische Kraft die Gestalt eines Lehrers, eines Führers oder Freundes. Sie ist Mutter, Vater, Geliebter, schöpferischer Genius, Gottesmutter, ja sogar der Heilige Sankt Nikolaus in einem. Mit anderen Worten, was auch immer ich brauche oder mir wünsche, es kann durch diese innere Kraftquelle erfüllt werden. Seitdem ich mit ihr in

Kontakt bin, fühle ich mich kaum mehr einsam. Es ist sogar so, daß ich das Einssein mit dem Universum dann am stärksten empfinde, wenn ich ganz allein bin. Dann füllen sich die Bereiche in mir mit Licht, die früher leer und dunkel waren. Und genau hier finde ich meine ständige Führung, die mir sagt, welcher Schritt als nächstes zu tun ist, und die mir hilft, die Lektionen zu lernen, die mit jedem Schritt auf meinem Weg verbunden sind.

## Meditation

Setze oder lege dich bequem hin. Schließe deine Augen und atme ein paarmal tief ein und aus. Jedesmal, wenn du ausatmest, entspannt sich dein Körper mehr und mehr. Du atmest weiter tief ein und aus und entspannst nun auch deinen Geist. Laß deine Gedanken vorbeiziehen, ohne an einem festzuhalten. Erlaube deinem Verstand zu ruhen. Entspanne dein Bewußtsein und gehe an einen Ort tief in dir selbst.

Stell dir vor, daß in dir und überall um dich herum eine mächtige Kraft wirkt, die voller Liebe, Energie und Weisheit ist. Sie nährt, schützt, umsorgt und führt dich. Diese Kraft ist sehr hell, leicht und froh. Wenn du sie erkennst und ihr vertraust, schenkt sie dir Fülle und Freude im Leben.

Es ist möglich, daß in dir ein Bild, ein Gefühl oder eine körperliche Empfindung von dieser höheren Kraft entsteht. Auch wenn du nichts spürst, nimm einfach an, daß sie irgendwo in dir präsent ist.

Entspanne dich und freue dich darüber, daß das Universum für all deine Bedürfnisse sorgt. Sprich folgende Affirmation still oder laut vor dich hin: »Ich fühle die Gegenwart des Universums in meinem Leben und vertraue seiner Kraft.«

# 3

## Intuition

Wenn wir erst einmal akzeptiert haben, daß es eine höhere Kraft des Universums gibt, dann taucht zwangsläufig die Frage auf, wie wir mit dieser Kraft in Berührung kommen können. Und wenn es eine höhere Intelligenz gibt, die über mehr Wissen und Weisheit verfügt, als wir normalerweise kennen, dann sollten wir in der Lage sein, uns dieser Führung anzuvertrauen. In dieser chaotischen Welt kann sie uns helfen, ein positives Leben zu führen. Zu dieser Erkenntnis gelangte ich vor einigen Jahren, als meine Reise ins Licht begann. Ich habe seitdem herausgefunden, daß wir mit Hilfe unserer Intuition diese innere Wissensquelle erschließen können. Indem wir lernen, unserer Intuition zu folgen, stellen wir eine direkte Verbindung zur höheren Kraft des Universums dar und ermöglichen ihr, uns zu führen und zu leiten.

Diese Lebenseinstellung steht im völligen Gegensatz zu dem, was uns in der alten Welt gelehrt wurde. In unserer westlichen Zivilisation haben wir gelernt, einzig und allein auf den rationalen Teil unseres Wesens zu bauen. Die Intuition hingegen wurde geleugnet. Zwar akzeptieren wir bei den Tieren, daß sie scheinbar Dinge verstehen können, die ihre rationalen Fähigkeiten übersteigen. Wir nennen das ›Instinkt‹. Doch wir tun diese Fähigkeit damit ab, daß sie sich jeder logischen Erklärung entzieht. Wir sind so überheblich, zu glauben, daß der Instinkt der Tiere geringer einzuschätzen sei als der menschliche Verstand.

Das gesamte Wertsystem unserer Kultur basiert auf dem Glauben, daß unsere Ratio die höchste Stufe der Intelligenz und damit auch die höchste und einzige Wahrheit darstellt. Die Wissenschaft des Westens ist zu unserer Religion geworden. Seit unserer frühesten Kindheit haben wir gelernt, vernünftig, logisch und konsequent zu sein. Wir haben versucht, emotionale und irrationale Verhaltensweisen zu vermeiden und unsere Gefühle zu unterdrücken. Gefühle werden bestenfalls als lästiges Übel oder als Zeichen von Schwäche betrachtet. Schlimmstenfalls aber fürchten wir, daß sie die gesamte Struktur unserer zivilisierten Gesellschaft bedrohen.

Die etablierten religiösen Institutionen unterstützen diese Angst vor dem intuitiven, irrationalen Teil unserer Persönlichkeit. Obwohl das Bewußtsein über das kreative kosmische Prinzip in jedem Lebewesen einmal tief in unseren Religionen verwurzelt war, ist diese Vorstellung heute fast überall nur noch ein Lippenbekenntnis. Die Kirchen versuchen statt dessen, die Lebenweise ihrer Anhänger zu kontrollieren. Durch ausgeklügelte Verhaltensmaßregelungen sollen die Menschen vor ihrer irrationalen und grundsätzlich ›sündhaften‹ Natur bewahrt werden. Auch viele psychologische Schulen gehen davon aus, daß die Instinktnatur des Menschen dunkel und gefährlich ist und deswegen unter Kontrolle gehalten werden muß. Von diesem Standpunkt aus betrachtet ist unsere Ratio in der Lage, mit dieser mysteriösen Kraft in unserem Innern umzugehen und sie in gesunde und konstruktive Bahnen zu lenken.

In weniger technisierten Gesellschaften findet man im allgemeinen eine tiefe Bewußtheit und Achtung vor dem intuitiven Element der Schöpfung. Das Alltagsleben dieser Menschen wird durch das tiefe Gefühl des Verbundenseins mit der kreativen Kraft des Kosmos bestimmt. Dennoch ist gerade die mangelnde technische Entwicklung daran schuld, daß diese Gesellschaften allmählich zerstört oder von der modernen Zivilisation untergraben werden. Ein Beispiel dafür sind die Eingeborenenkulturen Amerikas und Afrikas. Beide wurden durch den Kontakt mit der westlichen Kultur zerstört. Doch in den letzten Jahren ist der tiefe Respekt vor den amerikanischen Ureinwohnern in vielen Menschen wiedererwacht.

Die afrikanische Kultur, die gezwungenermaßen nach Amerika gebracht wurde, hat vielleicht mehr als irgendeine andere Kultur dafür getan, die intuitive Kraft durch ihre starke Religiosität am Leben zu erhalten.

In der menschlichen Evolution scheint die zunehmende Entwicklung unserer rationalen Fähigkeiten zu einer immer stärker werdenden Angst vor unserem intuitiven Wesensanteil zu führen. Wir versuchen, diese ›dunkle‹ Seite unseres Wesens durch ein autoritäres Wertsystem unter Kontrolle zu halten. Wir folgen einer starren Moral, die unser Verhalten in richtig und falsch, gut und schlecht, angemessen und unangemessen unterteilt. Wir rechtfertigen diese engstirnige Lebensanschauung, indem unsere irrationale Natur für alles herhalten muß, angefangen bei unseren persönlichen Konflikten bis hin zu sozialen Problemen wie Alkoholismus, Drogenmißbrauch, Kriminalität und Krieg.

Wenn wir die höhere Kraft erst einmal als Realität anerkannt haben, die im Universum wirkt und durch unsere Intuition kanalisiert wird, zeigt sich, daß die Probleme des einzelnen und der ganzen Welt gerade daraus entstehen, daß wir eben nicht unserem intuitiven Wissen folgen. Je mehr wir unserem inneren Selbst mißtrauen und es unterdrücken, um so größer ist die Wahrscheinlichkeit, daß es in pervertierter Form zum Ausdruck gelangt. Das bedeutet, daß unsere Konflikte eben nicht durch unsere emotionale und irrationale Natur verursacht werden, die unkontrolliert zum Ausbruch kommt. Vielmehr sind sowohl die persönlichen als auch die sozialen Probleme eine Folge der Angst und Unterdrückung unserer Intuition.

Unser Verstand funktioniert wie ein Computer. Er verarbeitet die eingespeicherten Informationen und zieht daraus logische Schlußfolgerungen. Aber der rationale Verstand ist begrenzt. Er kann nur die Informationen verarbeiten, die er auf direktem Weg empfängt. Mit anderen Worten, unser Verstand arbeitet nur auf der Basis der direkten Erfahrung, die wir in diesem Leben gemacht haben.

Unser intuitiver Wesensanteil andererseits scheint aus einem unbegrenzten Wissensvorrat zu schöpfen. Unsere Intuition hat eine Verbindung zur Weisheit und zum Wissen der kosmischen Intelligenz. Sie ist in der Lage, diese Informationen zu ordnen und uns genau zum richtigen Zeitpunkt zur Verfügung zu stellen. Auch wenn die auf diesem Wege erlangten Botschaften nur bruchstückweise in unser Bewußtsein dringen, ziehen sie die notwendige Handlungsweise nach sich, wenn wir lernen, uns von ihnen Schritt für Schritt leiten zu lassen. Das Leben wird leicht und mühelos, wenn man lernt, dieser Führung zu vertrauen. Alles, was wir tun und fühlen, fügt sich harmonisch in das Leben unserer Mitmenschen ein.

Es ist so, als ob jeder von uns ein einzigartiges Instrument in einem riesigen Symphonieorchester spielt, das von der kosmischen Intelligenz dirigiert wird. Wenn wir ohne Rücksicht auf die Anweisungen des Dirigenten oder die anderen Musiker spielen, dann verursachen wir das totale Chaos. Wenn wir versuchen, uns am Orchester und nicht am Dirigenten zu orientieren, dann werden wir niemals zu einer Harmonie gelangen können. Schließlich sind es zu viele Menschen, die alle verschiedene Stücke spielen. Unser Intellekt ist nicht in der Lage, eine solche Menge an Informationen auf einmal zu verarbeiten und zu entscheiden, welche Note in welchem Moment gespielt werden muß. Wenn wir uns aber nach dem Dirigenten richten und seinen Anweisungen folgen, dann erleben wir die Freude, unsere eigene einzigartige Rolle zu spielen, die von jedermann wahrgenommen und geschätzt wird. Gleichzeitig erfahren wir uns als Teil eines größeren Ganzen, das harmonisch zusammenwirkt.

Auf unser Leben übertragen zeigt uns dieser Vergleich, daß die meisten von uns noch niemals wahrgenommen haben, daß es in unserem Leben einen Dirigenten gibt. Wir haben unser Bestes getan, um mit Hilfe unseres Intellekts herauszufinden, was es mit unserem Leben auf sich hat und welches unsere Aufgabe darin ist. Jeder, der aufrichtig sich selbst gegenüber ist, wird zugeben, daß er unter der alleinigen Führung des Intellekts keine besonders gute Musik macht. Die Disharmonie und das Chaos in unserem Leben und in der Welt sind nur ein Spiegel dafür, daß dies die falsche Lebensweise ist.

Indem wir uns auf unsere Intuition einstimmen und ihr erlauben, die Führung in unserem Leben zu übernehmen, gestehen wir dem Dirigenten zu, seinen rechtmäßigen Platz im Orchester einzunehmen. Wir werden deshalb nicht unsere individuelle Freiheit verlieren, sondern vielmehr die notwendige Unterstützung unterhalten, um unsere Persönlichkeit individuell zu verwirklichen. Darüber hinaus erleben wir die Freude, der Kanal für eine höhere kreative Kraft und damit ein Teil von ihr zu sein.

Ich verstehe selbst nicht ganz, wie die Intuition auf so erstaunliche Weise funktioniert. Aber aus meiner eigenen Erfahrung und der vieler anderer weiß ich mit absoluter Sicherheit, daß es tatsächlich so ist. Und ich stelle fest, daß mein Leben immer leichter, erfüllter und abwechslungsreicher wird, je mehr ich meiner inneren ›Stimme‹ vertraue und ihr folge.

## Meditation

Setze oder lege dich bequem hin. Sorge dafür, daß es um dich herum ruhig ist. Schließe deine Augen und entspanne dich. Atme einige Male langsam und tief aus und ein. Mit jedem Atemzug entspannt sich dein Körper mehr und mehr. Entspanne deinen Geist und lasse deine Gedanken vorbeiziehen, ohne an irgendeinem festzuhalten. Stell dir vor, dein Geist wird so still wie ein friedlicher See.

Konzentriere dein Bewußtsein nun auf einen Bereich tief in deinem Körper, in der Gegend des Magens oder des Solarplexus. Suche die Stelle, wo du die Gefühle ›aus dem Bauch‹ spüren kannst. Dort ist die Körperstelle, wo du am leichtesten mit deiner Intuition in Kontakt kommst.

Stell dir nun vor, daß hier in deinem Innern ein weises Wesen wohnt. Vielleicht entsteht ein Bild von diesem Weisen in dir, oder aber auch nur ein Gefühl, daß er da ist. Dieser Weise ist wirklich ein Teil von dir. Er ist dein intuitives Selbst. Du kannst dich mit ihm leise unterhalten und ihm Fragen stellen. Wenn du dies getan hast, entspanne dich und versuche, möglichst ohne zu denken, auf die Antworten in dir zu hören. Diese Antworten können in Worten, Gefühlen oder Bildern auftauchen. Sie sind sehr klar und einfach und beziehen sich immer auf die Gegenwart, nicht auf die Vergangenheit oder die Zukunft. Du spürst, daß sie ›richtig‹ sind. Solltest du keine Antwort erhalten, dann versuche nicht, sie zu erzwingen. Geh wieder deinem normalen Tagesablauf nach. Du wirst sie zu einem späteren Zeitpunkt erhalten, entweder aus deinem Innern in Form eines Gefühls oder einer Idee, oder von außen durch einen anderen Menschen, ein Buch, ein Ereignis oder irgend etwas anderes.

Frage deine Intuition beispielsweise: »Sag mir, was ich hierzu wissen muß. Was muß ich in dieser Situation machen?« Vertraue dem Gefühl, das daraufhin entsteht, und handle danach. Wenn das Gefühl wirklich aus deiner Intuition stammt, dann wirst du feststellen, daß es deine Lebendigkeit und deine Kraft verstärkt, und daß sich dir viele neue Möglichkeiten eröffnen. Wenn sich das Gefühl als falsch erweist, dann ist es nicht wirklich aus deiner Intuition heraus entstanden. Du hast auf die Stimme deines Ego gehört. Gehe noch einmal in dich und bitte um Klärung.

Man braucht einige Übung, um auf seine Intuition zu vertrauen und um auf sie zu hören. Je öfter man übt, um so leichter wird es. Schließlich wirst du mit deiner Intuition in Kontakt treten. Du wirst dir Fragen stellen können und wissen, daß in diesem Weisen in dir eine unvorstellbare Kraftquelle verborgen liegt, die dir jederzeit zur Verfügung steht, um deine Fragen zu beantworten und dich zu leiten. Je sensibler du für diese innere Führung und die intuitiven Gefühle wirst, um so klarer wird dein Gefühl dafür, was in jeder Situation das Richtige ist. Deine Intuition ist immer für dich da und führt dich, wann immer du sie brauchst. Sie öffnet sich dir, sobald du bereit bist, dir selbst und deinem inneren Wissen zu vertrauen.

# 4

# Wie man ein Kanal des Schöpferischen wird

In dem Maße, wie du auf deine Intuition hörst und ihr folgst, wirst du ein Kanal für die höhere Kraft des Universums. Wenn du bereit bist, dich von deiner kreativen Energie leiten zu lassen, wo immer sie dich auch hinführt, dann kann sich die kosmische Kraft durch dich manifestieren und kreativ sein. Dann wirst du spüren, wie du mit der Energie fließt. Du tust genau das, was du tun möchtest. Du fühlst, wie dich die Kraft des Universums durchdringt, dein Leben verwandelt und neue Schöpfungen hervorbringt.

Ich verwende das Wort ›Kanal‹ nicht im Sinn der medialen Übermittlung im Trance-Zustand. Ein Trance-Medium ermöglicht einem anderen Wesen, Botschaften zu übermitteln (eines der bekanntesten Medien ist Jane Roberts, die als Kanal für ein Wesen namens ›Seth‹ diente). ›Kanal‹ bedeutet für mich, in Berührung mit der Weisheit und Kreativität in unserem eigenen Innern zu kommen und diese an die Oberfläche zu bringen. Ein Kanal zu sein, heißt, voll und ganz du selbst zu sein, in dem Bewußtsein, daß du ein Ausdrucksmittel für die höchste kosmische Kreativität bist.

Alle schöpferischen Genies waren ein solcher Kanal. Jedes Meisterwerk ist auf diese Weise entstanden. Meisterwerke werden nicht vom Ego erschaffen. Sie erwachsen aus einer tiefen Inspiration aus dem kosmischen Bewußtsein und werden dann durch die individuelle Persönlichkeit und das Ego zum Ausdruck gebracht und manifestiert.

Jemand kann technisch hochbegabt sein, aber ohne daß er seine Fähigkeit entwickelt, ein Kanal für die kreative Energie zu sein, wird seine Arbeit nicht besonders anregend sein. Der Film ›Amadeus‹ hat den Unterschied zwischen einem reinen Techniker und einem ›Kanal‹ für die kreative Kraft sehr deutlich zum Ausdruck gebracht. Salieri wußte, wie man Musik komponiert, aber ihm fehlte die Verbindung mit seiner inneren Kreativität. Mozart hingegen war einer der erstaunlichsten ›Kanäle‹, die je gelebt haben. Seine Musik ist sowohl technisch perfekt als auch von einer wundervollen Inspiration durchdrungen. Er komponierte spontan und ohne jegliche Anstrengung. Seit frühester Kindheit schien die Musik aus ihm herauszuströmen und überzufließen. Bestimmt hatte Mozart keine Ahnung, wie dies geschehen konnte, und hätte niemandem erklären können, wie er seine Musik komponiert.

Schon immer haftete solchen Genies etwas Mysteriöses und Unerklärliches an. Es schien, als besäßen sie ein gottgegebenes Talent, das nur ein paar wenigen beschieden ist und ohne, daß man es beeinflussen kann, auftaucht und wieder verschwindet. Aus diesem Grund fürchten viele kreative Menschen, daß sie ihr Talent plötzlich wieder verlieren. Da sie nicht wissen, auf welche Weise sie es erlangt haben, haben sie keine Ahnung, wie man es bewahren kann.

Schöpferische Menschen sind gewöhnlich nur in einem speziellen Lebensbereich ein Kanal für die kreative Energie (in der Kunst, Wissenschaft oder Geschäftswelt). In anderen Bereichen ihres Lebens jedoch können sie diese Fähigkeit nicht verwirklichen. Deshalb ist ihr Leben oft völlig unausgewogen (siehe dazu das Kapitel ›Vertrauen in die Intuition‹).

Ich bin der Überzeugung, daß jeder von uns ein Genie ist, jeder in seiner eigenen und einzigartigen Weise. Wir können unseren individuellen Genius entdecken, wenn wir aufhören, uns nach unseren eigenen vorgefaßten Vorstellungen zu richten oder die Vorstellungen anderer erfüllen zu wollen. Wir müssen lernen, wir selbst zu werden, damit sich unser natürlicher Kanal öffnen kann. Indem wir unserer Intuition vertrauen und nach ihr handeln, lernen wir, in jedem Augenblick und in jedem Bereich unseres Lebens ein Kanal für die kreative Energie des Kosmos zu sein.

In meiner Vorstellung sieht der ›Kanal‹ einer Orgelpfeife ähnlich, durch die die Energie strömt wie Töne.

Dieses Bild von einem ›Kanal‹ hat drei wichtige Merkmale:

1. Er ist offen und absolut durchlässig, so daß die Energie ungehindert hindurchfließen kann.
2. Er besitzt eine bestimmte abgegrenzte Form. Der Hohlraum wird von einer festen Struktur umgeben, so daß die Energie in einer bestimmten Weise kanalisiert wird. Ohne diese Form würde die Energie ziellos verströmen.
3. Es gibt eine Kraftquelle, die die Energie durch ihn hindurch schickt.

Um bei dem Beispiel mit der Orgelpfeife zu bleiben: Die Kraftquelle, der Blasebalg, schickt Energie durch die offenen Orgelpfeifen. Die jeweilige Kombination von Struktur und Hohlraum der Orgelpfeife bedingt den Klang einer bestimmten Note. Die Kraftquelle und die Energie sind bei allen Orgelpfeifen gleich, aber die Unterschiedlichkeit der Orgelpfeifen verursacht, daß jede einen individuellen Klang erzeugt.

Wir sind als ›Kanäle‹ ähnlich wie diese Orgelpfeifen. Wir haben eine gemeinsame Kraftquelle, das Universum, und werden von derselben Energie durchdrungen. Unser Körper und unsere Persönlichkeit bilden die Struktur, die den einzigartigen Ausdruck und unsere individuelle Funktion als Kanal ausmachen. Es liegt an uns, unseren Kanal zu öffnen und eine starke, gesunde und schöne Struktur in Form unseres Körpers und unserer Persönlichkeit zu schaffen, damit wir unsere kreative Energie zum Ausdruck bringen können.

Dies erreichen wir, indem wir uns beständig auf diese Energie einstimmen, herausfinden, in welcher Weise sie sich verwirklichen will und dann mit ihr fließen.

Eine starke und gesunde Körper- und Persönlichkeitsstruktur erlangt man nicht, indem man eine bestimmte Nahrung zu sich nimmt, bestimmte Übungen macht oder den Vorschriften oder guten Ratschlägen eines anderen folgt. Man erreicht sie nur, wenn man seiner Intuition vertraut und lernt, ihr zu folgen. Wenn dir deine innere Stimme sagt, was du essen und welche Übungen du machen sollst, dann kannst du darauf vertrauen, daß dieser Rat deine Fähigkeit stärken wird, ein Kanal zu sein. Dabei ist es gleichgültig, wie stark diese Ratschläge von deinen früheren Vorstellungen dessen, was für dich gut ist, abweichen.

Jeder von uns ist bereits unbewußt und sporadisch ein Kanal für die kosmische Kraft. Die folgende wahre Begebenheit ist ein gutes Beispiel dafür.

Eine meiner Freundinnen sah kürzlich in einer Tierhandlung einen wunderschönen Papagei zu einem vernünftigen Preis. Sie hatte sich schon immer einen Papagei gewünscht, hatte aber nie genug Geld dafür. Zu dieser Zeit hatte sie nicht einmal das Geld für ihre Miete beisammen. Sie verließ die Tierhandlung und bedauerte sehr, daß sie dieses günstige Angebot nicht wahrnehmen konnte. Sie versuchte, die ganze Sache zu vergessen, aber es gelang ihr nicht. Der Papagei ging ihr einfach nicht aus dem Kopf. Allein der Gedanke, einen solchen Kauf zu tätigen, erschien ihr lächerlich. Dennoch ging sie zwei Tage später in die Zoohandlung und zahlte den Vogel mit dem Geld für ihre Miete an, wobei sie ernsthaft an ihrem Verstand zweifelte.

Auf dem Weg zu dem Geschäft hatte sie das sichere Gefühl, daß der Vogel schon verkauft wäre, wenn ihre Entscheidung nicht richtig sein sollte. Der Gedanke war so zwingend, daß sie im Eiltempo zu dem Laden lief, um die Anzahlung zu machen, bevor es zu spät war. Als sie am Tag darauf wieder in die Zoohandlung kam, meinte der Geschäftsführer: »Gut, daß Sie gestern schon da waren. Eine Stunde nachdem Sie den Papagei angezahlt hatten, kam ein anderer Kunde, der ihn kaufen wollte.«

Am selben Tag noch traf sie einen Kunden, der ihr unerwartet einen Vorschuß gerade in Höhe der Anzahlung leistete. Als sie nach Hause kam, erfuhr sie von ihrem Mann, daß die Vermieterin angerufen habe, um ihr mitzuteilen, daß sie für einige Wochen verreist sei und die Miete deshalb erst später bezahlt werden müsse!

Und, als sei dies noch nicht genug Bestätigung, daß ihre Entscheidung richtig war, bekam sie am nächsten Tag eine neue Stellung. Sie erhielt einen Vorschuß, der ihr ermöglichte, sowohl Restbetrag für den Papagei als auch die Miete zu begleichen. Meine Freundin erzählte mir, daß sie sich nach all diesen Ereignissen voll Kraft und Vertrauen fühlte. Sie sagte: »Ich wünschte, ich würde bei allem in meinem Leben ein solches Gefühl haben.«

Dies ist ein ausgezeichnetes Beispiel für eine spontane ›Kanalisierung‹ der kreativen Energie. Vielleicht hat jeder von uns schon einmal ein ähnliches Erlebnis gehabt, bei dem es sich als derart fruchtbar erwies, seiner Intuition zu folgen. Wenn dem so ist, geht es als nächstes darum, herauszufinden, wie man diesen Prozeß bewußt machen kann, anstatt die Energie zu blockieren oder dagegen ankämpfen zu wollen. Je mehr du bereit bist, dich deinem eigenen inneren Energiefluß zu überlassen, um so mehr Kraft kann durch dich hindurch strömen.

Ich lerne gerade, meiner inneren Führung zu folgen, egal wohin sie mich lenkt. In jedem Augenblick gehe ich nach innen, spüre die Energie und lasse mir von ihr die Richtung weisen. Für mich ist dies eine wundervolle Art zu leben. Wenn ich auf diese Weise lebe, dann erlebe ich Freude, Kraft, Liebe, Frieden und Abwechslungsreichtum in meinem Leben, gerade so, wie meine Freundin, als sie den Papagei kaufte. Doch um dieser höheren Kraft zu folgen, muß ich meiner Intuition vollkommen vertrauen. Ich muß dem

Gefühl in meinem ›Bauch‹ nachgeben, wenn es mir sagt, was ich möchte und was nicht, und ich muß dann danach handeln. Wenn ich dazu bereit bin, dann werde ich in jedem Augenblick meines Lebens von einer immer stärker werdenden Kraft durchdrungen.

Ich weiß, daß jeder Mensch schon einmal einen Augenblick erlebt hat, wo er das Gefühl hatte, vom Licht und der Kraft des Kosmos durchströmt zu werden. Es sind Momente, in denen wir einen kleinen Einblick in den Zustand der Erleuchtung erhaschen, der sich gleich wieder verflüchtigt. Wenn dieses Gefühl wieder verschwunden ist, dann fühlen wir uns verloren und unsicher.

Wenn wir lernen und üben, unserer Intuition zu vertrauen, wird sich dieses Gefühl verändern. Das Gefühl, mit der kosmischen Energie verbunden zu sein, wird immer stärker, bis es schließlich ständig vorhanden ist. Dann lebt man in dem Gefühl, immer genau dort zu sein, wo man sein möchte. Man befindet sich dort, wo die Energie für einen am stärksten ist, und tut, was man wirklich will. Dann geschehen wahre Wunder. Durch die Energie, die man kanalisiert, werden auch andere Menschen verändert. Es kann sein, daß man durch einen Raum geht und sich plötzlich alle Anwesenden mehr miteinander verbunden fühlen. Oder Menschen, die auf der Straße an einem vorbeigehen, fühlen einen plötzlichen Energieschub, ohne zu wissen, warum.

Durch das Vertrauen in sich selbst und die eigene Intuition verändert sich das Leben sehr rasch. Anfangs wirst du die Erfahrung machen, daß dein Leben völlig durcheinander gerät. Wenn du dich aber entschieden hast, deine alten Verhaltensweisen aufzugeben und diesen Weg weiterzugehen, wirst du schließlich alles loslassen, woran du bis dahin festgehalten hast. Dieses Loslassen ist ein positives Erlebnis, weil das wahre innere Glück eben nicht von den äußeren materiellen Dingen kommt, sondern aus dem Einssein mit dem Kosmos. Alle materiellen Aspekte des Lebens sind nur oberflächlich. Sie sind nur der Schokoladenüberzug auf dem

Kuchen, eine Dreingabe, ein Spiel, das man als Kanal des Universums zum Spaß spielt.

Wir können lernen, in der physischen Welt zu leben, in unserem Körper, unserer Persönlichkeit und unserer physischen Umgebung, ohne darin verhaftet zu sein. Bis jetzt haben die meisten Menschen dieses Festhalten am Physischen erst zum Zeitpunkt ihres Todes aufgegeben. Einige wenige haben versucht, den irdischen Versuchungen zu entsagen, und sich vom Physischen zu lösen, indem sie zum Beispiel ins Kloster gingen oder sich auf einen spirituellen Weg machten, der sie von der materiellen Welt abschnitt.

Ich bin der Meinung, daß wir, sobald wir bereit sind, alle irdischen Güter loszulassen, alles haben können, was die Welt uns bietet: gute Beziehungen, Wohlstand, Schönheit, Kraft und Freude – alles, was wir uns nur wünschen. Das Universum in uns ist unermeßlich reich und stark. Intuitiv wissen wir das. In unserem Innern fühlen wir auch, daß wir alles bekommen, was wir brauchen, und daß es nichts gibt, an das man sich festklammern müßte. Doch unser Ego und unser Körper meinen, daß wir sterben, wenn wir bestimmte Dinge nicht bekommen. Aus diesem Grund können wir nicht loslassen. Aber ebenso wie wir lernen, als Kanal für die kosmische Energie zu leben, erfährt auch unser Ego, daß die Lebendigkeit, die Erfüllung aus dem Kontakt mit unserem inneren Universum erwächst und nicht von Äußerlichkeiten abhängt. Das Ego läßt dann allmählich immer mehr los und wir transzendieren unser ›Verhaftetsein‹.

## Wie man sein Verbundensein mit dem Kosmos bewahrt

Wenn man lernen will, ein Kanal für die kosmische Energie zu sein, ist es wichtig, die eigene Verbindung mit dem Universum ständig aufrechtzuerhalten. Das Verbundensein mit dem Kosmos ermöglicht, daß sich unser Kanal öffnet und die Energie durch ihn hindurchfließen kann. Aber der Kontakt mit dem Kosmos kann sehr schnell verlorengehen, wenn man sich in anderen Menschen und äußeren Zielen und Wünschen verliert. Das Problem besteht darin, daß wir die Verbindung tatsächlich in uns selbst verlieren. Solange wir uns auf Äußerlichkeiten konzentrieren, bleibt in unserem Innern stets eine Leere, die gefüllt werden will.

Wenn ich mich jedoch auf mein Inneres konzentriere, dann habe ich beides: Geld, Erfolg, beglückende Beziehungen und darüber hinaus die unglaubliche Verbundenheit mit meinem eigenen Innern.

Wenn ich einen Menschen liebe und glaube, er sei die Quelle meines Glücks, dann verliere ich mich selbst. Ich muß mir bewußt machen, daß die Quelle meiner Freude und Liebe bereits in mir selbst ist. Die Liebe, die ich äußerlich erfahre, ist nur da, weil sie in mir ist. Wenn ich mich auf das Universum in meinem Innern konzentriere, dann manifestiert es sich in der äußeren Welt in Form meines Geliebten.

Genauso verhalte ich mich, wenn mir Menschen sagen, daß ihnen meine Workshops Freude machen. Ich danke ihnen und nehme den Dank, den ich von den Teilnehmern bekomme, hinein in mein inneres Universum. Wenn ich versuchen würde, alles unter Kontrolle zu haben, könnte das Universum nicht durch mich auf andere wirken.

Für mich bedeutet es eine ständige Übung, mich an die innere Verbindung mit meiner Intuition zu erinnern. Wenn ich feststelle, daß ich mich zu sehr in äußeren Aktivitäten verloren habe, spüre ich in mir nach, ob ich meinen Gefühlen gegenüber ehrlich bin. Dadurch bleibt der kosmische Energiefluß in mir erhalten.

## Wie man als ›Kanal‹ lebt

Das ›Kanalisieren‹ der kosmischen Energie funktioniert in zwei Richtungen: Entweder fließt die Energie durch uns zu anderen oder durch andere zu uns. Wenn ich beispielsweise ein Buch schreibe, dann fließt die Energie des Universums durch mich und wirkt auf andere. Der Dank, den ich dafür von vielen Menschen erhalte, die mir mitteilen, daß mein Buch ihr Leben verändert hat, macht mir bewußt, daß ihr Dank zu mir und damit wieder zurück ins Universum fließt.

Je mehr man sich über die Energie bewußt wird, die durch jeden Menschen und jedes Lebewesen fließt, um so mehr Energie kann der Körper kanalisieren. Je mehr Energie man bereit ist zu empfangen, desto mehr kann man geben.

Ein wirklicher Kanal für den Kosmos zu werden, stellt die größte Herausforderung für den Menschen dar, enthält aber auch das größte Potential an Freude und Erfüllung. Als ›Kanal‹ leben bedeutet voll und ganz auf dieser Welt leben, tiefe Beziehungen haben, spielerisch und schöpferisch sein, Geld und materiellen Besitz genießen und völlig authentisch sein, ohne jedoch nur einen einzigen Augenblick die Verbindung mit der Kraft des Kosmos im eigenen Innern zu verlieren.

Wenn man auf diese Weise lebt, kann man zuschauen, wie der Kosmos durch einen wirkt und einen benutzt, um seine Schöpfungen zu vollbringen. Als ein ›Kanal‹ zu leben, ist eine Erfahrung, die jedem Menschen offensteht, der bereit ist, sich seiner inneren Führung voll und ganz zu überlassen.

## Die Gruppe als ›Kanal‹

Wie wir lernen, auf unsere Intuition zu vertrauen und ihr zu folgen,so lernen wir auch, unseren individuellen Kanal für die kosmische Energie zu öffnen, so daß wir mehr Kraft, Kreativität und Liebe geben können. Wenn sich zwei oder mehr Menschen zusammenfinden, dann vereinigen sich ihre individuellen Energiekanäle zu einem größeren. Es entsteht ein ›Gruppenkanal‹, der viel mächtiger ist, als ein einzelner alleine je sein kann.

Wenn viele Menschen körperlich und geistig dazu bereit sind, sich zu öffnen und zu wachsen, dann schaffen ihre gemeinsamen Energien eine starke und offene Struktur, durch die sehr viel mehr kosmische Energie hindurchfließen kann. Dieser Gruppenprozeß intensiviert den Energieschub des einzelnen enorm und beschleunigt sein persönliches Wachstum. Sogar wenn sich jeder in der Gruppe an einem anderen Punkt seiner Persönlichkeitsentwicklung befindet, bekommt jeder die individuelle Unterstützung der kosmischen Energie, die ihn auf die nächste Stufe seines Wachstums hebt. Das Kanalisieren in der Gruppe öffnet uns für eine höhere Bewußtseinsebene. Wir geben mehr von uns selbst und erhalten dafür die Hilfe, uns leichter von Dingen zu lösen, die wir alleine noch nicht überwinden konnten.

Dies ist ein Grund, warum ich so gerne mit Gruppen arbeite und Workshops veranstalte. Meine Freunde nennen mich eine ›Energie-Süchtige‹, weil es mich immer zu Situationen hinzieht, wo die Energie am intensivsten und expansivsten ist. Ich freue mich daran, wie mein eigener Wachstumsprozeß durch das Gruppengeschehen intensiviert und vorangetrieben wird.

In meinen Workshops verwende ich kein vorgefaßtes Konzept. Ich schaffe lieber einen ›Gruppenkanal‹ und überlasse dann dem Kosmos die Führung. Meine Aufgabe besteht darin, meinen eigenen Lernprozeß zu teilen und andere dazu zu ermutigen, selbst zu einem Kanal für die kosmische Energie zu werden.

Wenn jeder in der Gruppe bereit ist, loszulassen und sich zu öffnen, dann kann ein ›Gruppenkanal‹ entstehen. Der Gruppenprozeß ist oft chaotisch, weil der Gruppenleiter nicht im üblichen Sinne die ›Führungsperson‹ ist. Es kann vorkommen, daß ich selbst Angst bekomme oder die Ängste anderer an die Oberfläche bringe. Aber ich habe die Erfahrung gemacht, daß durch den ›Gruppenkanal‹ die wunderbarsten Dinge geschehen, wenn man bereit ist, durch seine Angst hindurchzugehen. Das Universum führt uns zu völlig neuen Erfahrungen, die niemals möglich wären, wenn man eine formalere Gruppenstruktur beibehält. Dieser Prozeß des Kanalisierens in der Gruppe ist meiner Ansicht nach sehr lohnend und spannend.

In gewissem Sinne ist jeder Mensch, der auf der Erde lebt, Teil eines riesigen ›Gruppenkanals‹ – des Massenbewußtseins der Menschheit. Die gegenwärtige Situation, in der sich unsere Welt befindet, ist eine Schöpfung dieses ›Gruppenkanals‹. Wenn jeder einzelne von uns sich auf seine Weise der kosmischen Kraft anvertraut und zuläßt, von ihr transformiert und erleuchtet zu werden, dann wird der ›Gruppenkanal‹ davon in gleichem Maße beeinflußt. Auch das Massenbewußtsein entwickelt sich immer mehr auf die Erleuchtung zu. Dies sehe ich als den Weg, wie unsere Welt verändert werden kann.

## Meditation

Setze oder lege dich bequem hin. Schließe deine Augen und atme tief aus und ein. Entspanne deinen Körper und deinen Geist. Laß mit jedem Atemzug alles los, was dich beschäftigt. Sobald du dich entspannt fühlst, gehe an einen ruhigen Ort tief in deinem Innern. Verweile für einige Augenblicke an diesem tiefsten Ort in dir selbst.

Von diesem Ort aus bittest du nun darum, daß dich der Geist des Universums durchdringen möge. Bekräftige deine Bereitschaft, ein Kanal für die kosmische Energie zu sein. Fühle die Kraft, Weisheit und Kreativität in deinem Innern.

Du bist ein Kanal. Sieh, wie die Energie durch dich zu anderen fließt. Werde dir bewußt, daß sich deine Kreativität in der Welt manifestiert, wenn du deiner inneren Führung folgst. Suche nach einem Bild, wie diese Manifestation für dich aussieht. Öffne dich jedem Bild, das zu dir kommt. Stell dir vor, wie es ist, wenn das, was du siehst, jetzt in diesem Augenblick geschieht.

Du bist ein offener Kanal für das Universum. Du bist voller Licht und Kraft, die durch dich in dein Leben fließen und auf andere wirken.

## Übung

Jeder Mensch ist ein Kanal für das Universum. Bei dieser Übung sollst du dies einen ganzen Tag lang akzeptieren und ein Gefühl dafür entwickeln. Wenn du dies machst, wird es dir leichtfallen, es jeden Tag zu wiederholen.

Bevor du morgens aufstehst, stell dir ein paar Minuten lang vor, daß du ein Kanal für das Universum bist. Fühle deine Energie und werde dir deiner Fähigkeit bewußt, daß du diese Energie kanalisieren und an andere weitergeben kannst. Bei jedem Menschen, den du im Laufe des Tages triffst, sei dir bewußt, daß das Licht des Universums durch dich auf ihn übergeht. Konzentriere dich umgekehrt darauf, wie die Energie des anderen auf dich wirkt. Das was in eurer Begegnung stattfindet, ist der Kosmos, der zu dir spricht. Wenn du deine eigene wirkliche Kraft und die der anderen anerkennst, wird das Licht in dir immer stärker. Du fängst an, das Licht und das Geschenk in jeder Situation, die dir begegnet, zu erkennen.

# 5

# Die Welt ist dein Spiegel

Die physische Welt ist unsere Schöpfung. Jeder von uns erschafft seine eigene Version von der Welt, seine eigene Wirklichkeit und einzigartige Lebenserfahrung. Da mein Leben eine Manifestation der Energie ist, die ich kanalisiere, kann ich aus meiner Schöpfung ein Feedback über mich selbst erhalten. Wie ein Künstler, der sein neuestes Werk begutachtet, können auch wir die fortwährende Gestaltung unseres Lebens betrachten und Rückschlüsse auf uns selbst ziehen. Wir können an der von uns selbst geschaffenen Wirklichkeit erkennen, was wir noch lernen müssen.

Wir sind ständig dabei, unser Leben zu erschaffen. Aus diesem Grund sind unsere Erfahrungen und Bedürfnisse ein fortwährender Spiegel unseres Selbst. Tatsächlich ist die äußere Welt ein genaues Spiegelbild unserer Seelenstruktur. Wenn wir erst einmal gelernt haben, diesen Spiegel zu nutzen, dann wird die Außenwelt zu einer ungeheuer großen Hilfe.

## Die Spiegel-Technik

Die Spiegel-Technik kann dazu verhelfen, die Welt als einen Spiegel zu betrachten. Unter diesem Gesichtspunkt können wir von der Außenwelt etwas über die verborgenen Aspekte unseres Selbst lernen, was wir nicht direkt wahrnehmen können. Die Technik basiert auf zwei Voraussetzungen.

1. Ich gehe davon aus, daß alles in meinem Leben meine eigene Schöpfung ist und mich selbst widerspiegelt. Es gibt keine Zufälle oder Ereignisse, die nicht mit mir in Zusammenhang stehen. Alles, was mich in irgendeiner Weise betrifft oder berührt, hat mein eigenes Wesen herbeigeführt, um mir etwas zu zeigen. Wenn ich keinen Teil von mir selbst spiegeln würde, wäre ich nicht einmal in der Lage, die Situation wahrzunehmen. Alle Menschen, mit denen ich zu tun habe, sind die verschiedenen Charaktere und Gefühle, die in meinem Innern leben.

2. Ich versuche, mich niemals für das Spiegelbild, das ich in meiner Außenwelt wahrnehme, zu verachten. Ich weiß, daß nichts negativ ist. Alles, was geschieht, ist ein Geschenk, das mir ermöglicht, Bewußtheit über mich selbst zu erlangen. Schließlich bin ich hier, um zu lernen. Wenn ich schon vollkommen wäre, dann wäre ich nicht hier. Warum also sollte ich mich über mich selbst ärgern, wenn ich Dinge finde, deren ich mir noch nicht bewußt bin? Dies wäre so, als ob ein Erstklässler frustriert darüber wäre, daß er noch nicht auf der Universität war. Ich versuche, mir und meinem Lernprozeß gegenüber geduldig und verständnisvoll zu sein. In dem Maße, wie mir dies gelingt, wird der Lernprozeß zu einem interessanten und positiven Geschehen.

Ich lerne, mein Leben als einen spannenden Film zu betrachten. Alle Charaktere, die darin vorkommen, sind Teile von mir selbst. Ich projiziere sie auf eine große Leinwand, um sie klar und deutlich erkennen zu können. In dem Moment, wo ich sie sehe und ihre verschiedenen Gefühle und Stimmen in meinem Innern erkannt habe, ist es leicht zu entscheiden, welche Charaktere ich beibehalten und weiterentwickeln möchte und welche ich entfernen oder verändern will.

Wenn mein Film von Problemen, Streit oder Kampf handelt, muß ich in mich hineingehen und herausfinden, wo ich mir selbst gegenüber nicht aufrichtig bin. Ebenso bin ich mir darüber bewußt, daß mein Leben spiegelt, wenn ich mir selbst vertraue und so authentisch wie möglich bin. Dies zeigt sich darin, daß alles leicht und mühelos vonstatten geht, fast wie durch ein Wunder.

## Probleme sind Botschaften

Probleme sind ein Versuch des Universums, deine Aufmerksamkeit zu erregen. Es ruft dir zu: »He, hier mußt du dir über etwas bewußt werden. Hier mußt du dringend etwas ändern!« Schenkst du diesen kleinen Warnzeichen Beachtung, dann kannst du etwas aus deinen Problemen lernen. Falls du sie übergehst, werden sich die Konflikte zuspitzen, so lange bis du die Botschaft vernimmst und ihr Aufmerksamkeit schenkst. Jedesmal wenn in deinem Leben ein Problem auftaucht, will dir der Kosmos etwas zeigen. Akzeptierst du diese Tatsache, dann wird dein Selbstfindungsprozeß stark beschleunigt.

Ein ›negatives‹ Ereignis führt dich in Versuchung, in Selbstmitleid zu verfallen: »Warum passiert mir das? Ich tue mein Bestes, aber nichts scheint mir zu gelingen. Ich verstehe einfach nicht, warum ich dieses Problem nicht loswerde.« Solltest du dich dabei ertappen, diese Einstellung gegenüber einem Problem einnehmen zu wollen, versuche einmal, die Dinge unter einem anderen Gesichtspunkt zu sehen. Gehe nach innen und sprich zu dem Universum in dir: »Ich weiß, daß du versuchst, mir etwas zu zeigen. Hilf mir zu verstehen, worum es geht.«

Nachdem du dies getan hast, konzentriere dich nicht weiter darauf, sondern warte ab, bis die Botschaft von selbst auftaucht. Möglicherweise erhältst du die Antwort in Form einer Erkenntnis oder eines Gefühls, vielleicht aber auch durch die Worte eines Freundes oder ein unerwartetes Ereignis. Manchmal kommt die Botschaft sofort, manchmal mußt du ein wenig auf sie warten. Vor mehr als zwei Jahren wurde einem meiner Klienten unerwartet gekündigt. Zunächst war er darüber völlig bestürzt, doch nach einem Monat als Arbeitsloser beschloß er, sich selbständig zu machen. Mittlerweile floriert sein Unternehmen, doch erst vor kurzem erkannte er, welche Botschaft hinter seiner damaligen Kündigung verborgen lag. In einem Gespräch mit einem Freund stellte er fest, daß es viel besser für ihn war, sein eigenes Geschäft zu leiten, als für andere Menschen zu arbeiten. Diese Erkenntnis bestätigte nicht nur seinen gegenwärtigen Kurs, sondern verschaffte ihm im nachhinein Klarheit über seine Kündigung, die ihn bislang immer noch beschäftigt hatte.

## Wie man das Spiegelbild deutet

Der schwierigste Teil der Spiegel-Technik ist die Interpretation des Spiegelbildes. Wie kann man nun herausfinden, was eine Botschaft zu bedeuten hat?

Ich werde dir nicht dabei helfen, mit dem Verstand zu analysieren und über die Dinge nachzudenken. Viel effektiver ist es, sich auf sein inneres Selbst zu konzentrieren und das Universum um Hilfe zu bitten. Setze dich ganz einfach entspannt hin, atme ein paarmal tief ein und aus und lenke dein Bewußtsein nach innen. Nimm Kontakt auf mit dem Weisen in dir, der über alle Weisheit des Kosmos verfügt. Bitte den Weisen still oder laut darum, dich zu führen und dir zu helfen, die Botschaft zu verstehen. Sowie du ein Gefühl aus dem ›Bauch‹ spürst, das dir sagt, was im Augenblick richtig für dich ist, handle danach.

Nachdem du nun dem Gefühl entsprechend gehandelt hast, versuche, dir über die äußeren und inneren Wirkungen auf deine Aktivitäten bewußt zu werden. Das äußere Feedback gibt dir darüber Aufschluß, wie gut die Dinge laufen. Tritt das, was du erreichen wolltest, leicht und mühelos ein? Wenn ja, dann kannst du sicher sein, daß du in Einklang mit deiner inneren Führung bist. Solltest du aber um etwas kämpfen müssen, dann ist das ein Hinweis, damit aufzuhören. Geh wieder in dich und spüre noch einmal nach, was du wirklich machen willst.

Das innere Feedback erhältst du in Form von Gefühlen. Fühlst du dich stärker, dann war das, was du gemacht hast, richtig. Das beste Anzeichen dafür ist das Gefühl der Lebendigkeit. Je mehr kosmische Energie dich durchströmt, um so lebendiger fühlst du dich. Umgekehrt verlierst du jedesmal an Energie und fühlst dich spirituell ausgelaugt, wenn du nicht deiner inneren Führung gefolgt bist.

Wenn du aufrichtig zu dir selbst bist, dann wirst du dich lebendiger, aber vielleicht auch etwas unbehaglicher fühlen. Der Grund dafür liegt darin, daß du eine Veränderung wagst! Veränderungen sind mit sehr intensiven Emotionen verbunden. Lasse es zu, daß sich diese Gefühle Ausdruck verleihen. Schließlich muß sich deine innere Stimme durch Jahre der Unbewußtheit, Zweifel und Ängste hindurch an die Oberfläche arbeiten. Deshalb laß diese Gefühle einfach zu – das Licht des Kosmos reinigt und heilt dich von ihnen.

Auch deine Außenwelt spiegelt dir deine Ängste und Zweifel wider. Du erkennst dies an den Reaktionen deiner Mitmenschen, deiner Freunde und deiner Familie. Werden die von dir herbeigeführten Veränderungen in Frage gestellt oder kritisiert, dann erkenne, daß dies nur die zweifelnden und ängstlichen Stimmen in dir selbst reflektiert. Es ist als wollten sie dir sagen: »Was ist, wenn ich nun das Falsche tue? Kann ich dem Geschehen wirklich vertrauen?«

Gehe mit diesem Feedback aus deiner Umwelt um, wie es dir am besten entspricht. Gib den Zweiflern recht, ignoriere sie, diskutiere mit ihnen, was immer du willst. Das Wichtigste dabei ist, daß du dir darüber klar wirst, daß du in Wirklichkeit mit deinen inneren Ängsten umzugehen versuchst. Bejahe, daß du lernst, dir immer mehr zu vertrauen. Du wirst mit Erstaunen feststellen, wie andere prompt auf dein wachsendes Selbstvertrauen reagieren, indem sie dir Vertrauen entgegenbringen. Denke daran:

Wenn du dich selbst kritisierst oder verurteilst, dann werden dich andere kritisieren und verurteilen.

Wenn du dich selbst verletzt, dann werden dich andere verletzen.

Wenn du dich selbst belügst, werden dich andere belügen.

Wenn du dir selbst gegenüber nicht verantwortlich handelst, dann werden andere unverantwortlich gegen dich sein.

Wenn du dich selbst beschuldigst, werden dich andere beschuldigen.

Wenn du grausam gegen dich selbst bist, dann werden andere gefühlsmäßig oder sogar körperlich grausam zu dir sein.

Wenn du selbst nicht auf deine Gefühle achtest, wird niemand auf deine Gefühle achten.

Wenn du dich selbst liebst, werden dich auch andere lieben.

Wenn du dich selbst respektierst, dann werden dich auch andere respektieren.

Wenn du dir selbst vertraust, dann werden dir auch andere vertrauen.

Wenn du ehrlich zu dir selbst bist, werden auch andere ehrlich zu dir sein.

Wenn du dir selbst gegenüber nachsichtig und verständnisvoll bist, dann werden dir auch andere Verständnis entgegenbringen.

Wenn du dir selbst Anerkennung schenkst, dann werden dir auch andere Anerkennung schenken.

Wenn du dich selbst schätzt, werden dich auch andere schätzen.

Wenn du dich an dir selbst erfreust, dann werden sich auch andere an dir erfreuen.

## Wie man alte Verhaltensmuster ändert

Es ist eine wichtige Erkenntnis, daß man alte Verhaltensmuster nicht über Nacht ablegen kann. Manchmal scheinen sich die Dinge sehr schnell zu verändern. Doch oft scheint man dieselben alten Fehler zu wiederholen und steht immer wieder vor denselben unangenehmen Folgen, obwohl man es schon längst besser weiß. Das Ego benötigt viel Zeit, um seine Gewohnheiten zu ändern. So muß man sich oft denselben schlechten Film mehrmals hintereinander ansehen.

Solltest du das Gefühl haben, daß deine Fortschritte zu langsam vorangehen, dann bitte das Universum um Hilfe. Denke daran, daß es sich tatsächlich bald ändern wird. Veränderungen lassen sich nicht dadurch herbeiführen, daß man versucht, sich zu ändern, sondern indem man sich darüber bewußt wird, was nicht funktioniert. Dann kannst du dein höheres Selbst bitten, dir zu helfen, die alten Verhaltensweisen aufzugeben und die neuen in dir wachsen zu lassen. Die dunkelste Stunde der Nacht ist kurz vor der Dämmerung! Die Veränderung tritt oft gerade dann ein, wenn du aufgegeben hast oder sie am wenigsten erwartest.

## Anwendung der Spiegel-Technik

Wenn du die Welt als Spiegel benutzen willst, mußt du mit den äußeren Gegebenheiten deines Lebens umgehen, wie es gerade erforderlich ist. Aber versuche so bald als möglich herauszufinden, was dir deine Lebensumstände zeigen wollen. Gehe in dich, bevor, während oder nachdem du dich mit den äußeren Gegebenheiten auseinandersetzt.

Ein Beispiel soll dir dies verdeutlichen: Jemand ist ärgerlich auf dich, beschuldigt oder kritisert dich. Vielleicht mußt du ihm folgendes darauf antworten: »Hör auf, mich zu beschuldigen. Ich möchte deine Anschuldigungen nicht mehr hören. Wenn du über deine eigenen Gefühle sprechen kannst, werde ich dir gerne zuhören, aber wenn du mich weiter angreifst, dann werde ich gehen.« Wenn die betreffende Person bereit ist, Verantwortung für ihre Gefühle zu übernehmen (zum Beispiel: »Dein gestriger Anruf hat mich verletzt und verärgert!«), dann wirst du die Unterhaltung wahrscheinlich auf einer sehr viel fruchtbareren Ebene fortsetzen können. Wenn dein Gegenüber aber damit fortfährt, dich zu beschuldigen und sich auf deine ›Probleme‹ zu konzentrieren, dann wirst du dir nicht anders helfen können, als zu gehen und dich zu weigern, die Unterhaltung fortzusetzen, bis er aufhört, dich zu attackieren.

Wie du es auch machst, du hast die äußere Situation gemeistert. Sobald du nun Gelegenheit findest, spüre in dir selbst nach, was dir der Ärger dieses Menschen gespiegelt hat. Vielleicht findest du heraus, daß du vor kurzem dir selbst gegenüber ärgerlich und kritisch gewesen bist. Möglicherweise ist dein inneres Selbst aufgebracht, weil du dir selbst nicht genug Aufmerksamkeit geschenkt hast. Wenn andere Menschen mehr von dir haben wollen, ist das im allgemeinen ein Anzeichen dafür, daß du mehr von dir selbst haben willst.

Eine meiner Freundinnen hatte herausgefunden, daß ihr Mann mit einer anderen Frau ging und ihr nicht die Wahrheit gesagt hatte. Sie war wegen seiner Unaufrichtigkeit sehr verletzt und verärgert. Sie verlieh ihren Gefühlen Ausdruck und bat ihn, sie für eine Weile allein zu lassen, damit sie sich über ihre Gefühle klarwerden konnte.

Als sie alleine war, fragte sie sich: »Gibt es etwas Unaufrichtiges in mir selbst? Zog ich einen unehrlichen Mann an, weil ich mich selbst belüge?« Dabei beließ sie es und ging zur Arbeit. Am Abend erkannte sie, daß sie oft das Gefühl gehabt hatte, daß dieser Mann nicht wirklich zu ihr stand. Doch bislang hatte sie dieses Gefühl verdrängt, aus Angst, dem ins Gesicht zu sehen, was sie intuitiv längst wußte. Somit belog sie sich selbst und unterstützte auch noch ihn in seiner Unehrlichkeit.

Meine Freundin erkannte, daß sie lernen mußte, ihren Gefühlen mehr zu vertrauen und den Mut zu haben, ihnen Ausdruck zu verleihen. Sie begann, dies auch bei ihrem Partner zu praktizieren, und sie fanden schließlich eine ehrliche und kommunikative Partnerschaft. Ebenso hätte sie sich entscheiden können, die Beziehung abzubrechen. Doch das Wesentliche daran ist, daß sie lernte, ihren Gefühlen zu vertrauen und sie auszudrücken.

Fühlst du dich von dem, was jemand tut, emotional berührt, dann seid ihr wahrscheinlich beide Spiegel füreinander. Es mag den Anschein haben, als hättet ihr gegensätzliche Standpunkte, aber innerlich seid ihr euch sehr ähnlich. Jeder von euch spielt eine Seite eines eigenen inneren Konflikts.

In einer Beziehung wünscht sich beispielsweise der eine Partner mehr Gemeinsamkeit, während der andere nach mehr Freiheit strebt. Sie sind in ihren Bedürfnissen extrem gegensätzlich, und scheinbar will jeder genau das Gegenteil vom anderen. Es kommt aber vor, daß einer plötzlich die Seite wechselt (der Partner, der Gemeinsamkeit wollte, will nun Freiheit). Fast immer wird dann auch der andere die gegenteilige Rolle spielen. Der Grund dafür ist, daß beide denselben inneren Konflikt zu lösen versuchen – zwischen dem Wunsch nach Nähe und Sicherheit und der Angst vor dem ›Gefangensein‹.

In dem Moment, wo man nach innen geht und sich über seine Gefühle klar wird, erkennt man oft, daß man seinen inneren Konflikt nur auf die Außenwelt projiziert hat, um ihn erkennen und lösen zu können. Wenn jemand aufrichtig nach einer engen Gemeinsamkeit strebt, dann wird er auch einen Partner anziehen, der dasselbe Bedürfnis nach Nähe hat. Ein Mensch, der sich vollkommen darüber im klaren ist, daß er Erfahrungen mit vielen verschiedenen Partnern machen will, wird dies auch tun. Mit der Spiegel-Technik kann man herausfinden, was man wirklich fühlt, und lernen, sich selbst gegenüber ehrlicher zu sein. Wenn du einen inneren Konflikt erkannt hast, bitte das Universum, dir bei der Lösung zu helfen.

Die Welt als Spiegel zu sehen, eröffnet viele Möglichkeiten, positives Feedback zu erhalten. Besinne dich einmal auf all die Dinge in deinem Leben, die du magst und genießt. Du hast diese Dinge hervorgebracht – auch sie spiegeln dich wider. Denk an die Menschen, die du liebst, mit denen du Freude hast, die du schätzt und bewunderst. Auch sie sind Spiegel für dein Inneres. Wären sie nicht dein Spiegel, wären sie in deinem Leben nicht vorhanden. Du könntest ihre positiven Eigenschaften gar nicht wahrnehmen, wenn du keine entsprechenden in dir selbst hättest. Denk an die Menschen und Tiere, die dich lieben. Sie reflektieren, wie sehr du dich selbst liebst. Wenn du ein schönes Zuhause hast oder einen besonders schönen Platz in der Natur, dann spiegelt dies deine eigene innere Schönheit. Wenn du irgendwo etwas Schönes entdeckst, ist es nur ein Spiegelbild deiner selbst.

Überall um uns herum gibt es Spiegel. Gleich, mit wem du eine Verbindung hast, er ist ein Spiegel für dich. Je tiefer eine Beziehung ist, um so stärker spiegelt er dich wider. Das Schöne an der Spiegel-Technik ist, daß wir an den äußeren Spiegelbildern entdecken können, wer wir sind. Das Wichtigste dabei ist immer, in sich zu gehen und sich über die Bedeutung des Spiegelbildes bewußt zu werden. Je stärker deine Bereitschaft dazu ist, desto schneller wird es dir gelingen, dein Potential voll zu entfalten.

## Meditation

Entspanne dich und schließe die Augen. Atme einige Male tief ein und aus und begib dich an einen Ort tief in deinem Innern. Stell dir im Geiste einen Menschen oder einen Gegenstand aus deinem Leben vor, und frage ihn, was er dir spiegelt. Öffne dich für die Antwort, egal ob sie in Worten, Gefühlen oder Bildern zu dir gelangt.

## Übung

1. Denk an einen Menschen, den du ganz besonders liebst oder bewunderst. Erstelle eine Liste über seine positiven Eigenschaften. Überlege, in welcher Weise diese Eigenschaften dich selbst spiegeln. Manchmal können es Eigenschaften sein, die du noch nicht voll entwickelt hast. Erkenne, daß dieser Mensch dazu da ist, dich durch sein Vorbild zu lehren und zu inspirieren.

2. Mache eine Aufstellung von allen Menschen und Dingen in deinem Leben, die du gerne hast. Danke dir selbst dafür, daß du sie hervorgebracht hast und daß sie deinen Spiegel darstellen.

# 6

# Geist und Materie

Geist ist die Essenz des Bewußtseins, der kosmischen Energie, die alle Dinge hervorbringt. Jeder von uns ist ein Teil dieses Geistes, ein göttliches Wesen. Der Geist ist somit die ewige Seele in uns.

Materie ist die Manifestation der physischen Welt. Meine irdische Manifestation als Individuum setzt sich aus meinem physischen Körper, meinem Verstand und meinem Charakter zusammen. Auch mein Selbst-Konzept, meine Ego-Struktur, gehört dazu. »Mein Name ist Shakti Gawain. Ich bin am 30. September 1948 geboren. Ich bin ungefähr 1,70 m groß und wiege 65 kg. Ich bin intelligent und extrovertiert.« Dies ist eine Beschreibung meiner irdischen Gestalt.

Als spirituelle Wesen haben wir die physische Welt erschaffen, um darin zu lernen. Die Erde ist unsere Schule, unser Spielplatz und unser Atelier. Ich glaube, daß wir hier auf Erden sind, um mit dem Schöpfungsprozeß umgehen zu lernen. Das bedeutet, daß wir lernen, wie man die kreative Energie des Geistes bewußt in eine physische Manifestation umsetzen kann.

Die Physiker haben durch ihre jüngsten Erkenntnisse die Jahrtausende alte Behauptung der Metaphysiker bestätigt, daß die scheinbar feste Materie in Wirklichkeit aus Energie besteht. Wenn man einen festen Körper durch ein sehr starkes Mikroskop betrachtet, dann erkennt man unendlich viele winzige Teilchen. Bei näherer Betrachtung besteht jeder dieser Partikel aus wiederum noch kleineren usw. Tatsache ist, daß alles Physische aus Energie besteht, die wir auch ›Geist‹ oder ›Kosmos‹ nennen können. Die moderne Naturwissenschaft gelangt damit zu der alten metaphysischen Wahrheit, daß die physische Welt aus dem Geist geschaffen wurde.

Wenn unsere Seele die Entscheidung trifft, sich in einer physischen Form zu manifestieren, dann erschafft sie als erstes einen Körper, in dem sie wohnen kann. Wir wählen einen Körper und eine Lebenssituation, die für das, was wir in diesem Leben lernen müssen, am besten geeignet ist. Letztendlich ist es unser Ziel, einen Körper und eine Persönlichkeit zu erschaffen, die unseren göttlichen Geist voll zum Ausdruck bringen können. Wir schaffen uns eine irdische Gestalt, die auf die beste und kreativste Weise die Absichten unserer Seele verwirklichen kann.

Dennoch befindet sich die physische Welt im Vergleich zum kosmischen Bewußtsein unserer Seele noch auf einer relativ primitiven Stufe. Kürzlich las ich in einem wissenschaftlichen Artikel, daß sich der Mensch seit prähistorischen Zeiten geistig und körperlich nur wenig weiterentwikkelt hat. Somit besitzen wir in einer ziemlich einfachen und nicht sehr hoch entwickelten physischen und mentalen Form eine sehr hoch entwickelte Seele. Unser Körper und unser Intellekt haben ein gewisses eigenständiges Bewußtsein, das mit dem physischen Überleben zusammenhängt – wie man genug Nahrung bekommt, wie man körperliche und emotionale Sicherheit erlangt, wie man sich vor Gefahr schützt und wie man den Fortbestand der menschlichen Rasse gewährleistet.

Nachdem wir als körperliche Wesen geboren worden sind, vergessen wir, wer wir in Wirklichkeit sind und warum wir eigentlich auf die Erde gekommen sind. Wir übernehmen das Überlebens-Bewußtsein der physischen Welt und verlieren uns in materiellen und physischen Dingen. Wir vergessen unsere Seele und identifizieren uns ausschließlich mit unserer irdischen Persönlichkeit. Wir verlieren die Verbindung mit unserer wirklichen Kraft und fühlen uns verloren und hilflos. Das Leben wird zu einem aufreibenden Kampf um Sinn und Befriedigung.

Viele Leben hindurch sind wir in diesem Teufelskreis gefangen. Auch in diesem Leben haben die meisten von uns Jahre damit zugebracht, ihre Erfüllung und ihren Lebenssinn in Äußerlichkeiten zu suchen. Schließlich müssen wir erkennen, daß dies der falschc Wcg ist, denn gleich, was wir in der Welt tun, es macht uns nicht glücklich. Wir erreichen den Punkt, wo wir nicht mehr bereit sind, ein Leben, ein Jahr oder auch nur eine Minute noch auf diesen aussichtslosen Kampf zu verschwenden. Frustriert und hoffnungslos geben wir auf.

Dies ist der Zeitpunkt im Leben, an dem man sich in einer schmerzlichen und erschreckenden Krise befindet. Man hat das Gefühl, den Boden unter den Füßen zu verlieren. Man durchlebt eine Phase, in der das Ego stirbt, wenn unser geistig-körperliches Sein die Hoffnungslosigkeit seines Lebens erkennt und aufhört zu kämpfen. In dieser Phase denkt man oft an den Tod oder erlebt den Tod eines engen Freundes oder Familienmitglieds (oder sogar mehrerer Menschen auf einmal). Manche Menschen werden ernsthaft krank, haben einen schweren Unfall oder Selbstmordabsichten. Auf jeden Fall ist dies eine schwere Krise im Leben.

Aber die dunkelste Stunde der Nacht ist immer kurz vor Tagesanbruch. Nachdem wir den Kampf aufgegeben haben, in der Außenwelt Erfüllung zu finden, bleibt uns nichts anderes mehr übrig, als nach innen zu gehen. Genau in diesem Moment der totalen Kapitulation beginnt das Licht zu dämmern. Wir befürchten, in einen endlosen Abgrund zu stürzen, und statt dessen fallen wir in eine neue Welt voller Licht. Wir haben die Welt unseres Selbstbewußtseins wiederentdeckt.

Dieser Augenblick ist wie eine Wiedergeburt. Wir sind Kinder in dieser neuen Welt und haben keine Ahnung, wie wir nun leben sollen. Unsere alte Lebensweise funktioniert nicht mehr. Wir fühlen uns unsicher und haben nichts mehr unter Kontrolle, weil unser Ego nicht mehr die Führung innehat. Doch eine völlig neue Hoffnung und Kraft erwacht in unserem Innern. Wir beginnen, bewußt zu werden und in Visionen ›zu sehen‹. Von da an bewegen wir uns allmählich immer mehr auf unsere Erleuchtung zu.

Ram Dass hat einen wunderschönen Vergleich für diesen Prozeß gefunden. Er vergleicht ihn mit einer Uhr, die man wie ein Zeiger durchläuft. Der Start ist um zwölf Uhr. Von zwölf Uhr bis fünfzehn Uhr verliert man sich völlig in der Welt der Illusionen. Von fünfzehn bis achtzehn Uhr findet die allmähliche Desillusionierung von der materiellen Welt statt. Um achtzehn Uhr verliert man den Boden unter den Füßen. Man hat das Gefühl, alles zu verlieren, aber wenn man diesen Punkt überschreitet, dann beginnt das geistige Erwachen. Von achtzehn Uhr bis Mitternacht bewegt man sich zunehmend auf die Erleuchtung zu. Jeder einzelne von uns befindet sich in einem verschiedenen Stadium dieses Prozesses. Unterdessen haben wir genügend Bewußtheit erlangt, um über diese Dinge sprechen zu können. Wir befinden uns alle schon in der Welt des Lichts. Ich habe das Gefühl, daß jeder von uns einen solchen Zyklus durchläuft, der sich über viele physische Leben erstreckt. Darüber hinaus erleben wir unendlich viele kleinere Umläufe, die manchmal fast täglich stattfinden. Übrigens bin ich der Ansicht, daß das Massenbewußtsein der Menschheit gerade achtzehn Uhr überschreitet.

Wenn wir als Individuen unsere Seele und unser kosmisches Bewußtsein wiederentdecken, wollen wir gleich zu Anfang diese Bewußtheit sehr stark fördern und ausweiten. Das hat oft zur Folge, daß wir uns in gewissem Maße von der Welt zurückziehen und uns nach innen wenden. Manche Menschen verbringen in diesem Stadium viel Zeit in der freien Natur, andere meditieren oder ziehen sich an irgendeinen Zufluchtsort zurück. Für andere wiederum bedeutet diese Phase, sich Ruhe zu gönnen und Zeit für sich selbst zu nehmen. Oft gibt man teilweise oder auch ganz seine Beziehungen oder seinen Beruf auf und löst sich von allem, was einen an Äußerlichkeiten bindet. Bei manchen Menschen dauert dieses Stadium ihr ganzes Leben lang an, andere benötigen dafür nur ein paar Monate oder einige Wochen. Jedes Lebewesen ist einmalig. Daher erlebt jeder diese Entwicklung in einer anderen Weise. Doch in welcher Weise auch immer, wir lernen, nach innen zu gehen und an diesem ruhigen Ort in uns selbst zu verweilen. Dort finden wir eine immer tiefer werdende Verbindung mit unserem höheren Bewußtsein.

In diesem Gefühl der tiefen Verbundenheit mit uns selbst entdecken wir eine Klarheit, Weisheit, Kraft und Liebe in uns, sowie eine erstaunliche Fähigkeit zu ›sehen‹. Dies ist darauf zurückzuführen, daß unsere Seele bereits sehr hoch entwickelt ist. Sie ist längst in der Welt der Wahrheit und des Lichts zu Hause. Sobald wir dieses Einssein mit dem Kosmos verspüren, erleben wir ein vorübergehendes Hochgefühl – das Erlebnis einer momentanen Erleuchtung.

Unser Problem liegt darin, daß sich unsere physische Form noch nicht entwickelt hat. Sie hat gerade ihre alte Struktur aufgegeben, unser Ego ist gestorben und wurde wiedergeboren. Wir sind nun wieder in einem Kindheitsstadium und wissen nicht, wie wir uns verhalten sollen. Wenn wir unser physisches Selbst ›an die Hand nehmen‹ und führen, wird es sehr schnell lernen, wie es in der neuen Welt leben muß. Dennoch ist es immer noch von den Erinnerungen, Verhaltensmustern und Strukturen aus der Vergangenheit geprägt, und versucht, auf sie zurückzugreifen.

In diesem Dilemma befinden wir uns im Augenblick – in der Kluft zwischen unserem spirituellen und unserem physischen Sein. Unsere Seele ist sehr stark und kreativ. Sie hat so viele Möglichkeiten zur Verfügung, um sich in der physischen Welt zu entfalten, aber sie braucht die physische Gestalt als Vehikel, um sich zu verwirklichen. Unsere physische Persönlichkeit ist dazu bereit, aber sie ist noch nicht in der Lage, dem höheren Selbst zu entsprechen. Daher müssen wir sie mit der Kraft und der Weisheit unseres höheren Selbst lehren und transformieren.

## Wie man die Kluft überwindet

Für eine hoch entwickelte Seele ist es ziemlich unbequem, in einer unterentwickelten physischen Persönlichkeit zu wohnen. Daraus resultieren fast all unsere Probleme. Es ist, als ob wir Götter wären, die in einer elenden Behausung leben und mit alten, kaputten Galoschen herumlaufen müssen. Dieser Zustand ist ausgesprochen frustrierend und erniedrigend – vor allem, wenn niemand erkennt, wer wir eigentlich sind! Wenn wir vergessen könnten, wer wir in Wirklichkeit sind, wäre es nicht so schlimm. Wir würden diese Tatsache als unser Schicksal annehmen. Aber sobald wir uns einmal an unsere wahre Identität erinnert haben, haben wir das Gefühl, in einer fremden Welt gefangen zu sein.

Diese Erkenntnis erklärt vieles, was uns in diesem Leben widerfährt. Sie ist eine Erklärung dafür, warum wir erhebende Augenblicke der Bewußtheit und Klarheit erleben und kurz darauf wieder vollkommen aus dem Auge verlieren und voll Angst und Furcht sind. Es macht verständlich, warum wir an einem Tag so liebevoll, weise und tolerant sind, und am nächsten wieder ärgerlich, dumm und voller Vorurteile. Warum kommt es vor, daß wir nach einem Workshop das Gefühl haben, wir hätten es begriffen, und tags darauf scheint nichts mehr von diesem Gefühl übrig zu sein? Wie kann es sein, daß wir uns so friedlich und losgelöst fühlen, wenn wir meditieren, und dennoch scheinen unsere Beziehungen chaotischer als je zuvor? Und wie kommt es, daß wir ein tiefes Vertrauen in den Reichtum und Überfluß des Universums haben, aber selbst immer noch in finanziellen Schwierigkeiten stecken?

Die Antwort darauf ist ganz einfach: Wir leben in der Kluft zwischen unserem höheren Selbst und unserer physischen Persönlichkeit, zwischen Geist und Materie. Sich dem zu stellen, ist sehr schwierig und stellt eine große Herausforderung dar. Viele Menschen kommen an diesen Punkt und tun sich sehr schwer, ihn zu überwinden.

Auf dem traditionellen spirituellen Weg entsagt man mehr oder weniger stark der irdischen Welt. So kann man seiner Seele gegenüber aufrichtig sein und vermeidet die Auseinandersetzung mit dem Verhaften und den Verhaltensmustern der physischen Persönlichkeit. Leider kann sich unser irdisches Sein auf diesem Weg niemals höher entwickeln. Schließlich verlassen wir unseren Körper, um uns in andere Bewußtseinsdimensionen zu begeben. Dadurch wird unsere physische Welt niemals transformiert.

Um eine neue Welt zu erschaffen, stehen wir vor der Aufgabe, mit vollem spirituellen Bewußtsein in die physische Welt hineinzugehen. Wir müssen die Kluft zwischen unserem höheren und unserem irdischen Selbst erkennen. Wir müssen unserer Seele die Möglichkeit geben, den physischen Körper, den Intellekt und die Persönlichkeit zu transformieren, so daß unsere physische Seinsform zu einem mächtigen Kanal für die kosmische Energie wird, durch die sich unsere Seele ihrem Wesen gemäß verwirklichen kann.

## Wie man das höhere Selbst und die physische Persönlichkeit zusammenbringt

Der erste Schritt in dem bewußten Transformationsprozeß, Seele und physisches Sein in Einklang zu bringen, besteht darin, sowohl das Bewußtsein des höheren Selbst (Geist/Seele) als auch das Bewußtsein des physischen Selbst (Persönlichkeit/Intellekt/Ego) zu erkennen und in sich zu fühlen. Es ist, als lebten zwei Seelen in uns. Gewöhnlich spüren wir die meiste Zeit über nur eine dieser beiden. Der andere Wesensteil wird uns immer nur für einen flüchtigen Augenblick bewußt. Vielleicht wechseln wir auch häufig von der einen Ebene in die andere, weshalb von uns ein und dieselbe Sache oft von zwei völlig verschiedenen Perspektiven aus betrachtet wird.

Dazu ein Beispiel aus meinem eigenen Leben: Oft fühle ich mich zu einem neuen Projekt inspiriert. Ich habe eine ganz klare Vision davon, wie es aussehen wird. All meine kreativen Ideen stammen natürlich aus einem höheren Selbst. Voller Tatendrang starte ich das neue Projekt, mache Pläne und unternehme die ersten Schritte in dieser Richtung. Ein paar Tage oder Wochen später fühle ich mich dann auf einmal völlig überlastet, überarbeitet und frustriert und würde das ganze Projekt am liebsten fallenlassen. Mein höheres Selbst hatte eine wahre Vision, doch mein physisches Selbst konnte das Projekt nicht in diesem Tempo umsetzen. An diesem Punkt muß ich haltmachen und mir darüber klar werden, was realistisch ist. Dann lege ich das Projekt für eine Weile beiseite oder nehme mir mehr Zeit, damit es sich langsam entwickeln kann. Mein höheres Selbst ist meinem physischen Selbst immer um Längen voraus. Also muß es lernen, sich dem Tempo meines physischen Selbst anzupassen.

Der zweite Schritt ist nun, beide Wesensanteile anzunehmen und zu lieben. Beide sind ein positiver und vitaler Bestandteil unseres Selbst. Ohne unsere Seele wären wir nicht lebendig – nicht mehr als ein toter Körper. Aber ohne unseren physischen Körper könnten wir nicht in dieser Welt leben – wir befänden uns in einer anderen Bewußtseinsdimension.

Manchmal ist die Erkenntnis frustrierend, daß unser physisches Selbst noch nicht alles verwirklichen kann, was unsere Seele gerne möchte. Aber es ist wichtig, sich selbst so anzunehmen, wie man im Augenblick ist. Die Integration beider findet dann statt, wenn der richtige Zeitpunkt gekommen ist.

Vor einigen Jahren lebte ich mit einem Mann in einer sogenannten ›freien Partnerschaft‹. Das bedeutet, daß jeder dem anderen die Freiheit ließ, andere Liebhaber zu haben. Ich hatte ein sehr hohes spirituelles Ideal, daß ich einen Menschen aufrichtig lieben und ihm gleichzeitig die Freiheit lassen könnte, seine Energie, die er anderen gegenüber empfand, auszuleben. Umgekehrt mußte mir mein Partner dieselbe Freiheit lassen. Manchmal gelang mir dies und ich erlebte wundervolle Augenblicke, in denen ich eine unendlich tiefe und bedingungslose Liebe empfand, eine starke Verbundenheit und Innigkeit mit meinem Geliebten. Manchmal empfand ich sogar für seine anderen Geliebten eine tiefe Zuneigung. Doch die meiste Zeit litt ich fürchterlich unter einer quälenden Eifersucht. Schließlich erkannte ich, daß ich emotionell noch nicht bereit war, nach meinem Ideal zu leben. Ich besaß genügend Achtung vor meinen Gefühlen, um die Situation zu ändern.

Ich habe immer noch das Gefühl, daß ich eines Tages so selbstsicher sein werde, daß ich in Beziehungen ein Gleichgewicht von Tiefe und Freiheit leben kann, wenn ich es möchte. Aber ich gestehe mir selbst zu, mich langsam auf dieses Ziel hin zu bewegen, damit ich emotionell mit meiner Entwicklung Schritt halten kann (mehr darüber im Kapitel Beziehungen).

Der Schlüssel zur Integration des höheren und physischen Selbst liegt darin zu lernen, seiner Intuition zu folgen. Je mehr man dies tut, um so mehr können der Intellekt, die Persönlichkeit und der Körper lernen, dem höheren Selbst zu vertrauen und sich darauf zu verlassen. Je mehr sich das physische Selbst auf die Führung der Seele einläßt, um so stärker und bewußter wird es.

Es ist sehr wichtig zu erkennen, daß man das physische Selbst nicht mit dem Willen zwingen kann, dem höheren Bewußtsein zu vertrauen und sich von ihm führen zu lassen. Es muß die Möglichkeit haben, sich durch bewußte Lernerfahrungen dorthin zu entwickeln.

Mit anderen Worten, wir können uns nicht dazu zwingen, immer unserer Intuition zu folgen, auch wenn wir gerne so leben möchten. Manchmal scheint uns das Risiko einfach zu groß. Auch wenn das höhere Selbst weiß, daß eine Sache funktionieren würde, hat unser physisches Selbst noch zuviel Angst davor. Deshalb dürfen wir nicht blindlings in etwas hineinspringen, zu dem wir noch gar nicht bereit sind. Vielmehr sollte man das Geschehen beobachten und aufrichtig gegenüber seinen Gefühlen sein. Dann kann die Veränderung auf natürliche Weise vonstatten gehen und wird ganz spontan eintreten.

Nimm einmal an, du möchtest einem Freund etwas sagen, hast aber Angst, er könnte verletzt oder ärgerlich sein und dich abweisen. Wenn du feststellst, daß du den Mut dazu hast, dann teile ihm deine Gefühle mit. Beobachte, was daraufhin geschieht und wie du dich danach fühlst. Es ist sehr wahrscheinlich, daß du durch die Erfahrung mehr Energie und Kraft bekommst.

Solltest du aber Angst haben, die Wahrheit auszusprechen, dann zwinge dich nicht, deine Angst zu unterdrücken. Beobachte auch in diesem Fall, wie du dich in der Nähe deines Freundes fühlst, wenn du nicht völlig du selbst bist. Achte auf Gefühle der Bedrücktheit und Beklemmung und Verluste an Energie und Vitalität. Vielleicht bist du deinem Freund gegenüber aufgebracht. Versuche, dich nicht negativ dafür zu bewerten, daß du nicht handelst! Denk daran: Es ist ein Lernprozeß!

Unsere Seele tendiert zu immer mehr Expansion, Tiefe, Energie und Lebendigkeit. Die physische Persönlichkeit (Ego) hingegen zielt immer auf das ab, was aus ihrer Sicht sicher ist. Sie versucht immer, den ›Status quo‹ aufrechtzuerhalten, was gewöhnlich eine sehr langweilige und abstumpfende Erfahrung ist.

Wenn du in der Lage bist, dich ohne Vorurteile zu beobachten, wirst du erkennen, daß du dich besser fühlst, wenn du dir selbst vertraust und deinem Energiefluß folgst. Umgekehrt fühlst du dich schlecht, wenn du deinen alten Verhaltensmustern folgst und dich von Angst und Zurückhaltung leiten läßt. Nach einer Weile empfängt dein physisches Selbst diese Botschaft ganz klar und beginnt, spontan auf die Energie zu reagieren und sich von ihr leiten zu lassen. Es weiß, daß es sich so besser fühlt, als wenn es den alten Verhaltensmustern folgt. Schließlich besitzt du ein physisches Selbst, das in jeder Situation dem Licht in dir entspricht, ohne daß du daran denken oder es kontrollieren müßtest.

Während du dich in dem Lernprozeß befindest, dir selbst zu vertrauen, werden viele alte emotionelle Strukturen an die Oberfläche kommen. Sie müssen befreit und geheilt werden. Dies ist eine wichtige Phase des Lernprozesses, die man nicht auslassen darf. Es ist eine Zeit der Reinigung, eine Katharsis. Erinnerungen, Trauer, Angst, Schmerz, Wut und Schuldgefühle aus der Vergangenheit tauchen auf. Laß all diese Emotionen zu, sie werden sich auflösen. Dein physisches Selbst wird davon gereinigt. Wenn das Licht des höheren Selbst jede Zelle deines Körpers durchdringt, verschwindet die Dunkelheit.

Wenn du lernst, den Umwandlungsprozeß bewußt zu beobachten, wirst du dich dabei ertappen, daß du alte Verhaltensweisen wiederholst, obwohl du es längst besser weißt. Spirituell und intellektuell erkennst du, daß es einen anderen Weg gibt, doch emotionell bist du immer noch in deinen alten Gewohnheiten gefangen. Dies ist eine schwierige Zeit, in der du geduldig und nachsichtig mit dir selbst sein mußt. Hast du die Sinnlosigkeit einer alten Verhaltensweise erst einmal erkannt, dann verändert sie sich von selbst. Bald darauf wirst du mit einem Mal anders reagieren – in einer viel positiveren Weise.

Die Erleuchtung des physischen Selbst geschieht auf wundervolle Weise. Sowie das Ego dem Universum völlig vertraut, wird jede Körperzelle vom höheren Bewußtsein durchdrungen. Dadurch wird die Dunkelheit in Licht verwandelt.

Du wirst sehen, wie sich dein physischer Körper verändert. Er wird klarer, stärker, gesünder und schöner. Es scheint, als ob das Licht durch deinen Körper hindurchschiene. Da dein Leben deine eigene Schöpfung und der Spiegel deiner Transformation ist, drückt sich die Kraft und Schönheit deines höheren Selbst in allen Lebensbereichen aus und verändert alles zum Positiven hin: deinen Beruf, deine Finanzen, dein Heim, deine Autos, deine Beziehungen, deine Umgebung und die ganze Welt.

## Meditation

Mache es dir bequem, entspanne dich und schließe deine Augen. Atme tief ein und aus und entspanne deinen Körper und deinen Geist völlig. Konzentriere dein Bewußtsein auf einen ruhigen Ort tief in deinem Innern.

Stell dir vor, daß von diesem Ort ein wundervolles goldenes Licht ausstrahlt. Es wächst und breitet sich aus, bis dein ganzer Körper von Licht durchflutet ist. Das Licht ist sehr stark und durchdringt jede Zelle deines Körpers. Jedes Molekül in dir erwacht in diesem Licht, bis dein ganzer Körper strahlt. Sieh nun, wie dein Körper verwandelt, wie alles andere in deinem Leben auf die gleiche Weise verwandelt wird.

## Übung

Beobachte, ob du dich vorurteilslos betrachten kannst. Achte darauf, wann du in der Lage bist, deiner Intuition zu folgen, und wann nicht. Beobachte, was du in jeder der beiden Situationen fühlst und was dabei geschieht. Bitte dein höheres Selbst, dir zu helfen, deiner Energie immer mehr zu vertrauen und dich von ihr leiten zu lassen.

# 7

# Der Mann und die Frau in uns

Jeder Mensch hat männliche *und* weibliche Energien in sich. Meiner Meinung nach besteht eine der größten Herausforderungen in dieser Welt darin, diese Energien voll zu entwickeln, so daß sie harmonisch zusammenwirken können.

In den Philosophien des Ostens findet sich schon immer die Vorstellung von den gegensätzlichen Kräften Yin (feminin/rezeptiv) und Yang (maskulin/aktiv). In der östlichen Glaubensvorstellung besteht das gesamte Universum aus diesen beiden Kräften. Im Westen leistete C. G. Jung mit seiner ›Animus-Anima-Theorie‹ Pionierarbeit auf diesem Gebiet. Er fand heraus, daß jeder Mann einen weiblichen Teil (Anima) besitzt, und jede Frau einen männlichen (Animus). Die meisten Menschen haben die gegengeschlechtliche Energie in ihrem Innern weitgehend unterdrückt. Wir müssen lernen, diese Kraft in unsere Persönlichkeit zu integrieren. Jung und seine Anhänger haben eine enorme Arbeit geleistet, indem sie Träume, Mythen und Symbole zu Hilfe nahmen, um unsere männlichen oder weiblichen Anteile wiederfinden und entfalten zu können. Viele andere Philosophen, Psychologen, Dichter, Bühnenschriftsteller und Künstler haben diese Vorstellung von den maskulinen und femininen Energien im Menschen und im ganzen Kosmos zum Ausdruck gebracht.

Wie ich bereits zu Anfang dieses Buches erwähnt habe, hat mir Shirley Luthman am meisten dazu verholfen, die männlichen und weiblichen Energien in unserem Innern zu verstehen. Ihre Vorstellungen auf diesem Gebiet waren so klar, einfach und tiefgründig, daß sie mein Leben buchstäblich umstürzten. Ich stellte fest, daß ich mit diesem Konzept ein enormes Hilfsmittel in der Hand hatte – ich konnte fast alles in meinem Leben und in der Welt unter dem Gesichtspunkt der männlichen /weiblichen Energien betrachten und somit viel besser verstehen, was sich wirklich abspielt! Ich übernahm die Vorstellungen, die ich aus den östlichen Philosophien, von C. G. Jung und Shirley Luthman bezog, und integrierte sie in meine eigene Lebensanschauung. Es hat sich gezeigt, daß diese Vorstellung, gleich wo ich bin, auf alle Menschen, denen ich sie mitteile, wie eine Inspiration wirkt. Sie reagieren genauso wie ich es tat – alles wird auf einmal so klar.

Manche Menschen spüren einen Widerstand gegenüber den Begriffen ›weiblich‹ und ›männlich‹, da diese beiden Wörter in unserer Kultur so stark von Klischees beladen sind. Wenn es dir angenehmer ist, dann kannst du sie ruhig durch ›Yin‹ und ›Yang‹ oder irgendein anderes Wort, das dir gefällt, ersetzen.

## Männlich und weiblich

Meiner Ansicht nach ist der weibliche Anteil unserer Persönlichkeit das intuitive Selbst. Es ist der tiefste und weiseste Teil unseres Selbst, die weibliche Energie im Mann wie in der Frau. Das intuitive Selbst ist der rezeptive Wesensanteil in uns, durch den die kosmische Energie wie durch eine offene Tür hineinströmen kann. Es ist die Öffnung des Kanals, der Eingang für die kreative Kraft des Kosmos. Das Weibliche in uns teilt sich durch die Intuition mit – die inneren Eingebungen, Bilder oder die Gefühle aus der Magengegend, die aus dem Tiefsten unseres Innern stammen. Wenn wir dem weiblichen Teil im Wachzustand keine bewußte

Aufmerksamkeit schenken, dann versucht er, sich in unseren Träumen, Gefühlen und durch unseren Körper bemerkbar zu machen. Das Weibliche ist die Quelle der höheren Weisheit in uns. Wenn wir lernen, ihr aufmerksam zuzuhören, wird sie uns in jedem Augenblick der beste innere Führer sein.

Der männliche Wesensanteil in unserem Innern ist die Handlungsfähigkeit – die Fähigkeit, in der physischen Welt zu handeln, zu denken, zu sprechen und uns zu bewegen. Gleich ob man männlichen oder weiblichen Geschlechts ist, die männliche Energie ist in jedem Menschen die Fähigkeit zu handeln. Sie ist das Ende des Kanals für die kosmische Energie. Das Weibliche empfängt die kosmische Energie, und das Männliche bringt sie durch Handeln in der Welt zum Ausdruck. Auf diese Weise findet ein kreativer Prozeß statt.

Unser femininer Anteil wird durch einen schöpferischen Impuls inspiriert, der sich uns in Form eines Gefühls übermittelt. Unser maskuliner Teil reagiert darauf, indem er spricht, sich bewegt oder irgend etwas tut, was diesem Impuls entspricht.

Ein Künstler erwacht zum Beispiel mit einer Inspiration für ein Gemälde (ein Bild, das ihm von seinem weiblichen Anteil übermittelt wurde). Er begibt sich daraufhin sofort in sein Atelier und beginnt zu malen (von seinem männlichen Anteil ausgeführte Handlung).

Eine Mutter fühlt eine plötzliche Besorgnis um ihr Kind (ihr weiblicher Anteil warnt sie). Sie rennt ins andere Zimmer und kann ihr Kind gerade noch davor bewahren, auf die heiße Herdplatte zu fassen (ihr männlicher Anteil führt die Handlung aus).

Ein Geschäftsmann hat das Gefühl, Kontakt mit einer bestimmten Person aufzunehmen (eine Eingebung, die er von seinem weiblichen Anteil erhält). Er greift zum Telefon, um den Betreffenden anzurufen (sein männlicher Anteil handelt), und kann ein neues Geschäft anbahnen.

Immer wenn das Männliche und das Weibliche in unserem Innern kreativ zusammenwirken, hat es auch ein positives und produktives Ergebnis zur Folge – ein Gemälde, die Rettung vor einem Unglück, ein geschäftliches Unternehmen. Sogar der einfache Ablauf vom Hungergefühl, dem Gang in die Küche und der Zubereitung einer Mahlzeit veranschaulicht denselben Prozeß.

Das harmonische Zusammenwirken von weiblichen und männlichen Energien im Menschen ist die Grundlage jeder Schöpfung. Weibliche Intuition plus männlicher Aktion ergibt Kreativität.

Um ein harmonisches und schöpferisches Leben zu führen, müssen sowohl die weiblichen als auch die männlichen Energien voll entwickelt werden und in richtiger Weise zusammenarbeiten. Wenn man Mann und Frau in sich vollständig integrieren will, muß man dem Weiblichen die Führung übergeben, denn dies ist seine natürliche Funktion. Die innere Frau ist unsere Intuition, die Tür zur höheren Intelligenz.

Der innere Mann hört auf sie und handelt nach ihren Gefühlen. Die wahre Aufgabe des Mannes in uns ist vollkommene Klarheit, Geradlinigkeit und eine leidenschaftliche Kraft. Diese Kraft beruht auf der inneren Führung des Universums, die durch den weiblichen Wesensanteil ermöglicht wird.

Die Frau in uns sagt: »Ich fühle dies oder jenes.« Der Mann in uns antwortet: »Ich höre deine Gefühle. Was soll ich tun?« Sie sagt: »Ich möchte, daß du das für mich tust.« Er antwortet: »Gut, wenn du das gerne möchtest, werde ich es für dich erledigen.« Daraufhin macht er sich sofort daran, ihr diesen Wunsch zu erfüllen, denn er vertraut vollkommen darauf, daß hinter diesem Wunsch die Weisheit des Universums steckt.

Denk daran, daß ich gerade über einen inneren Prozeß gesprochen habe, der in jedem von uns stattfindet. Manchmal mißverstehen mich die Leute und projizieren diese Vorstellung auf die Außenwelt. Sie glauben, ich meinte damit, die Männer sollten sich von den Frauen sagen lassen, was sie zu tun haben! Was ich aber in Wirklichkeit sagen möchte, ist, daß sich jeder von uns von seiner Intuition führen lassen und dieser inneren Führung bereitwillig, unmittelbar und ohne Angst folgen sollte.

Die Natur der Frau in uns ist Weisheit, Liebe und die klare Vision, ausgedrückt durch Gefühle und Bedürfnisse. Das Wesen des Mannes in uns ist eine Handlungsfreudigkeit, die kein Risiko scheut, und die dem weiblichen Anteil dient, wie der Ritter seiner Gebieterin.

Durch die Bereitschaft, sich dem Weiblichen hinzugeben und sich für seine Belange einzusetzen, baut sich die männliche Energie in unserem Innern eine Persönlichkeitsstruktur auf, welche die sensible Energie der weiblichen Intuition schützt und achtet. Ich stelle mir oft vor, daß mein innerer Mann hinter meiner inneren Frau steht und sie unterstützt, beschützt und ihr ›den Rücken stärkt‹. Bei einem Mann kann das Bild umgekehrt sein. Er sieht die innere Frau in sich oder hinter sich, die ihn führt, stärkt, nährt und unterstützt. Wenn diese beiden Energien in Harmonie miteinander zusammenwirken, entsteht ein unglaublich schönes Gefühl in einem: Man fühlt sich wie ein starker, offener und kreativer Kanal, durch den Kraft, Weisheit, Frieden und Liebe fließen.

## Das Männliche und das Weibliche bisher

Leider haben wir noch nicht gelernt, wie wir unsere weiblichen und männlichen Energien natürlich und in der richtigen Beziehung zueinander verwirklichen können.

In unserer Kultur wurde die männliche Energie (die Fähigkeit, zu denken und zu handeln) benutzt, um die weibliche Intuition zu unterdrücken und zu kontrollieren, anstatt sie zu unterstützen und zum Ausdruck zu bringen.

Diese herkömmliche Methode, unseren inneren Mann zu leben, nenne ich das ›alte Männliche‹. Es existiert gleichermaßen in Mann und Frau, obwohl es bei Männern vielleicht offensichtlicher zu Tage tritt. In der Frau ist es subtiler und mehr verinnerlicht.

Das ›alte Männliche‹ ist der Teil in uns, der die Kontrolle behalten möchte. Es fürchtet sich vor der weiblichen Kraft, weil es sich der Kraft des Universums nicht hingeben will. Es hat Angst, daß es seine individuelle Identität verliert, wenn es sich der weiblichen Kraft überläßt. Ein anderes Wort dafür ist Ego. Die Funktion des Ego ist, um jeden Preis seine Individualität und Abgetrenntheit aufrechtzuerhalten. Aus diesem Grund verleugnet es die weibliche Kraft, die nach Vereinigung und Einssein strebt.

In bezug auf das ›alte Männliche‹ ist das Weibliche in der Welt hilflos. Die Kraft der femininen Energie kann sich ohne die männliche Aktivität nicht in der Welt entfalten. Daher ist diese Kraft unterdrückt und kommt auf indirektem Wege zum Ausdruck, wie durch manipulierende Verhaltensmuster, körperliche Symptome, durch unvermittelte Gefühlsausbrüche oder im Extremfall durch Anfälle von Gewalttätigkeit.

Du siehst, daß Mann und Frau ihre Rollen in der Außenwelt manifestiert haben: Die traditionelle Rolle des Mannes beinhaltet die Unterdrückung der inneren Frau. Ein Mann lernt, wie eine Maschine zu funktionieren, keine Gefühle zu zeigen, sich völlig unter Kontrolle zu haben und die Frau zu unterdrücken (insgeheim hat der Mann Angst vor der Frau, weil sie ihn an die Kraft seiner inneren Frau erinnert, die er mit allen Mitteln zu unterdrücken versucht). In Wirklichkeit fühlen sich Männer sehr allein und verloren, weil sie von ihrer inneren Kraftquelle abgeschnitten sind.

Die traditionelle Rolle der Frau zielt darauf ab, den inneren Mann dazu zu benutzen, die eigene weibliche Energie zu verleugnen und zu unterdrücken. Aus diesem Grund fühlt sich die Frau hilflos und abhängig vom Mann. Sie ist emotional aus dem Gleichgewicht geraten und kann sich nur auf indirektem Wege ausdrücken, nämlich durch Manipulation (sie hat Angst, daß sie verlassen wird, wenn der Mann herausfindet, wie stark sie in Wirklichkeit ist; deshalb ist sie bemüht, ihre Kraft vor ihm zu verbergen).

Es ist sehr wichtig zu erkennen, daß in beiden Geschlechtern sowohl das ›alte Männliche‹ als auch das ›alte Weibliche‹ existieren. Eine Frau, die sich in der oben beschriebenen Weise zum Ausdruck bringt, besitzt in ihrem Innern einen kontrollierenden ›Macho‹, der sie unterdrückt. Sie wird solche Männer anziehen, die die Persönlichkeit ihres inneren Mannes spiegeln, und dies im Verhalten ihr gegenüber ausleben. Je nachdem welche Einstellung die Frau sich selbst gegenüber hat und was sie verdient zu haben glaubt, wird der Mann ein väterliches oder chauvinistisches Verhalten an den Tag legen, oder sie sogar verbal oder körperlich mißhandeln. In dem Moment, in dem eine Frau beginnt, sich selbst zu vertrauen und zu lieben und ihre männliche Energie für sich einzusetzen, sich selbst zu unterstützen, wird das Verhalten der Männer in ihrem Leben diese Veränderung reflektieren. Sie werden sich entweder selbst völlig verändern in dem Maße, wie sich die Veränderung der Frau vollzieht, oder sie werden aus ihrem Leben verschwinden. An ihre Stelle treten dann Männer, die die neue Einstellung widerspiegeln, die die Frau sich selbst gegenüber gewonnen hat. Sie werden sie fördern und anerkennen. Daß dies tatsächlich so ist, habe ich immer wieder beobachten können.

Der traditionelle ›Macho‹ hat eine hilflose und hysterische Frau in seinem Innern, die verzweifelt versucht, gehört zu werden. Er zieht im allgemeinen Frauen an, die ein schwaches Selbstwertgefühl haben, und sich an ihm festklammern. Diese Frauen bringen ihre Kraft durch Manipulation zum Ausdruck. Sie spielen die Rolle des niedlichen kleinen Mädchens, der sexuellen Verführerin, des ›Kätzchens‹ oder sind unaufrichtig. Diese Frauen spiegeln ihren Mangel an Vertrauen und Achtung für ihr inneres Weibliches darin, daß sie kein Selbstvertrauen und keine Selbstachtung besitzen. Indem der Mann sich für seine innere Frau öffnet und ihr vertraut, wird er in sich die Unterstützung, Geborgenheit und Verbundenheit finden, die ihm fehlt. Die Frauen in seinem Leben werden diese Veränderung reflektieren. Er wird von Frauen umgeben sein, die stark, unabhängig, geradlinig und ehrlich sind, und ihn aufrichtig lieben und umsorgen.

## Das Männliche und das Weibliche ab jetzt

Die weibliche Kraft unserer Intuition, die Kraft unseres höheren Selbst, ist immer in unserem Innern vorhanden. Es liegt an unserem Ego – unserer männlichen Energie, was wir mit dieser Kraft machen. Entweder wir bekämpfen, blockieren und kontrollieren sie und versuchen, uns von ihr abzuspalten, oder wir geben uns dieser Kraft hin, öffnen uns für sie, und lernen, sie zu unterstützen und mit ihr zu fließen.

Für jeden einzelnen wie auch im ganzen findet eine Veränderung in der Einstellung gegenüber der Intuition statt. Die Angst vor der Intuition und der Wunsch, sie zu kontrollieren, wird durch Vertrauen und Hingabe ersetzt. Die Kraft der femininen Energie erwacht in unserer Welt. Wenn sie in unserem eigenen Innern lebendig wird und wir sie annehmen und uns ihr hingeben, dann wird das ›alte Männliche‹ in uns transformiert. Es wird durch die innere Frau noch einmal wiedergeboren, als der ›neue‹ Mann, der im Vertrauen und der Liebe zu ihr vollkommen aufgeht. Er muß wachsen, um so stark zu werden wie sie, so daß sie die Liebenden sein können, als die sie gedacht sind.

Ich glaube, daß der ›neue‹ Mann erst in den letzten Jahren in unserem Bewußtsein geboren worden ist. Zuvor hatten wir nur wenig Gespür für die wahre männliche Energie. Unsere einzige Vorstellung von dem, was männlich ist, bestand in dem alten Klischee vom Mann, das Mann und Frau vollkommen voneinander trennt.

Die Geburt des ›neuen‹ Mannes geht einher mit der Geburt des Neuen Zeitalters. Die neue Welt entsteht in unserem Innern und nimmt in unserer Umwelt Gestalt an. Der neue Mann (die physische Welt) wird in seiner ganzen Vollkommenheit aus der weiblichen Kraft (der spirituellen Energie des Kosmos) erschaffen.

## Ein Inbild

Hin und wieder mache ich eine Visualisierungsübung, bei der ich um ein Bild meines inneren Mannes und meiner inneren Frau bitte. Jedesmal ist das Bild, das in mir entsteht, ein wenig anders, da ich etwas dazulernen soll. Ich möchte dir eines der eindrucksvollsten Bilder beschreiben, weil es eine so hinreißende Darstellung von einem Aspekt der Beziehung zwischen innerem Mann und innerer Frau ist.

Meine weibliche Energie erschien als eine wunderschöne und strahlende Königin voll überströmender Liebe und Licht. Sie wurde auf einer Sänfte durch die Straßen getragen. Menschen säumten den Weg, um einen Blick auf sie werfen zu können. Die Königin war so voller Liebe, Schönheit und Offenheit, daß die Menschen auf der Stelle von Schmerz geheilt und befreit waren, wenn sie an ihnen vorbeikam, ihnen zuwinkte, zulächelte und ihnen Handküsse zuwarf.

An ihrer Seite ging ein Samurai-Kämpfer, der ein Schwert trug. Dies war meine männliche Energie. Jedem war klar, daß der Samurai jeden sofort niederstrecken würde, der die Königin bedroht. Aus diesem Grund wagte es natürlich keiner, ihr Schaden zufügen zu wollen. Der Samurai war bereit, ohne Zögern seiner Verantwortung entsprechend zu reagieren, weshalb die Königin vollkommen sicher und geschützt war. Dieses Gefühl der absoluten Sicherheit, sich nicht verteidigen oder verbergen zu müssen, ermöglichte ihr, völlig offen und liebevoll zu sein und ihrer Umwelt alles zu geben, was sie zu verschenken hatte.

## Meditation

Setze oder lege dich bequem hin und schließe die Augen. Atme ein paarmal tief ein und aus und entspanne deinen Körper und deinen Geist. Begib dich mit deinem Bewußtsein an einen ruhigen Ort tief in deinem Innern.

Nun laß in dir ein Bild von deiner inneren Frau auftauchen. Dieses Bild kann eine Frau darstellen, die es wirklich gibt, oder ein Tier. Es könnte auch etwas Abstraktes sein – eine Farbe oder eine Form. Nimm einfach ganz spontan an, was in dir auftaucht.

Betrachte deine innere Frau und spüre, was sie für dich bedeutet. Sieh dir die Details in dem Bild an, die Farben, die Muster. Beobachte, was du ihr gegenüber empfindest.

Frage sie, ob sie dir jetzt in diesem Augenblick etwas sagen möchte. Sei offen für das, was sie dir mitteilt. Ihre Botschaft kann in Worten oder Symbolen erfolgen. Du kannst ihr auch Fragen stellen. Vielleicht möchtest du etwas von ihr wissen. Sei auch hier offen für ihre Antwort, ob diese nun in Worten, Gefühlen oder Bildern zu dir gelangt. Wenn du ihre Botschaft empfangen hast und meinst, das genügt für den Augenblick, atme wieder einige Male tief ein und aus und löse dich von ihrem Bild. Komm zurück an den ruhigen Ort in deinem Innern.

Lenke nun dein geistiges Auge auf ein Bild von deinem inneren Mann. Nimm auch hier jedes Bild an, das entsteht. Vielleicht siehst du einen Menschen, den es tatsächlich gibt, vielleicht aber auch ein abstraktes Bild. Erforsche es in allen Details. Spüre nach, was du diesem Mann gegenüber empfindest. Frage ihn nun, ob er dir etwas mitteilen möchte. Sei offen für die Botschaft, gleich, in welcher Form sie in dir auftaucht. Wenn du Fragen an ihn hast, kannst du sie jetzt stellen. Sei auch hier offen für jede Antwort. Wenn er nicht sofort antwortet, kannst du davon ausgehen, daß du die Antwort zu einem späteren Zeitpunkt erhalten wirst.

Wenn du das Gefühl hast, deinen inneren Mann genug betrachtet zu haben und daß eure Kommunikation beendet ist, dann löse dich von diesem Bild. Komm zurück an den ruhigen Ort in deinem Innern.

Nun bitte darum, daß die Bilder von deiner inneren Frau und deinem inneren Mann zur gleichen Zeit in dir auftauchen. Schau, in welcher Beziehung sie zueinander stehen. Sind sie zusammen oder getrennt voneinander? Wenn sie eine Beziehung miteinander haben, welcher Art ist sie? Frage die beiden, ob sie miteinander sprechen möchten oder ob sie dir etwas mitzuteilen haben. Bleib offen für die Antwort, gleich ob du sie in Worten, Bildern oder Gefühlen erhältst. Wenn du den beiden etwas sagen oder sie etwas fragen möchtest, kannst du es jetzt tun.

Wenn du das Gefühl hast, du hast nun genug Zeit mit diesem Bild verbracht, atme wieder tief ein und aus und löse dich von dem Bild. Kehre an den ruhigen Ort in deinem Innern zurück.

## Übung

Schließe deine Augen und stelle den Kontakt zu deiner weiblichen intuitiven Stimme her.

Frage sie, was sie gerne möchte. Wünscht sie sich ein Geschenk von dir, oder möchte sie dir etwas mitteilen? Wenn sie dir gesagt hat, was sie will, dann stelle dir deinen ›neuen‹ Mann vor, der ihren Wunsch erfüllt. Stell dir vor, wie er alles daran setzt, was notwendig ist, um ihrem Wunsch gerecht zu werden.

Wenn du die Augen öffnest, bemühe dich, all dem zu folgen, was deine innere Frau sich von dir wünscht.

8

# Mann und Frau

Instinktiv verstehen wir alle die ursprüngliche Funktion der männlichen und weiblichen Energien. Was wir aber oft nicht erkennen, ist die Tatsache, daß in jedem Menschen beide Energien vorhanden sind. Vielmehr neigen wir dazu, die männlichen und weiblichen Energien mit dem jeweiligen Geschlecht in Verbindung zu bringen.

Aus diesem Grund sind Frauen zu einem Symbol für die weibliche Energie geworden. Traditionell haben die Frauen ihre Empfänglichkeit, Fürsorglichkeit, Intuition, Sensibilität und Emotionalität entwickelt und zum Ausdruck gebracht. Ihre Selbstbehauptung, Handlungsfähigkeit, ihr Intellekt und ganz allgemein die Fähigkeit, in der Welt zu bestehen, wurden mehr oder weniger stark unterdrückt.

In gleicher Weise verkörpern die Männer die maskuline Energie. Sie haben traditionell ihre Fähigkeit entwickelt, sich in der Welt zu behaupten. Sie sind stark, zielstrebig, selbstbewußt und aggressiv. Ihr Intellekt ist stark ausgeprägt, während ihre Intuition, ihre Gefühlswelt, Sensitivität und Fürsorglichkeit unterdrückt und geleugnet wurden.

Von diesem Gesichtspunkt aus betrachtet, ist jeder Mensch nur ein halber Mensch. Wir sind von der jeweils anderen Hälfte abhängig, um ganz zu sein. Da wir in der Welt nicht ohne das vollständige Potential an männlichen und weiblichen Energien leben können, ist jedes Geschlecht vom anderen abhängig, damit es überleben kann. Männer brauchen die Frauen dringend, um die Fürsorge, intuitive Weisheit und die gefühlsmäßige Zuwendung zu bekommen. Unbewußt wissen sie, daß sie ohne diese Zuwendung sterben müßten. Frauen sind vom Mann abhängig, damit sie in der physischen Welt bestehen können, weil sie nicht gelernt haben, für sich selbst zu sorgen.

Dies sieht nach außen hin wie ein perfekt funktionierendes Arrangement aus – der Mann hilft der Frau, die Frau hilft dem Mann. Doch in Wirklichkeit verbirgt sich dahinter ein großes Problem: Wenn man sich als Individuum nicht als ein ganzheitliches Wesen fühlt, wenn man spürt, daß das eigene Überleben von einem anderen Menschen abhängig ist, dann hat man ständig Angst, ihn zu verlieren. Was ist, wenn einen dieser Mensch verläßt oder wenn er stirbt? Es bedeutet, daß man selbst auch sterben wird, wenn man nicht einen anderen Menschen findet, der ihn ersetzt und seine Rolle übernimmt. Selbstverständlich kann einem auch mit diesem Menschen wieder etwas zustoßen. Somit leben wir ständig in Angst. Unser Partner wird zu einem reinen Objekt – der Lieferant unserer fehlenden Liebe oder Sicherheit. Wir sind gezwungen, diese Quelle um jeden Preis zu beherrschen, entweder auf direktem Weg durch Machtausübung oder Gewalt oder indirekt durch Manipulation. Im allgemeinen ist dies ein subtiler Vorgang, ein Abkommen auf Gegenseitigkeit: »Ich gebe dir, was du brauchst. Du bist genauso abhängig von mir, wie ich von dir. Deshalb wirst du mir auch weiterhin geben, was ich brauche.«

Unsere Beziehungen basieren auf der gegenseitigen Abhängigkeit und dem Zwang, den anderen zu beherrschen. Dies führt unvermeidlich zu Widerwillen und Ärger. Die meisten dieser Gefühle werden unterdrückt, weil es zu gefährlich wäre, sie offen zu zeigen und das Risiko einzugehen, den anderen zu verlieren. Doch die Unterdrückung dieser Gefühle verursacht wiederum einen Zustand der Leere und Unerfülltheit. Dies ist ein Grund dafür, warum die meisten Beziehungen am Anfang so aufregend sind (»Ich habe einen Menschen gefunden, der meine Bedürfnisse wirklich erfüllen kann!«) und in einem Zustand der Verärgerung und Langeweile enden, in dem man sich nichts mehr zu sagen hat. (»Meine Bedürfnisse werden nicht so befriedigt, wie ich es mir erhofft hatte. Ich habe in der Beziehung zum anderen meine Identität verloren, habe aber Angst, mich von ihm zu trennen, weil ich fürchte, ohne ihn nicht leben zu können.«)

## Wie man das Gleichgewicht findet

Seit kurzem findet eine Veränderung in der klassischen Rollenverteilung von Mann und Frau statt. In den letzten beiden Generationen hat eine wachsende Anzahl von Frauen begonnen, ihre Handlungsfähigkeit und Selbständigkeit in der Welt zu entdecken und zu entwickeln. Gleichzeitig haben sich immer mehr Männer für ihre Gefühlswelt geöffnet und lernen, ihre Gefühle und ihre Intuition zu leben.

Meiner Meinung nach liegt dieser Wandel darin begründet, daß unsere herkömmlichen Partnerschaften in einer Sackgasse enden. Die Vorstellung von den nach außen projizierten männlichen und weiblichen Energien hat sich als falsch erwiesen. Die alten Lebensgewohnheiten sind uns zu eng geworden. Doch wir haben noch kein neues Beziehungsmodell gefunden, das die alten Verhaltensmuster ersetzen könnte. Daher befinden wir uns in einer Phase, in der Chaos, Verwirrung, Schmerz und Unsicherheit herrschen, aber auch ein enormes Wachstum stattfindet. Wir machen einen Sprung in die neue Welt. Ich denke, daß jede Form von Beziehung, von der traditionellen Form der Ehe, bis hin zur freien Partnerschaft und homosexuellen oder bisexuellen Beziehung, den Versuch darstellt, das männlich-weibliche Gleichgewicht im eigenen Innern zu finden.

In ihrer traditionellen Rolle war die Frau mehr in Kontakt mit ihrer weiblichen Energie, die sie aber nicht mit Hilfe ihrer männlichen Energie unterstützte. Sie schenkte ihrem inneren Wissen keine Beachtung. Die Frauen taten immer so, als seien sie machtlos und schwach, obgleich sie in Wirklichkeit sehr stark sind. Sie haben sich am äußeren Urteil, vor allem der Männer, gemessen, anstatt sich an dem zu bewerten, was sie selbst als Mensch sind.

Viele Frauen, ich selbst eingeschlossen, hatten ihre männliche Energie sehr stark entwickelt, benutzten sie aber so, wie es in der klassischen Rolle des ›Macho‹ üblich war. Bei mir äußerte sich dies zum Beispiel so, daß ich sehr intellektbetont und aktiv war, und mich sehr angestrengt bemühte, die Verantwortung für die Welt auf meine Schultern zu laden. Auch mein weiblicher Wesensanteil war sehr ausgeprägt, doch ich konnte ihn nicht leben. Tatsächlich ignorierte ich ihn lange Zeit. Ich schützte meine sensiblen und verletzlichen Gefühle, indem ich mir eine harte Schale zulegte.

Ich mußte lernen, meine starke männliche Energie dazu zu benutzen, meinen weiblichen Anteil zu unterstützen und auf ihn zu vertrauen. Dies gibt meiner inneren Frau die Sicherheit und die Unterstützung, die notwendig ist, damit sie sich voll entfalten kann. Ich fühle mich weicher, empfänglicher und verletzbarer, aber in Wirklichkeit bin ich viel stärker als zuvor. Dies zeigt sich auch in der Wirkung, die ich jetzt auf meine Umwelt habe.

Die Frauen lernen nun, ihr Selbstwertgefühl und ihre Eigenständigkeit zu entwickeln, anstatt ihre Verantwortung an den Mann abzugeben. Doch seit Jahrhunderten wurden wir von diesem Rollenverhalten geprägt, und es braucht seine Zeit, bis wir es in unseren tiefsten Schichten ausgemerzt haben. Der Schlüssel dazu liegt darin, unseren tief-inneren Gefühlen zu vertrauen und nach ihnen zu leben.

Die Eigenschaften, die die Frauen beim Mann gesucht haben – Kraft, Durchsetzungsvermögen, Verantwortung, Behüten, Abenteuer und Liebesaffäre, müssen sie nun in sich selbst entdecken und entfalten. Eine ganz einfache Lösung, wie man dies erreicht, ist folgende: Behandle dich genauso, wie du gerne von einem Mann behandelt werden möchtest!

Das Interessante daran ist, daß sich das, was wir in unserer Innenwelt erschaffen, immer in unserer Außenwelt spiegelt. Dies ist ein kosmisches Gesetz. Wenn du dir einen inneren Mann geschaffen hast, der dich unterstützt und liebt, wird es in deinem Leben einen oder sogar viele Männer geben, die dies reflektieren. Wenn du wirklich damit aufhörst, in der Außenwelt nach dem zu suchen, was du brauchst, dann wirst du am Ende alles bekommen, was du dir immer gewünscht hast!

Für Männer gilt natürlich das gleiche Prinzip. Bisher waren die Männer von ihrer weiblichen Energie abgeschnitten – vom Leben, von der Liebe und inneren Kraft. Obwohl sie sich immer bemühten, nach außen hin stark zu wirken und das Gefühl zu vermitteln, alles unter Kontrolle zu haben, fühlten sie sich insgeheim hilflos, alleine und leer (der Krieg ist ein gutes Beispiel dafür, wie dem ›alten Männlichen‹ die Weisheit und Führung der weiblichen Energie fehlt). Männer suchen Geborgenheit und das Gefühl des Verbundenseins durch die Frau. In dem Moment, wo sie mit ihrer eigenen inneren Frau in Kontakt sind, erhalten sie unglaublich viel Liebe aus sich selbst.

Die innere Frau in jedem Mann besitzt all die Eigenschaften, die er in der Frau gesucht hat – Umsorgen, Sanftheit, Wärme, Stärke, Sexualität und Schönheit. Wenn du lernst, auf deine inneren Gefühle zu hören und sie zu unterstützen, wirst du dies erkennen. Du mußt deine innere weibliche Energie respektieren, indem du dich nach dem Gefühl für sie richtest. Dann wird jede Frau in deinem Leben ein Spiegel für diese Integration sein. Die Frauen werden genau die Eigenschaften verkörpern, die du dir immer gewünscht hast. Und darüber hinaus werden sie Liebe, Wärme, Fürsorglichkeit und Kraft von dir bekommen.

Gerade in letzter Zeit haben sich viele Männer dazu entschlossen, sich ganz tief auf ihre weibliche Energie einzulassen. Dabei haben sie sich von ihrem inneren Mann abgewandt. Sie lehnen die alte Rolle des ›Macho‹ ab, haben nun aber keinen Bezug mehr zu ihrem männlichen Teil. Diese Männer sind im allgemeinen so voller Angst vor ihrer männlichen Energie, daß sie sich auch gegen die positiven Seiten ihrer Männlichkeit wenden. Sie befürchten, sie könnte in der alten Kopflosigkeit und Gewalttätigkeit zum Ausbruch kommen, die sie mit Männlichkeit gleichsetzen.

Ich habe das Gefühl, daß es für diese Männer besonders wichtig ist, sich mit der Vorstellung vom ›neuen Mann‹ auseinanderzusetzen. Der neue Mann läßt seine spontane, aktive, aggressive maskuline Energie zu, weil er weiß, daß sie von der Weisheit seiner weiblichen Energie gelenkt wird. Dies erfordert ein tiefes Vertrauen, daß die innere Frau weiß, was sie tut, und niemals zulassen würde, daß etwas Destruktives oder Negatives geschieht.

## Beziehungen in der neuen Welt

Die neue Beziehungsform basiert auf der Ganzheit jedes Menschen. Jeder Mensch ist innerlich mit seinen männlichen und weiblichen Energien im Gleichgewicht. Seine Ausdrucksmöglichkeiten reichen von tiefster Empfänglichkeit bis zu stärkster Handlungsfähigkeit.

Äußerlich wird die Ausdrucksweise der meisten Menschen sicherlich davon bestimmt sein, welchem Geschlecht sie angehören.

Angesichts dieser Vorstellung vom ›neuen‹ Mann und der ›neuen‹ Frau befürchten manche Leute, daß wir alle wie Zwitter werden und Mann und Frau nach außen hin kaum mehr zu unterscheiden sind. Doch in Wirklichkeit ist es genau umgekehrt. Je mehr eine Frau ihren männlichen Anteil entwickelt und ihm vertraut, um so sicherer fühlt sie sich, ihren weichen, rezeptiven und schönen weiblichen Anteil zu leben. Die Frauen, die ich kenne und die diesen Prozeß durchleben (ich selbst eingeschlossen), scheinen viel weiblicher und schöner zu werden, selbst während sie ihre männlichen Energien stärker leben. Männer, die sich für ihre weiblichen Energien öffnen, kommen wieder in Verbindung mit ihrer inneren weiblichen Kraft, was ihren maskulinen Anteil erweitert und stärkt. Die Männer aus meinem Bekanntenkreis, die sich in diesem Prozeß befinden, sind weit davon entfernt, weibisch zu werden. Im Gegenteil, sie sind sich ihrer Männlichkeit viel sicherer.

In der neuen Welt wird ein Mann, der sich zu einer Frau hingezogen fühlt, in ihr den Spiegel für seinen eigenen weiblichen Anteil erkennen. Er kann durch sie etwas über seine weibliche Seite lernen und Ängste und Grenzen überwinden, die ihn an einer tieferen Integration hindern. Wenn sich eine Frau in einen Mann verliebt, dann erkennt sie in ihm ihren eigenen inneren Mann. Durch das Zusammensein mit ihm lernt sie, ihren eigenen männlichen Wesensanteil stärker zu entwickeln und ihm mehr zu vertrauen.

Wenn du dir tief innerlich bewußt bist, daß dein Partner ein Spiegel deiner selbst ist, bist du nicht mehr so abhängig von ihm. Du weißt, daß alles, was dir dein Partner gibt, auch in dir selbst ist! Du erkennst, daß der Grund, warum du mit deinem Partner zusammen bist, darin liegt, daß du mehr über dich selbst erfährst und eine immer tiefere Verbindung mit dem Universum erlangst. Gesunde Beziehungen basieren daher nicht auf gegenseitiger Abhängigkeit, sondern auf der Freude am gemeinsamen Abenteuer, ein ganzheitliches Wesen zu werden.

## Homosexuelle Beziehungen

Ich selbst habe keine Erfahrung mit homosexuellen Beziehungen, weshalb ich mich nicht als Experte auf diesem Gebiet betrachte. Doch aus Gesprächen und der Arbeit mit einigen homosexuellen Freunden und Klienten bin ich zu der Überzeugung gelangt, daß homosexuelle Beziehungen in spiritueller Hinsicht eine sehr wichtige Stufe darstellen. Homosexualität und Bisexualität sind für manche ein Weg, überholte und eingefahrene Rollen und sexuelle Klischees zu durchbrechen, um zu ihrer eigenen Wahrheit zu finden.

Für manche Menschen bedeutet das Zusammenleben in einer engen und intensiven Beziehung zu einem gleichgeschlechtlichen Partner, den besten Spiegel zu finden, den sie für ihr Wachstum benötigen. Zwei Frauen beispielsweise können eine tiefere Verbundenheit erleben, als es ihnen mit einem Mann jemals möglich wäre. Sie benutzen diese intuitive feminine Verbindung, um sich ein starkes Fundament und eine sichere Umwelt zu schaffen, die ihnen die Möglichkeit gibt, ihren inneren Mann zu entwickeln. Sie spiegeln sich gegenseitig vollkommen wider und helfen sich, ganz und harmonisch zu werden.

Männer scheinen manchmal eine ihnen wesensgleiche männliche Intensität zu finden, was ihnen ermöglicht, all das zu leben, was sie von einer Frau nicht bekommen können. Bei einem gleichgeschlechtlichen Partner finden sie die Unterstützung, sich seiner femininen Seite zu nähern und sie zu erforschen, ohne das Gefühl zu haben, die eingefahrene Rolle des Mannes spielen zu müssen.

Vieles bleibt hier ein Geheimnis, das man erst rückblikkend enthüllen kann. Aber ich meine, daß sich jeder Mensch den Lebensweg und die Beziehungen wählt, die ihm zu schnellst- und bestmöglichem Wachstum verhelfen.

Ich bin der Ansicht, daß wir mit zunehmender seelischer Reife und Entwicklung aufhören werden, uns und unsere zwischenmenschlichen Beziehungen zu kategorisieren. Bewertungen wie ›schwul‹, ›anständig‹, ›monogam‹, ›freizügig‹ usw. werden verschwinden. Ich sehe eine Zeit kommen, in der jeder Mensch seine Einzigartigkeit in Freiheit verwirklichen kann. Jede Beziehung wird eine einzigartige Verbindung zwischen zwei Menschen sein, die eine individuelle Form besitzt. Es gibt keine Klischeevorstellungen und moralischen Bewertungen mehr, weil jeder Mensch verschieden ist und seinem eigenen Energiefluß gemäß lebt.

## Übung

Denke an eine der wichtigsten Frauen in deinem Leben. Was sind ihre stärksten und attraktivsten Eigenschaften? Sei dir bewußt, daß diese Eigenschaften deine eigene weibliche Energie spiegeln (gleich, ob du ein Mann oder eine Frau bist).

Denke nun an einen der wichtigsten Männer in deinem Leben. Welche seiner Eigenschaften liebst, bewunderst oder schätzt du am meisten? Erkenne, daß dies Teile deiner eigenen männlichen Energie sind (gleich, ob du ein Mann oder eine Frau bist).

Wenn du Schwierigkeiten hast, Dinge, die du an anderen bewunderst, in dir selbst wiederzufinden, liegt der Grund dafür darin, daß du diese Eigenschaften noch nicht so stark entwickelt hast wie der andere. In diesem Fall versuche folgende Meditation.

## Meditation

Mache es dir bequem, schließe deine Augen, entspanne dich, atme ein paarmal tief aus und ein und begib dich an einen ruhigen Ort tief in deinem Innern.

Laß vor deinem geistigen Auge einen Menschen erscheinen, den du bewunderst oder zu dem du dich hingezogen fühlst. Frage dich, welche seiner Eigenschaften du an ihm besonders anziehend findest. Kannst du dieselben Eigenschaften in dir erkennen? Wenn nicht, dann versuche, dir vorzustellen, du würdest diese Eigenschaften besitzen. Male dir aus, wie du aussehen, sprechen und handeln würdest. Sieh dich in verschiedenen Situationen und Interaktionen.

Wenn du das Gefühl hast, du möchtest diese Eigenschaften in dir stärker entwickeln, dann mach diese Visualisationsübung einige Zeit regelmäßig.

# 9

# Ost und West: eine neue Herausforderung

Ich habe das starke Gefühl, in meiner letzten Inkarnation ein spiritueller Asket gewesen zu sein. Wahrscheinlich habe ich mein Leben in Meditation auf irgendeinem Berg in Indien verbracht. Diese Lebensweise ist mir auf so angenehme Weise vertraut, und oft sehne ich mich danach, wieder in solch beglückender Einfachheit leben zu können. Dennoch bin ich mir bewußt, daß ich mir dieses Leben gewählt habe, um auf die nächste Stufe zu gelangen und einen physischen Körper und eine physische Welt aus mir zu erschaffen, die meinem Selbst gemäß ist und es zum Ausdruck bringt.

Wenn man die Welt unter dem Gesichtspunkt von männlicher und weiblicher Energie betrachtet, kommt man zu sehr interessanten Entdeckungen. In gewisser Weise symbolisiert der Osten die weibliche Seite. Die meisten östlichen Kulturen (Indien, Tibet, China, Japan und andere) besitzen eine alte und starke spirituelle Tradition. Bis vor kurzem lagen der Schwerpunkt ihrer Entwicklung und ihre Stärke im Bereich der Intuition und Spiritualität, zumindest im Vergleich mit der westlichen Welt. In physischer Hinsicht sind diese Länder noch unterentwickelt und müssen infolgedessen Armut, Chaos und Verwirrung erleben.

Die Energie des Westens (Europa und USA) ist eher maskulin. Sie wurde in der Hauptsache auf die Entwicklung der physischen Welt konzentriert. Die spirituelle Entwicklung hingegen wurde ignoriert. Die Folge davon ist ein unglaublicher technologischer Fortschritt. Doch wir leben in spiritueller Armut und sind von unseren Wurzeln und unserer Verbindung mit dem Kosmos abgeschnitten.

Ost und West ziehen sich an wie Mann und Frau. Zwar stehen sie sich noch etwas mißtrauisch und ängstlich gegenüber, aber die Anziehung ist unübersehbar. Der Westen wird von spirituellen Lehren des Ostens überflutet und die westliche Technologie verbreitet sich im Osten. Jeder verlangt nach dem, was der andere hat.

Folgende Begebenheit ist mir von meinen Reisen durch Indien am lebhaftesten in Erinnerung: Ich befand mich in einem Bazar. An einem Verkaufsstand wurden einheimische Handarbeiten angeboten. Eine Gruppe Europäer und Amerikaner stand um diesen Stand und feilschten voll Eifer um diese Schätze. An einem anderen Stand wurden Waren aus Plastik feilgeboten – Schüsseln, Küchengeräte, ja sogar Plastikschuhe. Eine Schlange Inder wartete geduldig vor diesem Stand, bis jeder an die Reihe kam, um einen dieser wertvollen Gegenstände zu ergattern. Selbstverständlich würdigte keine dieser beiden Gruppen den anderen Stand nur eines einzigen Blickes!

Der Osten und der Westen können voneinander lernen. Aber wie Mann und Frau, müssen auch sie schließlich in sich selbst finden, was sie am anderen bewundern. Hoffentlich lernen die Länder der dritten Welt aus unseren Fehlern und entwickeln eine Technologie, die sich harmonischer in die Umwelt fügt und dem Spirituellen Rechnung trägt. Wir im Westen müssen einen spirituellen Weg finden, der uns hilft, mit unserer physischen Welt umzugehen.

Die östlichen Traditionen (und die frühen spirituellen Traditionen des Westens) basieren auf einem größtmöglichen Rückzug von der physischen Welt, mit der Absicht, eine stärkere Verbindung mit der spirituellen Welt zu erlangen. Die irdische Welt mit ihren Versuchungen und Zerstreuungen macht es einem sehr schwer, in der inneren Wahrheit zentriert zu bleiben.

Aus diesem Grund beinhalten die meisten ernsthaften spirituellen Wege eine mehr oder weniger einseitige Entsagung von der Welt – Beziehungen, Geld, materieller Besitz, Luxus und Komfort werden aufgegeben. Das Ideal bestand oft darin, sich in ein Kloster oder auf einen Berggipfel zurückzuziehen und ein Leben in stiller Kontemplation zu führen, wobei man sich von allen irdischen Verhaftungen gelöst hat. Auch diejenigen, die bei ihren Familien blieben und weiter ihrem Beruf nachgingen, folgten meist strengen Regeln und Geboten, die dazu gedacht waren, eine größtmögliche Trennung von der physischen Welt zu schaffen.

Der spirituelle Weg der Kontemplation ist ein notwendiger und bedeutsamer Schritt. Doch er spiegelt die Spaltung von Geist und Materie, von weiblichen und männlichen Energien in uns. Wenn man sich auf die spirituelle Suche begab, mußte man die physische Welt verlassen. ›Erleuchtung‹ war die Wiedererlangung des höheren Bewußtseins durch die Verleugnung des Körpers. Das physische Sein wurde transzendiert, indem man es verließ. Somit wurden einige Menschen in dem Sinn ›erleuchtet‹, daß sie ihre spirituelle Natur voll erkannten. Aber in ihrem physischen Sein blieben sie unerleuchtet. Als sie schließlich ihren Körper verließen, hinterließen sie die physische Welt weitgehend unverändert. Diese spirituellen Meister haben das intuitive Prinzip in unserer Welt lebendig erhalten und damit den Weg für uns bereitet, den nächsten Schritt zu vollziehen – die Erleuchtung des physischen Seins und die darauffolgende Transformation unserer Welt.

Diejenigen von uns, die sich auf dem spirituellen Weg befinden und sich entschieden haben, an der Transformation unserer Welt mitzuwirken, müssen nun mit derselben Bewußtheit und Konzentration auf das spirituelle Selbst in die physische Welt gehen, das die Asketen besaßen. Dieser Weg ist viel schwieriger! Wir stehen nun vor der Aufgabe, uns dem Kosmos vollkommen anzuvertrauen und uns seiner Führung zu überlassen, und gleichzeitig tiefe und intensive

Beziehungen zu pflegen, mit finanziellen und geschäftlichen Angelegenheiten umzugehen, eine Familie zu haben, kreative Projekte zu unternehmen und uns mit unzähligen anderen ›weltlichen‹ Dingen zu befassen. Anstatt die Konfrontation mit den irdischen Bindungen zu vermeiden, müssen wir uns nun auf der tiefsten Ebene unseres Körpers mit dem physischen Sein auseinandersetzen. Wir müssen die Herausforderung annehmen und in all die Gefühle und Bindungen unseres physischen Seins hineingehen, damit sie durch die spirituelle Kraft in uns aufgelöst und gewandelt werden können.

## Meditation

Entspanne dich, schließe deine Augen und atme ein paarmal tief ein und aus. Mit jedem Atemzug fällst du tiefer in dich selbst, bis du an einem ruhigen Ort in dir angelangt bist. Von diesem Ort der Stille aus laß ein neues Bild von dir selbst und deinem Sein in dieser Welt entstehen. Deine Konzentration richtet sich auf den Kosmos, und du folgst seiner Führung. Du vertraust ganz auf dich selbst. Du fühlst dich stark und mutig. Du bringst dein inneres Wissen mit in die Welt. Dein Vertrauen und dein Ruhen in deiner Mitte lassen eine wunderschöne Schöpfung um dich herum entstehen. Deine Welt gibt dir und anderen. Du hast tiefe leidenschaftliche Beziehungen. Du beschäftigst dich mit Menschen, Geld, deiner Karriere, deinem Körper und allem, was dich umgibt.

Du kannst mitten in der Welt sein und alle ›weltlichen‹ Dinge genießen, und doch bleibst du mit deinem spirituellen Bewußtsein verbunden. Diese Verbindung mit deinem höheren Selbst spiegelt sich in einem Leuchten und einer Kraft, die du ausstrahlst und die dich umgibt.

# Teil 2

# Wie man die Prinzipien lebt

# 10

## Vertrauen in die Intuition

Die meisten von uns haben von Kindheit an gelernt, nicht auf ihre Gefühle zu vertrauen, sich nicht wahrhaft und aufrichtig auszudrücken und nicht zu erkennen, daß in unserem innersten Kern ein liebevolles, starkes und kreatives Wesen verborgen liegt. Wir lernen sehr schnell, wie wir es unseren Mitmenschen recht machen können, wie man starren Verhaltensnormen entspricht, seine spontanen Impulse unterdrückt und das macht, was man von uns erwartet. Auch wenn wir gegen diese Normen rebellieren, sind wir in unserer Rebellion gefangen. Wir machen genau das Gegenteil von dem, was wir tun sollen, indem wir uns gegen jede Autorität auflehnen. Nur sehr selten erhalten wir positive Unterstützung darin, uns selbst zu vertrauen, unserer inneren Wahrheit zu folgen und uns aufrichtig und ehrlich zu verwirklichen.

Wenn wir unser intuitives Wissen dauernd unterdrücken und ihm mißtrauen und uns statt dessen der Autorität, dem Urteil und der Bestätigung anderer beugen, verlieren wir unsere eigene Kraft. Dieses Verhalten führt dazu, daß wir uns hilflos, leer und ausgeliefert fühlen. Es verursacht schließlich Ärger und Wut. Werden auch diese Gefühle unterdrückt, verfallen wir in Leere und Depression. Wir erliegen diesen Gefühlen, leben in Verzweiflung und Gleichgültigkeit, bis wir schließlich sterben. Vielleicht versuchen wir aber auch, dieses Gefühl der Machtlosigkeit zu kompensieren, indem wir andere Menschen und unsere Umwelt beherrschen und manipulieren. Oder die angestauten Gefühle kommen schließlich in unkontrollierten Wutausbrüchen zum Ausdruck, die übersteigert und verzerrt wiedergeben, was wir so lange unterdrückt haben. Keine dieser drei Möglichkeiten ist eine positive Alternative.

Die wirkliche Lösung liegt darin, daß wir umlernen. Wir müssen lernen, unserer inneren Wahrheit zu vertrauen, die sich durch unsere Intuition zum Ausdruck bringt. Wir müssen lernen, nach unseren intuitiven Eingebungen zu handeln, auch wenn uns dies anfangs riskant und erschreckend erscheint, weil wir nicht länger auf Nummer ›sicher‹ gehen, nämlich das tun, was von uns erwartet wird und uns fremden Autoritäten unterwerfen. So zu leben bedeutet, das Risiko einzugehen, alles zu verlieren, an dem man aus Gründen der äußerlichen (falschen) Sicherheit festgehalten hat. Aber wir gewinnen unsere Integrität, Ganzheit, wahre Kraft, Kreativität und die wirkliche Sicherheit zurück, die aus dem Wissen entsteht, daß wir im Einklang mit der Kraft des Universums sind.

Ich versuche nicht, unseren rationalen Verstand außer acht zu lassen oder gar zu eliminieren, indem ich behaupte, daß unser intuitives Bewußtsein die führende Kraft in unserem Leben ist. Der Intellekt ist ein sehr nützliches Werkzeug, das man am besten dazu benutzt, unserer intuitiven Weisheit Ausdruck zu verleihen, anstatt sie, wie bisher, zu unterdrücken. Die meisten von uns haben ihren Intellekt darauf programmiert, die Intuition anzuzweifeln. Wenn ein intuitives Gefühl in uns auftaucht, reagiert unser Intellekt sofort mit Ablehnung: »Ich glaube nicht, daß das funktioniert«, »Kein anderer würde das so machen«, oder: »Was für ein dummer Einfall.«

An der Schwelle zur neuen Welt wird es nun Zeit, daß wir unseren Intellekt umerziehen. Er muß lernen, die Intuition als eine wertvolle Quelle der Information und Führung zu erkennen. Wir müssen unseren Verstand so erziehen, daß er auf unsere intuitive Stimme hört und ihr zum Ausdruck verhilft. Der Intellekt ist von Natur aus sehr diszipliniert. Diese Disziplin kann uns dabei helfen, nach der Absicht und der Zielrichtung unseres intuitiven Selbst zu suchen und sie auch zu finden.

Was bedeutet es, seiner Intuition zu vertrauen, und wie stellt man das an? Es bedeutet, sich in jedem Augenblick und in jeder Situation auf sein Gefühl aus dem ›Bauch‹ einzustimmen, und danach zu handeln. Manchmal weichen diese Botschaften von den ursprünglichen Plänen ab und verlangen, daß man Vertrauen zu etwas hat, das einem unlogisch erscheint. Darüber hinaus fühlt man sich verletzbarer als man es von sich gewöhnt ist. Man bringt Gedanken, Gefühle und Meinungen zum Ausdruck, die ganz anders sind, als die bisherigen Anschauungen. Vielleicht handelt man nach einem Traum oder einer Phantasie, oder man nimmt ein finanzielles Risiko auf sich, um etwas zu tun, was einem wichtig erscheint.

Anfangs wirst du vielleicht befürchten, daß du, wenn du deiner Intuition vertraust, Dinge tust, die andere verletzen oder verantwortungslos sind. Möglicherweise zögerst du, eine Verabredung abzusagen, weil du den anderen nicht verletzen willst, obwohl du eigentlich Zeit für dich selbst bräuchtest. Ich habe festgestellt, daß, auf lange Sicht betrachtet, jeder genauso positiv davon profitiert wie ich, wenn ich meiner inneren Stimme wirklich vertraue und ihr folge.

Manchmal sind die Menschen vorübergehend enttäuscht, irritiert oder aufgebracht, wenn man seine alten Verhaltensweisen in bezug auf seine Mitmenschen ändert. Doch dies geschieht ganz einfach deshalb, weil die Menschen in unserer Umgebung auch dazu angetrieben werden, sich zu verändern. Wenn du Vertrauen hast, wirst du erkennen, daß diese Veränderungen auch zu ihrem Besten sind (wenn du die Verabredung deinem Gefühl entsprechend absagst, wird dein Freund vielleicht etwas anderes Schönes erleben). Wenn sich deine Mitmenschen nicht verändern wollen, dann werden sie sich von dir trennen, zumindest für eine Weile. Deshalb mußt du bereit sein, Menschen gehenzulassen. Wenn zwischen euch eine tiefe Beziehung besteht, dann wirst du diesem Menschen wahrscheinlich irgendwann in der Zukunft wiederbegegnen. In der Zwischenzeit muß jeder auf seine Weise wachsen. Wenn du weiter auf deinem Weg bleibst, wirst du immer häufiger Menschen treffen, die dich so mögen, wie du bist, und die auf neue Weise Beziehungen mit dir pflegen wollen.

## Ein neuer Lebensweg beginnt

Seiner Intuition vertrauen lernen ist eine Kunst. Wie jede Kunst, muß man sie durch langes Üben vervollkommnen. Man lernt eine Kunst nicht über Nacht. Du mußt bereit sein, ›Fehler‹ zu machen. Wenn der eine Versuch mißlingt, mußt du bereit sein, es das nächste Mal anders zu machen. Manchmal mußt du akzeptieren, daß du in eine peinliche Lage geraten bist oder dich dumm fühlst. Deine Intuition ist immer hundertprozentig richtig, aber es braucht Zeit, um sie richtig zu verstehen. Wenn du das Risiko auf dich nehmen willst, so zu handeln, wie du es für richtig hältst, und Fehler zu machen, dann wirst du schnell daraus lernen. Du wirst erkennen, was funktioniert und was nicht. Wenn du aus Angst, etwas falsch zu machen, nichts mehr ausprobieren würdest, bräuchtest du dein ganzes Leben lang dazu, deiner Intuition vertrauen zu lernen.

Es ist oft sehr schwer, die ›Stimme‹ unserer Intuition von den vielen anderen ›Stimmen‹ in unserem Innern zu unterscheiden: Die Stimme unseres Bewußtseins, die Stimme unserer alten Programmierung und Konditionierung, die Meinung anderer Menschen, die Ängste und Zweifel, die rationalen ›Kopf-Trips‹ und die ›guten Einfälle‹.

Ich werde oft danach gefragt, wie man die echte Stimme unserer Intuition von all den anderen unterscheiden kann.

Leider gibt es dafür kein sicheres Patentrezept. Die meisten von uns sind bewußt oder unbewußt mit ihrer Intuition in Kontakt. Doch gewöhnlich stellen wir unsere Intuition automatisch sofort in Zweifel oder widersprechen ihr augenblicklich, so daß wir sie erst gar nicht wahrnehmen. Der erste Schritt ist also, unseren inneren Gefühlen mehr Aufmerksamkeit zu schenken und mehr auf unseren inneren Dialog zu achten.

Du hast zum Beispiel das Gefühl: »Ich möchte Jim anrufen.« Sofort hörst du die zweifelnde Stimme in dir: »Wie kannst du ihn zu dieser Tageszeit anrufen. Wahrscheinlich ist er gar nicht zu Hause.« Automatisch ignorierst du deinen ursprünglichen Impuls, Jim anzurufen. Wenn du es getan hättest, wäre er aller Wahrscheinlichkeit nach zu Hause gewesen und er hätte dir etwas Wichtiges zu sagen gehabt.

Ein anderes Beispiel: Plötzlich hast du mitten am Tag das Gefühl »Ich bin müde. Ich möchte eine kleine Ruhepause einlegen.« Sofort denkst du: »Ich kann jetzt keine Pause machen, ich habe zuviel Arbeit.« Du trinkst einen Kaffee und zwingst dich dazu, weiterzuarbeiten. Am Abend fühlst du dich müde, erschlagen und nervös. Hättest du dagegen deinem ursprünglichen Gefühl nachgegeben und dich eine halbe Stunde lang ausgeruht, dann hättest du erholt und erfolgreich deine Aufgaben erledigt. Du könntest den Tag in einem Gefühl innerer Ausgeglichenheit beenden.

Wenn du dir über diesen inneren Dialog zwischen deiner Intuition und den anderen inneren Stimmen bewußt wirst, ist es sehr wichtig, daß du dich während dieser Erfahrung nicht negativ bewertest. Versuche, eine Art objektiver Beobachter zu bleiben. Achte darauf, was passiert, wenn du deiner Intuition folgst. Das Ergebnis ist gewöhnlich ein Zuwachs an Energie und Kraft, ein Gefühl, daß die Dinge in Fluß sind. Achte dann einmal darauf, was geschieht, wenn du deine Gefühle anzweifelst, unterdrückst oder gegen sie arbeitest. Du wirst immer feststellen, daß deine Energie nachläßt, daß du dich hilflos oder machtlos fühlst und emotionalen oder physischen Schmerz empfindest. Was auch immer geschieht, du bist dabei, etwas zu lernen. Deshalb versuche, dich nicht zu verachten, wenn du nicht deiner Intuition folgst (und dadurch deinen Schmerz noch verstärkst!). Hab Geduld, es braucht seine Zeit, neue Verhaltensweisen zu erlernen, denn die alten sind tief in dir eingeprägt. Ich selbst arbeite seit Jahren sehr intensiv an meinem Umerziehungsprozeß. Obwohl die Resultate wunderbar sind, passiert es mir immer noch, daß ich nicht den Mut und die Bewußtheit besitze, mir absolut zu vertrauen und genau das zu tun, was ich fühle. Ich lerne, geduldig und verständnisvoll mit mir umzugehen, während ich den Mut entwickle, mir selbst gegenüber ehrlich zu sein.

Ein weiterer wichtiger Schritt, seiner Intuition vertrauen zu lernen, besteht darin, regelmäßig ›nach innen zu gehen‹. Nimm dir mindestens zweimal am Tag die Zeit, wenn möglich sogar öfter, für einen Augenblick (eine Stunde pro Tag wäre ideal), dich zu entspannen und deinen Gefühlen aus dem ›Bauch‹ nachzuspüren. Gewöhne dir an, mit deinem inneren Selbst Zwiesprache zu halten. Bitte um Hilfe und Führung, wenn du sie brauchst. Übe dich darin, auf die Antworten zu hören, die viele Formen haben können: Worte, Bilder, Gefühle oder eine äußere Botschaft, die du über ein Buch, einen Freund oder einen Lehrer zugetragen bekommst. Dein Körper hilft dir sehr gut, wenn du lernen willst, deiner inneren Stimme zu folgen. Immer wenn du dich elend oder unwohl fühlst, ist dies ein Hinweis darauf, daß du deine Gefühle mißachtet hast. Benutze dies als einen Hinweis, in dich hineinzuspüren und dich zu fragen, was du dir bewußt machen sollst.

Wenn du lernst, aus deiner Intuition heraus zu leben, hörst du auf, Entscheidungen vom Kopf her zu treffen. Du handelst von einem Augenblick zum nächsten nach deinem Gefühl und läßt die Dinge sich entwickeln. Auf diese Weise wirst du in die Richtung geführt, die für dich richtig ist. Entscheidungen werden leicht und ergeben sich ganz natürlich.

Du brauchst keine großartigen Entscheidungen für die Zukunft zu treffen. Konzentriere dich darauf, deiner Energie im Augenblick zu folgen, und du wirst feststellen, daß sich alles zu seiner Zeit und auf seine Weise regeln wird. Wenn du eine Entscheidung treffen mußt, die mit etwas Zukünftigem in Zusammenhang steht, handle nach dem Gefühl aus deinem ›Bauch‹, das du in dem Moment hast, wo du die Entscheidung treffen mußt.

Erinnere dich auch daran, daß die meisten Menschen ihre ›innere Stimme‹, von der ich spreche, nicht als wirkliche ›Stimme‹ hören. Oft ist sie eher ein Gefühl, ein Impuls, der einem sagt: »Ich möchte dies tun oder ich möchte dies nicht tun.« Mach sie nicht zu einer großartigen Angelegenheit, zu einem mystischen Ereignis, einer geheimnisvollen Stimme aus dem Jenseits! Die innere Stimme ist eine einfache menschliche Erfahrung. Wir haben nur die Verbindung mit ihr verloren und müssen sie wiedererlangen.

Das beste Anzeichen dafür, daß du deiner Intuition folgst, ist, daß dein Leben immer lebendiger wird. Es ist, als ob immer mehr Lebensenergie durch deinen Körper fließt. Manchmal ist die Intensität des Gefühls fast zu stark, so als könne dein Körper mit diesem Zuwachs an Energie kaum umgehen. Es kann sogar passieren, daß dich das Zuviel an Energie, das durch dich strömt, erschöpft. Du kannst nicht mehr Energie bekommen, als du umsetzen kannst! Aber manchmal dauert es ein wenig, bis sich der Körper daran gewöhnt und seine Kapazität erweitert hat, um diese kosmische Energie zu kanalisieren. Entspanne dich einfach in die neue Situation hinein und ruhe dich aus, wann immer du es brauchst. Bald wirst du dich wieder mehr im Gleichgewicht fühlen und die neugewonnene Lebendigkeit und die zunehmende Intensität des Lebensgefühls genießen.

Zu Anfang wirst du die Erfahrung machen, daß immer mehr Dinge in deinem Leben durcheinandergeraten, je mehr du deiner Intuition folgst. Möglicherweise verlierst du deine Stellung, deine Beziehung zerbricht, Freunde trennen sich von dir, oder dein Auto geht kaputt. Tatsache ist, daß du dich sehr schnell veränderst und alles Alte abschüttelst, was nicht mehr zu dir paßt. Solange du diese Dinge nicht losgelassen hast, haben sie dich behindert und eingeschränkt. Jetzt, wo du deinen Weg gehst und deiner Energie von Augenblick zu Augenblick folgst, siehst du neue Dinge Gestalt annehmen. Du wirst dich dafür nicht anstrengen müssen. Alles geht ganz einfach und wie von selbst. Du wirst einfach das machen, wozu du die Energie hast, und eine wundervolle Zeit erleben. Du kannst beobachten, wie das Universum durch dich neue Schöpfungen vollbringt. Du beginnst, die Freude zu erfahren, ein Kanal für die schöpferische Energie des Kosmos zu sein!

## Beispiele

Nun möchte ich einige Beispiele aus meinem Leben oder dem Leben von Freunden und Klienten geben und typische Situationen schildern, wie es ist, wenn man seiner Intuition folgt. Die Aussagen in Klammern sind die Gedanken und Gefühle, die dich in der Vergangenheit davon abgehalten hätten, auf deine intuitive Stimme zu hören.

– Du verläßt eine Party oder ein anderes Treffen, weil du erkennst, daß du in Wirklichkeit gar nicht hier sein willst (obgleich du Angst hast, was die anderen von dir denken könnten, oder obwohl du etwas verpassen könntest).

– Du sagst jemandem, daß du ihn anziehend findest, ihn kennenlernen möchtest, ihn liebst oder was auch immer du für ihn fühlst, weil es gut ist, offen zu sein und die Wahrheit auszusprechen (obwohl du Angst hast, zurückgewiesen zu werden, dadurch sehr verletzbar wirst, und man dies nicht von dir erwartet).

– Du entscheidest dich, keine Dissertation zu schreiben, weil du in Wirklichkeit kein besonderes Interesse daran hast. Jedesmal wenn du daran denkst, fühlst du eine schreckliche Last auf deinen Schultern (obwohl du fünf Jahre daran gearbeitet hast, deine Eltern sich aufregen werden, daß du keinen Abschluß bekommst, obgleich du den Doktortitel wirklich gerne hättest, und glaubst, dadurch eine bessere Stelle bekommen zu können).

– Du nimmst Gesangsunterricht, Musikunterricht oder Tanzstunden, weil du dir vorstellen kannst, daß es dir Freude macht, zu singen, ein Instrument zu spielen oder zu tanzen (obwohl du glaubst, kein Talent dafür zu haben, du schon zu alt dafür bist, oder es dumm aussehen könnte).

– Du gehst einfach einen Tag nicht zur Arbeit, weil du das Gefühl hast, du mußt dir einen faulen Tag daheim machen, in der Sonne liegen, einen Spaziergang machen, oder einfach im Bett bleiben (obwohl du immer zur Arbeit gehst und dies für unverantwortlich hältst, weil du ja nicht wirklich krank bist; oder du hast Angst, deine Stelle zu verlieren; oder du glaubst, es sei dumm und leichtfertig).

– Du gibst deine Stellung auf, weil du deine Arbeit haßt und erkennst, daß du nichts zu tun brauchst, was du nicht willst (auch wenn du dir nicht sicher bist, was du als nächstes tun willst und obwohl dein Geld nur für kurze Zeit reicht, und du darüber besorgt bist, daß du nun nicht mehr die Sicherheit eines geregelten Einkommens hast).

– Du schlägst jemandem einen Gefallen ab, der dich darum gebeten hat, weil du es nicht wirklich gerne tust und das Gefühl hast, du würdest einen Widerwillen gegen ihn entwickeln, wenn du ihm den Gefallen tun würdest (obwohl du Angst hast, egoistisch zu sein, einen Freund zu verlieren oder dir einen Mitarbeiter zum Feind zu machen).

– Du gibst Geld für dich selbst oder jemand anderen aus, und kaufst etwas, einem Impuls folgend, nur weil du dich gut dabei fühlst (obwohl du normalerweise sehr sparsam bist und das Gefühl hast, du kannst es dir eigentlich nicht leisten).

– Du sagst jemandem deine Meinung, weil du es satt hast, immer so zu tun, als seist du mit allem einverstanden (obwohl du normalerweise nicht wagen würdest, dich so deutlich auszudrücken).

– Du teilst deiner Familie mit, daß du kein Abendessen kochst, weil du keine Lust hast (auch wenn du Angst hast, eine schlechte Ehefrau und Mutter zu sein, oder deine Familie herausfindet, daß sie auch ohne dich auskommen kann, und deine Identität in Frage gestellt ist).

– Du verschiebst eine Entscheidung, weil du dir noch nicht ganz sicher bist, was du wirklich fühlst (obwohl es sehr schwierig für dich ist, in einem Zustand der Unentschiedenheit zu leben).

– Du machst dein eigenes Geschäft auf, weil du in dir das starke Gefühl hast, du bist dazu in der Lage (obwohl du noch nie etwas Ähnliches getan hast).

Nun hast du eine Vorstellung davon bekommen, was es bedeutet, seiner Intuition zu folgen. Es heißt, dich so stark wie möglich auf die Energie einzustimmen, die du in dir spürst, ihr von Augenblick zu Augenblick nachzugeben und darauf zu vertrauen, daß sie dich dahin führt, wo du sein möchtest, und dir das bringt, was du dir wünschst. Es bedeutet, du selbst zu sein, aufrichtig und authentisch in deiner Art, dich mitzuteilen, bereit zu sein, Neues zu versuchen, weil du das Gefühl hast, daß es so richtig ist. Es bedeutet schlicht und einfach, das zu tun, was dir Spaß macht!

## Menschen mit einer starken Intuition

Viele Menschen besitzen bereits eine ausgeprägte Intuition, sie haben eine starke Verbindung zu ihrer intuitiven Stimme, haben aber Angst, dies in der Welt auszuleben. Oft folgen diese Menschen ihren intuitiven Eingebungen in einem speziellen Lebensbereich, in anderen aber nicht. Viele Künstler, Musiker, Schauspieler und andere kreative Menschen fallen unter diese Kategorie. Innerhalb der Grenzen ihrer Kunst vertrauen sie ihrer Intuition sehr stark und handeln spontan nach ihrem Gefühl. Deshalb sind sie ausgesprochen kreativ und produktiv. Doch in anderen Bereichen ihres Lebens besitzen sie nicht dasselbe Maß an Selbstvertrauen und Bereitschaft, ihren Gefühlen nachzugeben, besonders nicht in Beziehungen und geschäftlichen oder finanziellen Angelegenheiten. Darin sehen wir den klassischen Fall eines Künstlers, der chaotisch und emotionell aus dem Gleichgewicht und/oder in finanziellen Dingen unbegabt ist und ausgenutzt wird.

Ein gutes Beispiel für dieses Problem gibt der Film ›Lady Sings The Blues‹, der auf der Lebensgeschichte der berühmten Sängerin Billie Holliday basiert. In einer Szene befindet sie sich auf einer Tournee. Sie ist völlig erschöpft und möchte nach Hause zu ihrem Mann, um auszuruhen. Sie beschließt, die Tournee abzubrechen und ihrem Herzen zu folgen. Doch ihre Manager überzeugen sie davon, daß dieser Schritt ihre Karriere ruinieren würde und sie dabei bleiben müsse. Kurz nachdem sie diesen Argumenten nachgegeben hat, beginnt sie, Drogen zu nehmen. Von diesem Augenblick an nimmt ihr Leben einen tragischen Verlauf.

Selbstverständlich ruiniert ein solcher Vorfall nicht gleich das ganze Leben. Doch dieser Film illustriert, auf welche Weise sich viele Künstler einer fremden Autorität unterwerfen und unter den Folgen zu leiden haben, indem sie in innere Konflikte geraten und ihre Kraft verlieren. Um wieder in Harmonie zu gelangen, müssen diese Menschen lernen, ihrer Intuition zu vertrauen und sich in allen Bereichen ihres Lebens durchzusetzen.

Auch Medien leiden unter diesem Problem. Sie sind sehr offen, rezeptiv und intuitiv und lassen diese Eigenschaften zu, im Gegensatz zu vielen anderen von uns. Sie überlassen sich bei ihrer Arbeit oder unter bestimmten Bedingungen vollkommen der Führung ihrer Intuition. Doch auch hier besteht das Problem, daß sie nicht in jedem Lebensbereich und in jedem Augenblick ihren intuitiven Gefühlen folgen, besonders in ihren Beziehungen. Sie sind für die Energien anderer Menschen zu empfänglich und wissen oft nicht, wie sie in Verbindung mit ihren Gefühlen und Bedürfnissen bleiben können. Sie können sich nicht selbst behaupten und ihre Grenzen setzen. Meiner Erfahrung nach leiden diese höchst sensiblen Menschen oft unter körperlichen Beschwerden – unter Gewichtsproblemen oder chronischen Krankheiten. Sie werden geheilt, wenn sie lernen, ihren rezeptiven intuitiven Wesensanteil auszugleichen durch eine gleich stark entwickelte Bereitschaft, nach diesen Gefühlen zu handeln und sich in Beziehungen durchzusetzen.

Auch viele spirituelle Menschen, die sehr viel meditiert haben und sehr sensibel für ihre innere Energie sind, leiden unter diesem Ungleichgewicht. Wenn man sich auf der spirituellen Suche befindet, besitzt man eine sehr starke Vorstellung davon, was es bedeutet, ›spirituell‹ zu sein, nämlich liebevoll, offen und zentriert. So versuchen diese Menschen, immer dieser Vorstellung gemäß zu leben. Sie haben Angst, ihre Gefühle spontan oder ehrlich zum Ausdruck zu bringen, aus Furcht, sie könnten grob, hart, ärgerlich, egoistisch oder lieblos sein.

Keiner von uns ist vollkommen erleuchtet. Daher werden wir oft ungehobelt, chaotisch, dumm oder gedankenlos reagieren, wenn wir es wagen, uns freier und ehrlicher zu entfalten. Indem wir lernen, unseren inneren Gefühlen nachzugeben, reinigen wir uns von allen alten Blockaden, die uns bisher daran gehindert haben. Während dieses Prozesses kommt eine Menge alten ›Mülls‹ an die Oberfläche und löst sich auf. Viele alte Glaubensvorstellungen und Verhaltensweisen kommen zum Vorschein und werden geheilt. Wenn dies geschieht, müssen wir bereit sein, uns mit unserem Unbewußten zu konfrontieren (mit der Zeit erkennen wir, daß es sich bereits verändert). Machen wir uns aber vor, daß wir schon mehr eins mit uns selbst sind, als es wirklich der Fall ist, verpassen wir die Gelegenheit, geheilt zu werden. Ich habe festgestellt, daß dieses Gefühl sehr verletzbar macht und man nichts mehr im Griff zu haben scheint. Doch ich kümmere mich überhaupt nicht mehr darum, wie ich auf andere wirke oder ob ich immer das Richtige tue. Ich muß so sein, wie ich nun einmal gerade bin. Ich tue mein Bestes und akzeptiere die Mischung aus erleuchteter Bewußtheit und menschlicher Beschränktheit, die ich in diesem Augenblick verkörpere.

Um ein Kanal für die kosmische Energie zu sein, ist es nicht notwendig, daß wir vollkommen sind. Wir müssen nur ehrlicher wir selbst sein. Je aufrichtiger und spontaner wir sind, desto freier kann die kreative Kraft durch uns fließen. Dabei reinigt sie uns von allen alten Blockaden. Das Ergebnis ist manchmal unbequem oder unangenehm, doch die Energie, die einen durchströmt, verursacht ein großartiges Gefühl! Je mehr wir dies zulassen, um so klarer wird unser Kanal und das Resultat ist ein immer vollkommener werdender Ausdruck des Universums.

Achte auch darauf, daß viele unserer spirituellen Vorstellungen eher unsere Idealbilder widerspiegeln, als daß sie eine tatsächliche Darstellung der Erleuchtung sind. Die Vorstellung vieler Menschen, immer sanftmütig, positiv und liebevoll zu sein, ist in Wirklichkeit ein Ausdruck für das Bedürfnis ihres Egos, alles unter Kontrolle zu haben, indem es vorschreibt, was gut oder schlecht ist. Der Kosmos hat viele Gesichter und zeigt sich in vielen Schattierungen und ständig wechselnden Gewändern. Nur wenn wir die Kontrolle unseres Egos aufgeben und wagen, furchtlos im Fluß des Universums zu leben, können wir die ekstatische Erfahrung machen, ein wahrer Kanal zu sein.

## Übung

1. Schreib all die Gründe auf, die dich daran hindern, deiner Intuition zu vertrauen und ihr zu folgen. Nimm in die Aufstellung all die Ängste mit auf, was passieren könnte, wenn du nach deiner Intuition lebst.

2. Lies dir noch einmal die Meditation am Ende von Kapitel 3 (Intuition) durch.

3. Nimm dir mindestens zweimal pro Tag Zeit, dich einige Minuten zu entspannen, deine Augen zu schließen und nach innen zu gehen. Fühle in deinem ›Bauch‹, ob du auch das tust, was du tun möchtest (mache diese Übung wenn möglich öfter als nur zweimal am Tag!).

4. Geh einen Tag oder eine Woche lang davon aus, daß ein intuitives Gefühl hundert Prozent richtig ist. Handle, als wäre es tatsächlich so.

# 11

# Gefühle

Eines der häufigsten Probleme, denen ich in meiner Arbeit begegne, ist, daß so viele Menschen den Kontakt mit ihrer Gefühlswelt verloren haben. Ich sehe darin einen Spiegel für mich selbst. Die Hilfe, die ich anderen Menschen gebe, hat mir daher selbst geholfen, mit meinen eigenen Gefühlen wieder stärker in Verbindung zu kommen. Wenn wir unsere Gefühle unterdrücken und uns von ihnen abgespalten haben, können wir nicht mit dem Universum in unserem Innern in Berührung sein. Wir können unsere intuitive Stimme nicht vernehmen und unser Lebendigsein nicht genießen.

Es scheint mir, daß viele von uns als Kinder nicht genügend gefühlsmäßige Zuwendung bekommen haben. Unsere Eltern wußten selbst nicht, wie sie mit ihren eigenen Gefühlen umgehen sollen, und noch weniger konnten sie es mit unseren. Vielleicht waren sie mit den Schwierigkeiten und Verpflichtungen in ihrem Leben so überlastet, daß sie uns nicht die Liebe und Geborgenheit geben konnten, die wir gebraucht hätten.

Was auch immer der Grund gewesen sein mag, Tatsache ist, daß wir sehr bald lernen, unsere Gefühle zu unterdrükken, wenn niemand da ist, der auf unsere Gefühle in positiver Weise eingeht. Wenn wir unsere Gefühle verschließen, sperren wir auch die Lebensenergie aus, die unseren Körper durchströmt. Die Energie der unterdrückten Gefühle bleibt als Blockierung in unserem Körper erhalten und verursacht seelisches und körperliches Unwohlsein. Schließlich werden wir davon krank. Wir werden abgestumpft und gefühllos.

Jeden Tag begegne ich in meinen Workshops und privaten Beratungen Menschen, die ihr ganzes Leben lang ihre Gefühlswelt vernachlässigt haben. Viele haben Angst, ihre sogenannten ›negativen‹ Gefühle zuzulassen – Traurigkeit, Schmerz, Wut, Angst und Verzweiflung. Sie befürchten, daß sie von diesen Gefühlen überwältigt werden, wenn sie sich für sic öffnen. Sie schrecken davor zurück, weil sie glauben, daß sie in der Erfahrung dieser Gefühle für immer stekkenbleiben, wenn sie sich darauf einlassen.

Tatsächlich aber ist genau das Gegenteil der Fall. Wenn du bereit bist, ein bestimmtes Gefühl voll zuzulassen, befreit sich die blockierte Energie sehr schnell und das Gefühl löst sich auf. In meiner Therapie unterstütze ich die Menschen darin, ihren blockierten Gefühlen freien Lauf zu lassen. Wenn das Gefühl erst einmal an die Oberfläche gekommen ist und voll ausgelebt wurde, verschwindet es gewöhnlich innerhalb von Minuten. Es ist erstaunlich zu sehen, wie sich ein schmerzliches Gefühl in ein paar Minuten auflöst, das vorher dreißig, vierzig oder fünfzig Jahre lang unterdrückt worden ist. Nachdem es durchlebt wurde, tritt ein Gefühl der Befreiung und des inneren Friedens an seine Stelle.

Wenn man die blockierten Emotionen aus der Vergangenheit erst einmal befreit hat, erhält man viel mehr Lebensenergie und Vitalität. Man muß lernen, mit den Gefühlen in Kontakt zu bleiben, sowie sie einmal anfangen, an die Oberfläche zu kommen. Auf diese Weise können sie ungehindert in uns lebendig sein und unser Kanal bleibt frei und offen.

Gefühle sind wie das Wetter bestimmten Zyklen und ständigen Veränderungen unterworfen. Im Verlauf einer Stunde, eines Tages oder einer Woche durchleben wir eine breite Gefühlspalette. Wenn wir dies einmal verstanden haben, lernen wir, alle unsere Gefühle zu genießen und zuzulassen, daß sie sich ständig verändern. Haben wir aber Angst vor bestimmten Gefühlen, wie Traurigkeit oder Wut, dann ziehen wir die emotionelle Notbremse, sobald sie in uns aufkommen. Wir wollen diese Gefühle nicht voll und ganz durchleben. Deshalb bleiben wir auf halber Strecke darin stecken. Wir gehen niemals völlig durch sie hindurch.

Oft kommen Menschen in meine Workshops, um das ›positive Denken‹ zu erlernen, weil sie nicht in ihren negativen Gefühlen verstrickt bleiben wollen. Sie sind dann sehr erstaunt, wenn ich sie dazu auffordere, ihre negativen Gefühle mehr, nicht weniger zum Ausdruck zu bringen! Nur wenn wir alle Teile von uns selbst lieben und akzeptieren, können wir frei und erfüllt werden.

Wir neigen dazu, bestimmte Gefühle als ›schmerzlich‹ zu betrachten, und möchten sie deshalb am liebsten vermeiden. Ich habe jedoch herausgefunden, daß Schmerz nichts anderes ist, als Widerstand gegen ein Gefühl. Schmerz ist eine Reaktion des Körpers, die uns hilft, uns vor physischem Schaden zu bewahren. Wenn du auf eine heiße Herdplatte faßt, empfindest du Schmerz. Dies ist der Widerstand gegen die Empfindung der Hitze, die du spürst. Er veranlaßt dich, die Hand zurückzuziehen und damit eine Verletzung deines Körpers zu verhindern.

Auf körperlicher Ebene ist Schmerz also ein nützlicher Mechanismus, der uns vor Gefahren schützt. Wenn ein Gefühl jedoch nicht wirklich gefährlich ist, kannst du dich entspannen und der Schmerz wird verschwinden. Wenn du zum Beispiel einen Muskel mehr dehnst, als du es gewöhnt bist, tut dies erst einmal weh. Entspannst du dich dann aber in der angespannten Lage mehr und mehr, läßt der Schmerz nach. Wenn eine Frau bei einer Geburt den Widerstand gegen die körperliche Empfindung aufrechterhält, wird sie Schmerzen haben. Je mehr sie sich in das Gefühl hinein entspannen kann, um so schmerzloser wird die Geburt sein.

Auch im emotionellen Bereich verursacht der Widerstand gegen ein Gefühl Schmerzen. Wenn wir ein Gefühl unterdrücken, weil wir Angst davor haben, werden wir seelischen Schmerz empfinden. Wenn wir das Gefühl zulassen und es ganz annehmen, wird es zu einer intensiven Empfindung, die aber nicht schmerzlich ist.

Es gibt keine »negativen« oder »positiven« Gefühle – wir machen sie negativ oder positiv, indem wir sie ablehnen oder annehmen. Für mich sind alle Gefühle ein Teil der sich ständig verändernden Sinneswahrnehmung, lebendig zu sein. Wenn wir all die verschiedenen Gefühle lieben, dann werden sie zu den Regenbogenfarben des Lebens.

Im folgenden sind einige der Gefühle beschrieben, vor denen die Menschen am meisten Angst zu haben scheinen. Ich gebe einige Hinweise dazu, wie man mit ihnen umgehen kann.

Angst: Es ist besonders wichtig, deine Ängste zu beachten und anzunehmen. Wenn du dich in deiner Angst akzeptieren kannst und nicht versuchst, die Angst zu überwinden, wirst du dich sicherer fühlen und die Angst wird schwächer.

Traurigkeit: Traurigkeit hat mit dem Öffnen des Herzens zu tun. Wenn du deine Traurigkeit zuläßt, besonders, wenn du weinen kannst, wirst du feststellen, daß sich dein Herz immer mehr öffnet und du mehr Liebe empfinden kannst.

Kummer: Kummer oder Trauer ist eine Steigerungsform von Traurigkeit, die im Zusammenhang mit dem Tod eines Menschen oder dem Ende einer Sache steht. Es ist sehr wichtig, daß du deinen Kummer voll auslebst und den Prozeß nicht abkürzt. Kummer dauert oft sehr lange oder taucht über lange Zeit periodisch immer wieder auf. Nimm den Kummer an und gib dir soviel Zuwendung, wie du brauchst, wenn er dich überkommt.

Schmerz: Schmerz ist ein Ausdruck von Verletzbarkeit. Wir neigen dazu, ihn durch defensives Verhalten zu tarnen und schämen uns dafür, um nicht zugeben zu müssen, wie verletzlich wir uns in Wirklichkeit fühlen. Es ist wichtig, Gefühle der Verletztheit direkt und ohne Beschämung zum Ausdruck zu bringen (mit anderen Worten: »Es hat mich wirklich sehr verletzt, als du mich nicht gefragt hast, ob ich mit dir komme«, anstatt »Du nimmst keine Rücksicht auf meine Gefühle. Wie kannst du nur so gefühllos sein.« usw.).

Hoffnungslosigkeit: Hoffnungslosigkeit hat mit Aufgeben zu tun. Wenn du dich hoffnungslos fühlst, gibt dein Ego auf. Du erkennst, daß deine alten Verhaltensweisen nicht mehr funktionieren. Wenn du das Gefühl der Kapitulation und Hoffnungslosigkeit ganz zuläßt, wirst du einen inneren Frieden fühlen und eine ganz neue Dimension der Hingabe an den Kosmos erlangen.

Wut: Wenn wir unsere wirkliche Kraft unterdrücken und anderen Menschen eine Macht über uns geben, die ihnen nicht zusteht, werden wir wütend. Gewöhnlich unterdrükken wir auch das Gefühl der Wut und werden gleichgültig. Wenn wir beginnen, uns unserer eigenen Kraft wieder bewußt zu werden, und sie in uns spüren, ist das erste, was wir fühlen, die angestaute Wut. Deshalb ist es bei vielen Menschen, die auf dem Weg zu mehr Bewußtheit sind, ein gutes Zeichen, wenn sie mit ihrer Wut in Kontakt kommen. Es bedeutet, daß sie ihre innere Kraft wiedererlangen.

Wenn du dir in deinem Leben bislang nicht zugestanden hast, deine Wut zum Ausdruck zu bringen, wirst du Situationen herbeiführen und Menschen anziehen, die dich wütend machen. Schenke der äußeren Situation nicht allzu viel Beachtung, sondern laß vielmehr deine Wut zu und erkenne, daß es deine Kraft ist. Stell dir vor, in dir bricht ein Vulkan aus, der dich mit Kraft und Energie füllt.

Oftmals haben die Menschen große Angst vor ihrer Wut – sie befürchten, sie könnten etwas Schreckliches tun. Wenn du diese Angst hast, laß dieses Gefühl zu. Schaffe dir eine sichere Situation, in der du deine Wut ausdrücken kannst – entweder alleine, mit einem Therapeuten oder einem engen Freund. Erlaube dir, zu toben und zu rasen, zu schlagen und zu schreien, Gegenstände zu schmeißen oder auf ein Kissen einzuschlagen, alles, was du willst. Wenn du dies in einer Umgebung machst, in der nichts passieren kann (vielleicht mußt du deine Wut auf diese Weise öfter ablassen), wirst du nicht länger Angst haben, daß du destruktiv handeln könntest. Du wirst mit anderen Situationen in deinem Leben viel besser umgehen können.

Wenn du in deinem Leben sehr viel Wut und Ärger ausgelebt hast, dann suche den Schmerz in dir, der deiner Wut zugrunde liegt und bringe ihn zum Ausdruck. Denn in diesem Fall benutzt du die Wut als Abwehrmechanismus, um deine Verletzbarkeit zu vermeiden.

Ein wichtiger Schritt, Wut in Kraft zu transformieren, liegt darin, zu lernen, sich selbst zu behaupten und durchzusetzen. Lerne erkennen, was du willst, und handle danach, ohne dich von anderen Menschen beeinflussen zu lassen. Wenn du damit aufhörst, anderen Menschen deine Kraft zu überlassen, wirst du nicht mehr wütend sein.

Unsere Gefühle anzunehmen, steht in direktem Zusammenhang damit, ein Kanal für die kreative Energie zu werden. Wenn du deine Gefühle nicht fließen läßt, ist dein Kanal blockiert. Wenn du viele Gefühle angestaut hast, werden in dir eine Menge schreiender und wimmernder Stimmen laut, die dich daran hindern, die feine Stimme deiner Intuition zu vernehmen.

Oft braucht man bei der Auflösung seiner emotionellen Blockaden Hilfe. Man braucht jemanden, der einem dabei hilft, zu lernen, sich freier zu verwirklichen. Wenn du das Gefühl hast, daß das bei dir der Fall ist, dann suche dir einen guten Therapeuten oder eine Gruppe, bei der Techniken der gegenseitigen Therapie verwendet werden (die Gruppenteilnehmer behandeln sich gegenseitig). Wenn du einen Therapeuten suchst, frage in deinem Bekanntenkreis nach Empfehlungen.

Zögere nicht, mehrere Therapeuten erst einmal kennenzulernen, bevor du dich für einen entscheidest, der dir sympathisch ist. Versuche jemanden zu finden, der in Kontakt mit seinen Gefühlen zu sein scheint und dir in ehrlicher und aufrichtiger Weise begegnet.

Ob du nun professionelle Hilfe suchst oder nicht, frage dich öfters am Tag, wie du dich fühlst. Lerne zu unterscheiden, was du denkst und was du fühlst (viele Menschen haben damit Schwierigkeiten). Akzeptiere und genieße deine Gefühle, so intensiv du kannst. Dann wirst du herausfinden, daß sie dir die Tür zu einem reichen, erfüllten und gefühlsbetonten Leben öffnen.

## Übung

Mach diese Übung kurz nachdem du morgens aufgewacht bist. Schließe deine Augen und lenke deine Aufmerksamkeit auf die Mitte deines Körpers – in die Gegend um dein Herz, den Solarplexus, den Bauch. Frage dich, wie du dich gerade fühlst. Versuche die Gefühle von deinen Gedanken zu unterscheiden, die du gerade im Kopf hast. Fühlst du dich friedlich, aufgeregt, ängstlich, traurig, ärgerlich, fröhlich, frustriert, schuldig, liebevoll, einsam, erfüllt, ernst oder verspielt?

Wenn du ein unglückliches oder aufgebrachtes Gefühl in dir entdeckst, gehe in das Gefühl hinein und gib ihm eine Stimme. Laß dir von ihm berichten, wie es sich fühlt. Versuche, ihm wirklich zuzuhören und dir seine Meinung sagen zu lassen. Sei mitfühlend, liebevoll und unterstütze deine Gefühle. Frage sie, ob du irgend etwas tun kannst, um besser für dich zu sorgen.

Wiederhole diese Übung vor dem Einschlafen und zu jeder anderen Tageszeit, die dir geeignet erscheint.

# 12

# Tyrann und Rebell

Tyrann und Rebell sind zwei Persönlichkeitsanteile, die ich bei vielen Menschen, mit denen ich arbeite, festgestellt habe. Der Tyrann ist die innere Stimme, die uns sagt, was wir tun sollen und was nicht. Er verkörpert alle Regeln und unsere starre Erwartungshaltung. Er hat eine herrische und fordernde Stimme. Der Rebell ist der Teil in uns, der sich weigert, irgend etwas zu machen, was man ihm sagt. Er reagiert mit totaler Rebellion auf jeden beherrschenden Einfluß und vertraut niemandem. Wenn der Tyrann befiehlt: »Du hast das zu machen!«, antwortet der Rebell: »Kommt ja gar nicht in Frage!«

Den Rebellen entwickelten wir in unserer frühen Kindheit als Reaktion auf den Druck und die Forderungen äußerer Autoritäten (Eltern, Lehrer, Kirche, usw.). Ursprünglich versuchte der Rebell, unsere Gefühle zu schützen, indem er sich weigerte, zu glauben, daß irgend etwas, was unserer Intuition entsprang, nicht wahr sein sollte. Wenn du zum Beispiel mit den Plänen, die deine Eltern mit dir hatten, nicht einverstanden warst, verweigerte der Rebell in dir die Zusammenarbeit mit ihnen (entweder durch offene Rebellion oder passiven Widerstand). Der Rebell hielt deine Persönlichkeit am Leben.

Bei manchen Menschen ist der Rebell dominant. Kinder, die mit sehr beherrschenden Eltern und Autoritäten zu tun hatten, und sich dem Willen anderer unterwerfen mußten, haben sich entweder selbst aufgegeben oder sie waren gezwungen, ihre Wünsche und Bedürfnisse ständig zu verteidigen. Aus diesem Grund wurden sie als rebellisch und unkooperativ bezeichnet. Ein Kind, das beispielsweise von einem dominanten Elternteil ständig überwacht wurde (dem äußeren Tyrannen), war dazu gezwungen, einen starken Rebellen zu entwickeln, um das Überleben seiner Individualität zu gewährleisten. Oder ein Kind, dessen Eltern Alkoholiker waren, brauchte einen inneren Rebellen, um sich gegen seine unsicheren Familienverhältnisse zu schützen. Weil es sich auf niemanden verlassen konnte, der Beständigkeit und Wahrheit vermittelte, lernte es, gar niemandem mehr zu vertrauen.

Der Rebell wird in dem Moment zu einem Problem, in dem ein Mensch anfängt, gegen alles und jeden zu rebellieren. Er lernt, allem zu mißtrauen, was nur im entferntesten an Beherrschung erinnert, einschließlich der inneren Forderungen (dem inneren Tyrannen). Dein Chef hat beispielsweise eine ganz vernünftige Bitte an dich. Du aber wirst ärgerlich und weigerst dich, seinem Wunsch zu entsprechen. Oder du nimmst dir vor, keine Schokoladentorte mehr zu essen, und dann ißt du doch wieder drei Stücke auf einmal. Oder du hast den Vorsatz, jeden Morgen Turnübungen zu machen, und dann bleibst du im Bett und schläfst doch wieder weiter.

Unser innerer Tyrann entwickelt sich aus den Forderungen, die unsere Umwelt an uns stellt. Wenn wir mit Eltern, Lehrern und anderen Autoritäten konfrontiert waren, die uns vorschrieben, was wir tun sollten und was nicht, lernen wir, uns selbst in ähnlicher Weise zu behandeln. Wir internalisieren diese Stimmen und machen uns selber Vorschriften. Wir haben festgestellt, daß sich der innere Tyrann als sehr wirkungsvoll erweist, wenn es darum geht, äußere Erfolge zu erzielen. Ein Kind beispielsweise, das sehr fordernde Eltern hatte, wird zu einem schulischen As. Es lernt, die Erwartungen der Eltern zu verinnerlichen. Die Folge davon ist, daß es große Erfolge in der Welt erzielt.

Man entwickelt den inneren Tyrannen nicht nur, um Anerkennung von außen zu erlangen, sondern auch, um sich vor äußeren Tyrannen zu schützen. Wenn du dich selbst wegen deiner Faulheit tadelst und dich zur Arbeit antreibst, vermeidest du, daß du es von anderen vorgeworfen bekommst. In gewisser Weise schützt du dich mit deinem eigenen inneren Tyrannen vor äußerer Kritik.

Der Tyrann möchte, daß man auf ihn hört und mit ihm zusammenarbeitet. Wenn du versuchst, seine Stimme zu überhören oder zurückzuweisen, wird der Tyrann frustriert. Er wird sich lauter bemerkbar machen und immer fordernder werden, bis er sich Gehör verschafft hat. Das Ergebnis ist ein Kampf zwischen innerem Rebellen und innerem Tyrannen. Ein Teil in dir sagt: »Such dir Arbeit«, der andere Teil sagt: »Nein.« Der eine Teil sagt dir, du sollst etwas aus deinem Leben machen, der andere bleibt lethargisch. In diesem Moment arbeitet weder der Tyrann noch der Rebell für dich. Sie haben sich verselbständigt und leben in ständiger Gegenreaktion auf den anderen. Wenn dies geschieht, hat man das Gefühl der Stagnation. Wenn zwei Teile in unserem Innern gegeneinander kämpfen und wir nicht auf unsere Intuition zurückgreifen, um uns von ihr führen zu lassen, kann unsere Energie in keine Situation einfließen.

Das Beste, was man in diesem Fall tun kann, ist zu erkennen, was sich in einem abspielt. Akzeptiere, daß du stagnierst, und beobachte dann den inneren Konflikt. Wenn man den Tyrannen und den Rebell so sieht, wie sie wirklich sind, wird ihre Kraft schwächer. Du wirst erkennen, daß keiner der beiden deine intuitive Stimme ist. Sie sind alte Reaktionsweisen, die immer noch dein Leben bestimmen. Je eher du das erkennst, um so schneller hörst du auf, dich von ihnen beeinflussen zu lassen. Wenn du das geschafft hast, ist der nächste Schritt, nach innen zu gehen. Spüre, was das Weibliche in dir möchte, und handle danach. Die Quelle der Kraft und Energie liegt immer darin, seiner inneren Stimme zu folgen und aus ihr seine Führung zu erlangen.

Eine meiner Klientinnen war mit ihrer beruflichen Karriere unzufrieden und sah, daß sie ihre Kündigung provozierte. Sie arbeitete in einem Büro als Verwaltungsangestellte. Obwohl sie ein gutes Organisationstalent besaß, ertappte sie sich dabei, daß sie häufig Dinge vergaß. Ihr Chef erinnerte sie an das, was sie vergessen hatte, und sie kochte vor Wut. Sie erkannte, daß sie jedesmal wütend wurde, wenn ihr Chef etwas zu ihr sagte, auch wenn es einsichtig war. Einerseits hatte sie Angst, ihre Stellung zu verlieren, andererseits wollte sie nicht länger bleiben. So war sie in ihrer eigenen Falle gefangen. Während unseres Gesprächs fing sie an, den Rebellen in ihrem Innern zu erkennen. Sie sah, daß er mit dem Tyrannen kämpfte, der ihr befahl, die Stellung zu behalten, und auch gegen ihren Chef, der eine Machtposition innehatte. Sie ging zurück in ihre Kindheit, um herauszufinden, wann sie das erste Mal einen Rebellen in sich entwickelt hatte. Sie erkannte, daß sie Schwierigkeiten in der Schule und mit Autoritätspersonen in anderen Stellungen gehabt hatte. Sie wurde sich darüber klar, daß sie von alten Verhaltensmustern bestimmt wurde.

Diese Erkenntnis veranlaßte sie dazu, diese beiden Teile in sich sofort verändern zu wollen. Ich erklärte ihr, daß sie mit ihren Gefühlen auf diese Weise nicht umgehen dürfe. Immer wenn sie versuchen würde, ihren Rebellen zu verändern, würde sie ihren Tyrannen stärken. Der Rebell wäre gezwungen, weiter zu kämpfen. Für sie war es wichtig, ihre Reaktion zu beobachten und zu akzeptieren, daß sie dieses Verhaltensmuster auslebte. Als sie verstanden hatte, was ich meinte, bat ich sie, die Augen zu schließen und sich an einen ruhigen Ort in ihrem Innern zu begeben. Sie mußte ihre Intuition fragen, was sie wirklich wollte.

Es stellte sich heraus, daß sie eigentlich viel lieber Vertreterin werden wollte, als hinter einem Schreibtisch sitzen zu müssen.

Nachdem sie erkannt hatte, was sie wirklich wollte, konnte sie einige Schritte unternehmen, die sie ihrem Ziel näherbrachten. Sie beschloß, ihre Stellung vorübergehend noch zu behalten und die Hilfe ihres Chefs in Anspruch zu nehmen. Sie entschied, einige Informationsgespräche mit Firmen zu führen, um eine Vorstellung davon zu bekommen, wo sie künftig gerne arbeiten würde. Nachdem sie nun genau wußte, was ihr Ziel war und ihre Vorgehensweise ausgelotet hatte, ging es ihr viel besser.

Eine Woche später rief sie mich an, um mir zu erzählen, daß ihr Rebell und Tyrann schon viel weniger Kraft hätten, obwohl sie immer noch miteinander kämpften. Sie verfolgte ihr berufliches Ziel weiter und ihr Chef hatte ihr seine volle Unterstützung zugesagt.

Weder der Tyrann noch der Rebell sind wirklich du selbst. Indem du lernst, deiner Intuition zu vertrauen und ihr zu folgen, verschwinden die beiden, und du wirst zu dem, der du in Wirklichkeit bist.

## Übung

Finde einige deiner Vorschriften und Verhaltensmaßregeln, die fordernd und beherrschend auf dich wirken (die dich tyrannisieren). Verwende die im folgenden aufgeführten Bereiche, und schreibe alle Forderungen auf. Die Beispiele sollen dir dabei helfen.

*Beruf:*
Ich muß vierzig bis sechzig Stunden in der Woche arbeiten.
Ich muß hart arbeiten, um es zu etwas zu bringen.
Ich kann kein Geld verdienen, wenn ich tue, was mir Spaß macht.

*Geld:*
Ich werde nie genug Geld haben.
Ich muß Geld sparen, falls etwas passiert.
Ich darf mit Geld nicht leichtsinnig umgehen.

*Beziehungen:*
Ich muß einen Ehepartner finden.
Ich muß es meinem Ehepartner recht machen.
Ich muß monogam leben.
Ich sollte mit dem zufrieden sein, was ich habe.

*Sex:*
Ich muß jedesmal einen Orgasmus haben.
Um mit jemandem Sex zu haben, muß ich ihn auch lieben.
Ich muß der beste und sinnlichste Liebhaber sein.

Schreibe nun daneben auf, welche rebellischen Gedanken du hast. Zum Beispiel: »Wer braucht schon Arbeit. Ich werde meine Stellung aufgeben.« Oder: »Was kümmert mich Geld. Ich brauche kein Geld.« Oder: »Hinter dem Rücken meines Ehepartners tue ich, was ich will.«

Wenn du die Dialoge deines Rebellen und deines Tyrannen niedergeschrieben hast, geh in dich und frage dich, was du am liebsten möchtest. Finde heraus, was deine Wahrheit ist. Schreibe alle Gedanken und Gefühle auf, die hierzu in dir entstehen.

# 13

# Opfer und Retter

Das Opfer-Bewußtsein entsteht aus der Vorstellung, daß wir hilflos sind. Wir sind der Welt, den Menschen und den wirtschaftlichen Verhältnissen ausgeliefert und können nichts dagegen tun. Die Opfer-Haltung vermittelt uns das Gefühl, daß wir von der Außenwelt ohne unser Einverständnis verletzt werden können.

Menschen, die sich als Opfer fühlen, brauchen jemanden, der sie rettet. Retter sind diejenigen Menschen, die nicht wissen, wie sie für sich selbst sorgen sollen. Daher konzentrieren sie sich darauf, für andere zu sorgen, und versuchen damit unbewußt, indirekt ihre eigenen Bedürfnisse zu befriedigen. Sie brauchen ein Opfer, für das sie sorgen können. Der Retter glaubt, daß andere Menschen schwach oder machtlos sind und seine Hilfe brauchen.

Ich bin der Ansicht, daß viele Menschen beide Rollen in sich tragen. Die meisten Retter verwenden ihre Zeit und ihre Energie darauf, andere zu retten, anstatt zu lernen, sich um sich selbst zu kümmern. Aber ohne den Glauben, daß man ein Opfer in sich hat, ist man kein Retter. Dennoch hat es manchmal den Anschein, als gäbe es Menschen, die nur Opfer sind, und solche, die nur die Retterrolle verkörpern. Im Extremfall gibt es Menschen, die in ständiger innerer Not sind und dringend die Hilfe anderer brauchen, oder die Märtyrer, deren Lebenssinn darin besteht, andere zu retten. In weniger extremen Fällen dominiert einmal die eine Rolle und dann wieder die andere.

## Wie man das Retter-Bewußtsein wandelt

Wir alle wissen um das Leid der Welt. Wir finden es überall, in jedem von uns, in unseren Mitmenschen, in den Zeitungen und im Fernsehen. Die Transformation des Leids beginnt damit, daß wir es nicht leugnen. Erkenne es, fühle es und begreife dann, daß das Leid nicht von uns getrennt ist. Wir könnten Dinge wie Hungersnot, Mord und Krankheit nicht wahrnehmen, wenn nicht ein Teil in uns an dieses Elend glauben und es unterstützen würde. (Siehe auch in dem Kapitel ›Die Veränderung unserer Welt‹.)

Um den Retter zu transformieren, müssen wir für unser eigenes Leid Verantwortung übernehmen. Wir müssen die Verbindung zu unserer inneren Kraft des Kosmos herstellen, um uns selbst zu heilen. Wenn du jemanden in Schmerz und Hilflosigkeit siehst, erkenne, daß dieser Schmerz und diese Hilflosigkeit auch in dir sind. Du würdest dich nicht dazu gedrängt fühlen, jemandem zu helfen, wenn du dich nicht selbst mit dem Gefühl der Hilflosigkeit identifizieren würdest. Ob du nun ein Opfer oder ein Retter bist, in jedem Fall ist deine Energie blockiert.

Die Energie staut sich so lange, wie man das Problem oder die Lösung des Problems in anderen sucht. Um ihre Energie wieder in Fluß zu bringen und die Hilfe des Kosmos zu erhalten, müssen sowohl die Retter als auch die Opfer nach innen gehen und um innere Führung bitten.

Retter erkennen meist nicht, wie dringend sie Hilfe brauchen. Sie sind so sehr damit beschäftigt, anderen zu helfen, daß sie ihr eigenes Leid nicht wahrnehmen. Wenn sie sich ihrer Gefühle bewußt werden, verdrängen sie sie, indem sie sich einem anderen zuwenden, um den sie sich kümmern können. Die Retterrolle ist ein tiefeingeprägtes Verhaltensmuster aus der Kindheit. Was mich betrifft, so fing ich schon sehr früh in meiner Kindheit damit an, für andere zu sorgen. Meine Eltern ließen sich scheiden, als ich noch ein Säugling war. Ich entwickelte schon sehr früh das Bedürfnis, mich wie ein reifer Erwachsener zu benehmen. Ich übernahm diese Verantwortung, vernachlässigte dabei aber meine Gefühle.

Ich entwickelte eine extreme Retter-Natur. Ich wollte am liebsten der Retter der ganzen Welt sein. Ich versuchte, anderen Menschen zu helfen. In meinen Workshops wollte ich den Menschen unbedingt mein großartiges Wissen mitteilen, das ich ihnen zu geben hatte. In meinen privaten Beziehungen verhielt es sich genauso. Ich hatte viele Partner und Freunde, die offensichtlich meiner Hilfe bedurften.

Als ich bewußter wurde, erkannte ich, daß ich durch meine Retterrolle anderen telepathisch vermittelte: »Ich habe kein Vertrauen zu dir und glaube nicht, daß du dein Leben selbst in die Hand nehmen kannst. Ich halte dich für einen unglücklichen Menschen, der nicht soviel weiß, wie ich. Ich bin der Überzeugung, daß du unbedingt Hilfe brauchst.«

Derjenige, den man retten will, empfängt diese telepathische Botschaft. Deshalb untergräbt man seine Kraft, anstatt ihm zu helfen. Was aber noch viel wichtiger ist, man sorgt nicht für sich selbst, worin die einzige Möglichkeit liegt, Energie in Fluß zu bringen und die Situation zu transformieren. Dazu muß man sich eingestehen, daß man immer anderen hilft, weil man Angst hat, von ihnen verlassen zu werden. Man fürchtet, daß einen die anderen im Stich lassen, wenn man sich nicht um sie kümmert, und daß man alleine ist. Wenn du beginnst, dich selbst zu heilen, erkennst du, daß jemand für dich da ist – nämlich du selbst. Erstaunlicherweise erhält man von anderen Menschen sehr viel Liebe und positive Unterstützung, wenn man sich selbst emotionelle Zuwendung schenkt. Die Außenwelt ist auch in diesem Fall der Spiegel für unser Inneres.

Ich weiß, daß es sehr schwer ist, die Helferrolle abzulegen. Während man dabei ist, sein Rollenverhalten zu verändern, tauchen viele Ängste und Schuldgefühle auf. Gedanken wie »Verdiene ich es wirklich, meine Zeit für mich selbst zu nutzen? Was geschieht mit den Menschen, die meine Hilfe brauchen?« sind sehr quälend. Die Ängste und Schuldgefühle verschwinden erst, wenn man erkennt, was die Veränderung bewirkt. Die Menschen, die man retten wollte, beginnen für sich selbst zu sorgen. Dadurch fühlst auch du dich viel besser.

Ich versuche nicht, Menschen davon abzubringen, anderen zu helfen. Ich schlage nur vor, daß man sich eingesteht, daß man es für sich selbst tut. Wir müssen zugeben, daß der Schmerz der anderen auch unser eigener ist. Dazu ist es notwendig, nach innen zu gehen, und das Universum um Hilfe zu bitten: »Kosmos, hilf mir, diese Situation zu wandeln. Hilf mir, mich selbst zu heilen, damit ich ein Kanal für dein Licht werden kann.« Dadurch konzentriert man sich nicht mehr auf eine andere Person. Man gibt seine eigene Hilflosigkeit zu und bittet um Führung und Beistand.

Der einzige Weg, wie man anderen wirklich helfen kann, ist, genau das zu tun, was man möchte. Wenn du sagst: »Ich sollte dagegen etwas unternehmen«, stammt dieser Vorsatz nicht vom Kosmos. Es ist dein Schuldgefühl, das dir sagt, was du tun solltest. Oder es ist dein Kopf, der versucht, eine rationale Lösung zu konstruieren. Wenn du aber deinem Gefühl aus dem ›Bauch‹ vertraust und nur das tust, was du im Augenblick fühlst, kann das Universum ungestört und spontan durch dich wirken.

Es mag zum Beispiel hart oder grausam erscheinen, wenn du einem Freund deine Hilfe versagst. Doch wenn du feststellst, daß du in dieser Situation nichts geben möchtest (und du weißt, daß du normalerweise sehr viel geben kannst), mußt du diesem Gefühl vertrauen. Du mußt es wagen, ›nein‹ zu sagen. Wenn du deinem Freund in dieser Lage geholfen hättest, wäre sehr wahrscheinlich sein Gefühl der Machtlosigkeit noch weiter verstärkt worden. Durch das Vertrauen in dein Gefühl, nicht zu ›helfen‹, hast du deinem Freund in Wahrheit dazu verholfen, seine eigene Kraft zu entdecken.

In einem anderen Fall mag es ein wundervolles Gefühl sein, jemandem etwas zu geben. Vertraue auch hier auf dein Gefühl und gib dem anderen. Wenn dein Geben aus dem Herzen kommt, und dir kein Opfer abverlangt, kannst du sicher sein, daß die kosmische Kraft durch dich wirkt.

Das Universum kümmert sich nicht um unsere guten Absichten, ebensowenig um das, was man von uns zu erwarten scheint, oder um unsere Rettungsaktionen. Es führt uns so, daß am meisten Licht durch uns dringen kann.

## Wie man das Opfer-Bewußtsein wandelt

Die Menschen geben ihre Opferrolle auf, wenn es niemanden mehr gibt, der sie rettet. Wenn es zu schmerzlich wird, andere für unser Leben verantwortlich zu machen, ist man bereit, sich zu ändern. Diese beiden Dinge geschehen meistens gleichzeitig. Andere haben es satt, ständig den Retter zu spielen, und gleichzeitig ist man seine ständige Opferrolle leid.

Indem man sein Opfer-Bewußtsein transformiert, verändert man ein Rollenverhalten, das man schon sein ganzes Leben lang mit sich herumschleppt. Von Geburt an bekommen wir gesagt, daß alles, was zählt, in der Außenwelt liegt. Deshalb suchen wir dort nach Heilung, Kraft, Liebe und Wohlstand. Wenn wir diese Dinge dann nicht bekommen, geben wir der Welt dafür die Schuld. Statt dessen in seinem Innern zu suchen, steht in völligem Widerspruch zu allem, was wir bisher gelernt haben. Wir geben unsere uralte Gewohnheit der Schuldzuweisung auf und suchen die Erleuchtung nun im Universum. Wenn du dich als Opfer fühlst, liegt deine Lösung darin, sofort nach innen zu gehen. Bitte das Universum: »Zeig mir, was ich brauche, um mich zu heilen. Hilf mir zu erkennen, daß du meine Kraftquelle bist.« Öffne dich dann für die Antwort, die du erhältst. Die Botschaft kann auf die verschiedenste Weise zu dir gelangen: Durch eine Botschaft aus deinem Innern, durch einen Telefonanruf, durch die Hilfe eines anderen Menschen. Wenn ich sage: »Suche deine Antworten in dir«, schließt das nicht aus, daß du Hilfe von außen bekommst. Es bedeutet nur, daß du klar erkennen mußt, daß die Kraft des Universums in dir ist und daß du das bewirken kannst, was du brauchst. Werde dir bewußt, daß du für die Situation, in der du dich befindest, absolut selbst verantwortlich bist. Wende dich deinem inneren Kosmos zu, bevor du Hilfe in der Außenwelt suchst.

Wenn du so vorgehst, achtest du die Kraft. Das Weibliche in dir spürt dies und reagiert darauf, indem es dir mehr Weisheit und Kraft zukommen läßt.

Die beste Heilung in diesem Prozeß geschieht in dem Augenblick, in dem man sich weigert, sich selbst und andere als hilflos anzusehen. Sogar scheinbar ›zufällige‹ Ereignisse werden durch uns selbst herbeigeführt, um uns von unseren alten Einstellungen und Verhaltensmustern zu heilen.

Wenn sich Teilnehmer meiner Workshops in einer scheinbar ›aussichtslosen‹ Situation befinden, ermutige ich sie dazu, ihre Kraft in dieser Situation zu entdecken. Ich rege sie dazu an, nachzuschauen, warum sie sich diese Situation ausgesucht haben und was sie darin lernen wollen. Wenn wir nicht liebevoll mit uns selbst umgehen können, bringen wir uns in Situationen, die uns harte Lektionen erteilen. Unsere innere Stimme will gehört werden. Wenn wir sie ständig ignorieren, werden wir uns immer unwohler fühlen. Unfälle, Krankheiten und Leid kann man dadurch vermeiden, daß man bereit ist, auf sich selbst zu hören und seiner inneren Führung zu folgen. Denke einmal über die folgenden Geschichten nach, die verschiedene Aspekte des Opfer-/Retter-Bewußtseins darstellen:

In einem meiner Workshops berichtete eine Frau, daß sie vergewaltigt worden sei. Anfangs war es ihr unmöglich, ihre eigene Kraft in dieser Situation zu erkennen. Sie war nicht fähig, sich klarzumachen, daß sie selbst dieses schmerzliche Erlebnis gewählt hatte, um sich zu heilen. Die Vergewaltigung gab ihr das Gefühl der Machtlosigkeit. Sie hatte Angst, daß ihr dies noch einmal widerfahren könnte.

Um ihr ein wenig von ihrer Angst zu nehmen, schien es mir wichtig, ihr begreiflich zu machen, warum sie diese Situation herbeigeführt hatte. Auf diese Weise erkannte sie allmählich, daß dieses Erlebnis auch die Kraft zu ihrer Heilung enthielt. Als sie begriff, daß sie die Wahl getroffen hatte, sich vergewaltigen zu lassen, verschwand ihre Angst, jemals wieder ein Opfer von Vergewaltigung zu werden.

Im weiteren Verlauf ging sie der Ursache ihrer Vergewaltigung auf den Grund. Jahrelang hatte sie in der Angst gelebt, von Männern sexuell mißbraucht zu werden. Tief in ihrem Innern war sie davon überzeugt, daß ihr dies passieren könne. Sie erkannte auch, daß sie in einer Opferrolle gelebt hatte. Sie war der Meinung, daß andere Macht über sie haben und ihr nichts anderes übrigblieb, als sich dieser Macht zu beugen. Ich glaube, daß sie die äußere Situation herbeiführte, um ihr Inneres darin verstärkt gespiegelt zu sehen. Durch die Bewußtmachung ihrer Einstellung konnte sie sich davon heilen. Ihre Verhaltensmuster konnten sie nicht mehr unbewußt bestimmen.

Neben der Bewußtmachung der Hintergründe ihrer Vergewaltigung war es ebenso wichtig, die Gefühle, die sie damals erlebt hatte, noch einmal voll zum Ausdruck zu bringen. Sie empfand eine enorme Wut gegenüber ihrem Vergewaltiger und anderen Personen in ihrem Leben. Diese Wut muß sich Luft verschaffen können. Wenn wir uns bewußt werden, wie wir negative Erlebnisse herbeiführen, dürfen wir den Ärger und die Wut darüber nicht gegen uns selbst richten. Auch wenn unser Intellekt die höhere Absicht in der Situation erkennt, müssen die Gefühle dennoch zum Ausdruck gebracht werden. Die Frau mußte die Gefühle, die sie bei der Vergewaltigung hatte, noch einmal ganz durchleben, um sich davon zu befreien und ihre Kraft wiederzufinden. Sie war dazu bereit. Ein paar Wochen später rief sie mich an und erzählte mir, sie könne ohne Angst einschlafen und müsse nachts nicht mehr vor lauter Angst das Licht brennen lassen.

Eine andere Klientin hatte als Therapeutin in einer Alkohol- und Drogenentzugsanstalt gearbeitet. Sie war völlig überarbeitet, hatte aber Angst, einmal freizunehmen, ohne ihre Stelle zu gefährden. Sie hatte sich darin verloren, anderen zu helfen, und wußte nicht mehr, wie sie sich selbst helfen konnte. Sie ging weiterhin zur Arbeit und half anderen und mißachtete ihre inneren Gefühle, die nach Aufmerksamkeit schrien. Sie wurde immer erschöpfter und fing an, ihren Patienten gegenüber Widerwillen zu empfinden. Sie war ärgerlich und gereizt. In drei Monaten ging ihr Auto dreimal kaputt, was ihre Hoffnung, den Beruf aufzugeben, noch schmälerte, denn die Reparaturkosten waren immens gewesen. Sie sah keinen Ausweg für sich.

Weil sie nichts gegen ihren Ärger und ihre Frustration unternahm, bekam sie plötzlich Angst in allen möglichen Situationen. Sie hatte Angst vor ihrer Arbeit, ihren Klienten, vor ihrer ganzen Lebenslage. Sie war in der Retterrolle gefangen und fühlte sich als Opfer ihrer finanziellen Misere. Sie begann, sich völlig hoffnungslos zu fühlen.

Eines Tages konnte sie keinen ihrer Patienten mehr sehen. Sie fing an zu weinen, und ihre Kollegen rieten ihr, ein paar Tage Urlaub zu machen. Weil sie sich auch körperlich nicht wohl fühlte, ging sie zum Arzt, der sie aufgrund ihrer Streßsymptome krank schrieb.

Sie verließ die Stadt für einen Monat und begann sich auszuruhen. Sie trug ihren inneren Bedürfnissen Rechnung und heilte sich.

Die Durchbrechung ihrer Rolle als Opfer und Retter löste eine Welle kreativer Energie in ihr aus, die vorher in ihrem Beruf verpufft war. Sie fand heraus, daß sich ihre Kreativität auch auf andere Weise manifestieren konnte. Sie begann, Workshops zu veranstalten und zu schreiben. Schließlich beschloß sie, nicht mehr zu ihrer Arbeit im Krankenhaus zurückzukehren.

In einem anderen Workshop berichtete eine Frau von einer Serie kleiner Unfälle. Intuitiv hatte sie gespürt, daß sie aufhören mußte, sich zur Fertigstellung verschiedener Arbeiten zu zwingen. Doch sie hatte auch Angst davor, das Risiko einzugehen und etwas langsamer zu treten. Sie setzte sich weiterhin unter Druck, bis sie einen Autounfall hatte und ins Krankenhaus gebracht wurde. Nun konnte sie sich nicht mehr zur Arbeit antreiben. Sie mußte ihr Bedürfnis nach mehr Ruhe und weniger Streß akzeptieren. Während ihres Krankenhausaufenthaltes beschloß sie, ihr Haus zu verkaufen und in Rente zu gehen. Sie begann zu reisen und gestand sich zu, die Dinge zu tun, die sie schon immer machen wollte. Seitdem hat sie keinen Unfall mehr gehabt. Sie ist glücklich und zufrieden mit ihrem Leben.

## Übung I

1. Schreibe alle Situationen auf, in denen du dich machtlos oder als Opfer fühlst.

2. Beginne dann mit der ersten Situation in deiner Liste. Schließe deine Augen und sieh dich in der hilflosen Lage. Erlebe deine Gefühle der Frustration, Hilflosigkeit und Verzweiflung. Nimm dir dafür ein paar Minuten Zeit.

3. Stell dir nun vor, daß du voll Ärger und Wut darüber bist, wie du dich in deinem Leben selbst entmachtet hast. Deine Wut ist die Energie, die dir dabei hilft, dich von deiner Machtlosigkeit zu befreien. Sie bewahrt dich davor, dieselbe Situation noch einmal zu wiederholen.

4. Fühle nun deine Kraft, Stärke, Kreativität und deine spirituelle Energie. Erkenne, daß du die Entscheidung darüber triffst, welche Lebenssituation du dir schaffst.

5. Wenn du dir dessen einmal bewußt geworden bist, finde heraus, wie du mit deiner augenblicklichen Situation fertig werden kannst. Nimm jedes Bild und jeden Gedanken an, der in dir auftaucht.

6. Wiederhole diesen Vorgang bei allen Punkten deiner Aufstellung.

## Übung II

1. Erstelle eine Liste über die Art, wie du andere rettest.

2. Schließe deine Augen und stelle dir die Menschen, die du rettest, als stark und kraftvoll vor. Überlasse sie ihrer eigenen Kraft und ihrer eigenen Verbindung mit dem Kosmos.

3. Werde dir dann darüber klar, was du tun mußt, um dir in jeder dieser Situationen selbst zu helfen. Was kannst du für dich selbst tun, um erfüllt zu sein?

## 14

# Wie du dein inneres Gleichgewicht findest

Als Kanal für den Kosmos müssen wir unser ganzes Ausdrucks- und Gefühlspotential zur Verfügung haben. Wenn uns die kosmische Kraft dazu ermuntert, uns auf eine Gelegenheit zu stürzen, müssen wir den Sprung wagen, ohne innezuhalten und Fragen zu stellen. Wenn sie uns rät, zu warten, müssen wir uns entspannen können und eine Phase des Nichtstuns genießen, bis wir die nächste Botschaft erhalten. Wir werden immer auf Aspekte unseres Selbst gestoßen, die wir noch nicht entwickelt haben, um uns neu zu erfahren und zum Ausdruck zu bringen. Wenn wir unsere inneren Impulse ignorieren, werden wir durch äußere Umstände dazu gezwungen, uns mit unserer Innenwelt auseinanderzusetzen. Wie auch immer das geschieht, unser höheres Selbst stellt damit sicher, daß wir die Botschaft, was wir zu tun haben, auch empfangen. Vielleicht müssen wir von einem Extrem ins andere fallen, bis wir unsere innere Harmonie erlangen.

Du kannst davon ausgehen, daß dich deine Intuition immer in eine Richtung lenkt, die neue Erfahrungen für dich bereithält. Wenn du dich in einer Persönlichkeitsstruktur gerade wohl fühlst, mußt du vielleicht gerade das Gegenteil davon verwirklichen. Es ist gut, dies zu wissen, besonders, wenn man gerade lernt, auf seine innere Stimme zu hören. Eine hilfreiche Regel ist hierbei, ›immer das Unerwartete zu erwarten‹.

Ich habe herausgefunden, daß es zwei Persönlichkeitstypen gibt. Es wäre nützlich für dich herauszufinden, zu welchem Typ du stärker neigst. Manche Menschen sind eine Kombination aus beiden. Gewöhnlich leben die beiden Persönlichkeitstypen in verschiedenen Lebensbereichen.

Diese zwei Kategorien von Menschen sind die ›Aktiven‹, nach außen orientierten, und die ›Passiven‹, nach innen orientierten Charaktere. Sie entsprechen grob der Unterscheidung in Typ A (aktiv) und Typ P (passiv), in der psychologischen Terminologie.

Zu den ›Aktiven‹ zählen diejenigen Menschen, die vorwiegend handlungsorientiert sind. Sie wissen, wie man die Dinge anpackt. Gewöhnlich scheuen sie kein Risiko, sich selbst zu verwirklichen oder Neues auszuprobieren. Grundsätzlich können sie ihre extrovertierte Energie gut umsetzen. Doch mit dem Nehmen haben sie Schwierigkeiten. Sie zeigen nur ungern ihre Verletzlichkeit. Am schwersten fällt ihnen das Nichtstun, wenn sie in keiner konstruktiven Aktivität engagiert sind. Wenn sie ihre Zeit nicht verplant haben, fühlen sie sich unwohl. Gewöhnlich füllen sie auch ihre Freizeit mit unzähligen Aktivitäten. Sie fühlen sich immer zu etwas getrieben und können sich nur sehr schwer entspannen. Bei diesem Charaktertypus ist der männliche Anteil, die aktive Energie, wesentlich stärker ausgeprägt. Die weibliche, rezeptive Seite ihrer Persönlichkeit wird von den ›Aktiven‹ eher als unangenehm empfunden.

Zu den ›Passiven‹ gehören die Menschen, die eher introvertiert sind. Sie können sich gut entspannen und die Dinge leichtnehmen. Sie genießen die kleinen Freuden des Lebens. Sie wissen, wie man es sich und anderen schön und angenehm machen kann. Sie können spielerisch mit dem Leben umgehen. Im allgemeinen sind sie sehr flexibel und können ihre Freizeit genießen. Dagegen haben sie Schwierigkeiten mit aktivem Handeln. Sie haben Angst, sich auf Neues einzulassen. Sie neigen dazu, viel von sich zurückzuhalten, können sich nur schwer durchsetzen und ihre Gefühle und

Meinung schlecht zum Ausdruck bringen. Sie machen sich ständig Gedanken darüber, was andere von ihnen halten. In der Außenwelt fühlen sie sich unwohl. Es mangelt ihnen an Vertrauen im Umgang mit Menschen, geschäftlichen Angelegenheiten und Geld und ähnlichem. Bei Typ P dominiert die weibliche rezeptive Energie. Mit der männlichen extrovertierten Seite ihrer Persönlichkeit kommen diese Menschen nur schwer zurecht.

Wenn du überwiegend zum aktiven Charaktertyp gehörst, wirst du von deiner Intuition sehr wahrscheinlich dahin geführt, weniger zu tun. Deine Gefühle werden dich überzeugen, eine Pause einzulegen und dich zu entspannen. Du wirst dir einen Tag (oder eine Woche oder ein halbes Jahr) freinehmen müssen, um mehr Zeit mit dir selbst und in der Natur zu verbringen und ohne Zeitplan zu leben. Du mußt üben, deiner Energie so zu folgen, wie du sie gerade spürst. Die härteste Prüfung für den ›Aktiven‹ ist, gar keine Botschaft zu erhalten und warten zu müssen. Es fällt ihm am schwersten, ›nichts zu tun‹, bis etwas geschieht. Ich selbst gehöre vorwiegend zu Typ A. Ich bin ein ausgesprochen aktiver Mensch, und eine meiner schwierigsten Lektionen lernte ich in einer Zeit, als mich das Universum zum Nichtstun zwang. Doch inzwischen habe ich erkannt, daß diese Phasen am energiereichsten und inspirierendsten sind, weil ich dann genügend Zeit habe, mit meinem höheren Bewußtsein in Kontakt zu kommen. Tatsächlich habe ich schließlich zugeben müssen, daß ich mein ganzes Leben lang so beschäftigt war, nur um meine innere Kraft nicht spüren zu müssen. Ich hatte Angst vor einem ›Leerlauf‹ in meinem Zeitplan, weil diese Phase in Wirklichkeit so voller kosmischer Kraft ist.

Wenn du dich eher als ›Typ P‹ fühlst, wird dich dein inneres Selbst zweifellos zu stärkerer Aktivität, Selbstausdruck und Risikobereitschaft antreiben. Hier liegt die Lösung darin, deinen inneren Impulsen nachzugeben und Dinge auszuprobieren, die man normalerweise nicht versuchen würde. Anfangs ist es dabei gar nicht wichtig zu wissen, warum du etwas tust oder welche Resultate du mit deiner Handlung erzielen wirst. Wichtig ist, daß du übst, spontan nach deinen Gefühlen zu handeln, besonders, wenn es darum geht, sich mit Menschen und weltlichen Angelegenheiten zu konfrontieren, wie Geld zu verdienen oder sich mit Dingen zu beschäftigen, denen du normalerweise aus dem Weg gehen würdest.

Zwinge dich aber nicht zu mehr, als du bereit bist zu tun. Es ist von großer Wichtigkeit, seine eigenen Grenzen und Wachstumsrhythmen zu respektieren. Vergewissere dich deshalb, ob die innere Stimme nicht von deinem Tyrannen stammt, der dir befiehlt, was du zu tun hast (wenn die Stimme das Wort ›sollen‹ oder ›müssen‹ gebraucht, ist es niemals der Kosmos, der zu dir spricht!). Folge vielmehr deinen Gefühlen, die dich dazu führen wollen, dich zu verwirklichen, und die dich darin unterstützen, dein Selbstvertrauen zu entwickeln.

## Meditation

Mache es dir bequem und schließe deine Augen, atme tief ein und aus. Jedesmal, wenn du ausatmest, entspannst du dich mehr und mehr, bis du eine ruhige Ebene deines Bewußtseins erlangt hast. Stell dir vor, daß du völlig in deinem inneren Gleichgewicht bist. Du kannst dich entspannen und dir ein schönes Leben machen. Du genießt die Zeit in deinem Leben, in der es nichts Bestimmtes zu tun gibt. Auf der anderen Seite kannst du deinen spontanen Eingebungen folgend aktiv werden. Du kannst dich verwirklichen und wagen, Neues zu versuchen, wann immer du dich dazu inspiriert fühlst.

Du lebst dein ganzes Potential an Aktivität und Passivität, so daß du deiner inneren Führung folgen kannst, in welche Richtung auch immer sie dich lenkt.

## Übung

Wenn du vorwiegend dem aktiven Charaktertyp angehörst, verbringe einen ganzen Tag damit, so wenig wie möglich zu tun. Achte darauf, wie du dich fühlst und was geschieht.

Wenn du eher zu den ›Passiven‹ zählst, dann folge einen ganzen Tag lang jedem Impuls und jeder Inspiration, die in dir auftaucht, ohne irgendein bestimmtes Resultat zu erwarten. Probiere Dinge aus, die für dich neu und ungewöhnlich sind, besonders solche, die voraussetzen, daß du mit Menschen Kontakt aufnimmst oder dich mit weltlichen Angelegenheiten neu stellst. Achte darauf, wie du dich fühlst, bevor, während und nachdem du so gehandelt hast.

# 15

# Partnerschaft

Die Beziehungen der alten Welt konzentrierten sich auf Äußerlichkeiten – wir versuchten, ganz zu werden, indem wir etwas von außen bekommen wollten. Diese Erwartung führt unvermeidlich zu Enttäuschung und Widerwillen. Entweder kommen diese Gefühle in einem ständigen Kampf zum Ausbruch oder führen zu emotioneller Gleichgültigkeit, wenn wir sie unterdrücken. Doch immer noch suchen wir aus unserer gefühlsmäßigen Unsicherheit in Beziehungen das zu finden, was uns zu unserem ›Ganz-Sein‹ fehlt.

In dieser tragischen Situation befinden wir uns nun schon seit Jahrtausenden. Augenblicklich scheinen wir auf einen kritischen Punkt zuzusteuern. Beziehungen und Familien, wie wir sie kennen, gehen zunehmend in die Brüche. Viele Menschen geraten deswegen in Panik. Manche versuchen, die alten Wertsysteme wiederherzustellen, um ein Gefühl der Ordnung und Stabilität in ihr Leben zu bringen.

Aber es ist sinnlos zurückzugehen, weil sich unser Bewußtsein bereits über den Punkt hinaus entwickelt hat, wo wir bereit sind, die für diese Lebensweise notwendigen Opfer zu bringen. In der Vergangenheit waren die meisten Menschen dazu bereit, eine im Grunde genommen tote Beziehung ein Leben lang aufrechtzuerhalten, nur weil sie physische und emotionale Sicherheit daraus bezogen.

Heutzutage erkennen immer mehr Menschen, daß in einer Beziehung mehr Intimität, dauerhafte Lebendigkeit und Leidenschaft möglich sind. Wir sind bereit, die alten Beziehungsformen aufzugeben, um nach diesen Idealen zu suchen, aber wir wissen nicht, wo wir damit anfangen sollen. Die meisten von uns suchen immer noch außen – in dem sicheren Glauben, daß wir in dem Moment vollkommen glücklich sind, in dem wir den richtigen Mann oder die richtige Frau für uns gefunden haben. Wir sind verwirrt und frustriert, und unsere Beziehungen sind ein einziges Chaos. Es gibt nichts Altes mehr, an dem wir uns festhalten können, und nichts Neues, das die alten Traditionen ersetzt. Da wir nicht mehr zurück können, müssen wir den Schritt in das Unbekannte wagen, um eine völlig neue Beziehungsebene zu schaffen.

Beziehungen sind nicht außen – sie sind in uns. Dies ist die einfache Wahrheit, die wir erkennen und akzeptieren müssen. Meine wahre Beziehung ist die Beziehung zu mir selbst – alles andere ist nur ein Spiegel dafür. So wie ich lerne, mich selbst zu lieben, erhalte ich automatisch die Liebe und Anerkennung von anderen, nach der ich mich sehne. Wenn ich auf mich und meine Wahrheit vertraue, ziehe ich andere Menschen an, die dasselbe Vertrauen haben. Meine Bereitschaft, mich tief auf meine eigenen Gefühle einzulassen, schafft die Bedingung für die Intimität mit anderen. Wenn ich mich in Gesellschaft mit mir selbst wohl fühle, kann ich mit jedem anderen Spaß haben, mit dem ich gerade zusammen bin. Schließlich ist das Gefühl der Lebendigkeit und Kraft des Universums, die durch mich fließt, die Voraussetzung für ein Leben voller Leidenschaft und Erfüllung, die ich mit jedem teile, mit dem ich in Beziehung stehe.

## Wie man gut zu sich selbst ist

Weil viele von uns niemals gelernt haben, wie man gut zu sich selbst ist, basieren unsere Beziehungen darauf, daß wir jemanden suchen, der gut zu uns ist.

Als Säugling sind wir sehr bewußt und intuitiv. Von Geburt an spüren wir das Leid und die emotionelle Bedürftigkeit unserer Eltern. Wir beginnen, das Verhalten zu entwikkeln, ihnen gefallen und ihre Bedürfnisse erfüllen zu wollen, damit sie weiterhin für uns sorgen.

Später laufen unsere Beziehungen nach demselben Schema ab. Wir haben eine Art telepathische Übereinkunft mit unseren Partnern: »Ich versuche, so zu sein, wie du mich haben willst, und das zu tun, was du von mir verlangst, wenn du für mich da bist, mir das gibst, was ich brauche, und mich nicht verläßt.«

Aber dieses System funktioniert nicht richtig. Andere Menschen sind nur selten dazu in der Lage, ständig unsere Bedürfnisse zu erfüllen. Deshalb sind wir frustriert und versuchen, entweder den anderen so zu ändern, daß er unseren Erwartungen besser entspricht (was nie klappt!), oder wir schrauben zurück und geben uns mit weniger zufrieden, als wir in Wirklichkeit wollen. Darüber hinaus tun wir fast immer Dinge, die wir gar nicht wollen, wenn wir versuchen, die Erwartungen anderer zu erfüllen. Das endet schließlich damit, daß wir sie bewußt oder unbewußt ablehnen.

An dieser Stelle müssen wir erkennen, daß der Versuch scheitern muß, dadurch für uns selbst zu sorgen, daß wir für andere sorgen. Ich bin der einzige, der wirklich gut für mich sorgen kann. Deshalb kann ich es auch gleich tun und anderen gestatten, es ebenso zu machen.

Was bedeutet es nun, gut zu sich selbst zu sein? Für mich heißt es, meiner Intuition zu vertrauen und ihr zu folgen. Es bedeutet, mir Zeit zu nehmen, auf meine Gefühle zu achten, einschließlich der Gefühle des oft verletzten oder verschreckten Kindes in mir, und liebevoll darauf zu reagieren. Es bedeutet, meine eigenen Bedürfnisse an die erste Stelle zu setzen und darauf zu vertrauen, daß auch die Bedürfnisse der anderen erfüllt werden und alles, was dazu notwendig ist, schon erledigt werden wird, wenn ich mich nur daran halte.

Wenn ich zum Beispiel traurig bin, dann nehme ich mir die Zeit, mich im Bett zu verkriechen und liebevoll zu mir selbst zu sein. Oder ich finde jemand anderen, der mit mir mitfühlt und mir zuhört, bis das Gefühl der Traurigkeit nachläßt und ich mich besser fühle.

Wenn ich zu hart gearbeitet habe, lerne ich, die Arbeit beiseite zu legen, gleich, wie wichtig sie scheint. Ich nehme mir die Zeit zu spielen, ein heißes Bad zu nehmen oder einen Roman zu lesen.

Wenn jemand, den ich liebe, etwas von mir will, was ich nicht geben möchte, dann lerne ich, ›nein‹ zu sagen. Ich vertraue darauf, daß es so auch für ihn besser ist. Auf diese Weise meine ich es auch wirklich, wenn ich ›ja‹ sage.

An dieser Stelle möchte ich einen besonders wichtigen Hinweis geben. Es geht um etwas, was mich lange Zeit verwirrt hat und was ich endlich begriffen habe. Gut zu sich selbst zu sein, bedeutet nicht, alles alleine zu machen. Eine gute Beziehung zu sich selbst zu schaffen, muß nicht in einem Vakuum ohne Beziehung zu anderen Menschen geschehen. Wenn dies so wäre, dann könnten wir ein paar Jahre als Einsiedler leben, bis wir die perfekte Beziehung mit uns selbst gefunden haben, und dann wieder in die Welt zurückkehren und plötzlich vollkommene Beziehungen zu anderen Menschen eingehen.

Natürlich ist es wichtig, daß wir allein sein können. Oft ziehen sich Menschen von ihren äußeren Beziehungen zurück, bis sie sich mit sich selbst wieder in Einklang fühlen. Dennoch brauchen wir früher oder später einen Spiegel von außen. Wir müssen unsere Beziehung zu uns selbst in der physischen Welt durch das Zusammenwirken mit anderen Menschen aufbauen und festigen.

Der Unterschied liegt im Schwerpunkt einer Beziehung. In den Beziehungen der alten Welt lag die Betonung auf dem Partner und der Beziehung an sich. Unsere Kommunikation hatte den Zweck, das Verständnis des anderen zu erlangen und ihn dazu zu bringen, einem das zu geben, was man braucht. In den Beziehungen der neuen Welt liegt der Schwerpunkt darauf, eine Beziehung zu sich und dem Kosmos aufzubauen. Wir kommunizieren, um uns selbst das zu geben, was wir brauchen. So ähnlich das auch klingen mag, die Energie ist doch anders und ebenso das Ergebnis.

Nehmen wir zum Beispiel einmal an, ich fühle mich einsam und möchte, daß mein Partner den Abend mit mir verbringt, obwohl ich weiß, daß er andere Pläne hat. Früher hätte ich wahrscheinlich Angst gehabt, ihm mein Bedürfnis offen mitzuteilen. Ich wäre wahrscheinlich alleine zu Hause geblieben und hätte mich damit beschäftigt, zu lernen, mein Alleinsein zu genießen. Später würde ich ihm gegenüber zwar einen gewissen Groll hegen, was ich aber weder ihm noch mir gegenüber zugegeben hätte. Dennoch würde mein Partner diesen Groll spüren, sich schuldig fühlen und nun seinerseits auf mich böse werden. Keiner von uns würde dies offen aussprechen, bis wir in Streit geraten und ich zu ihm sage: »Du nimmst keine Rücksicht auf meine Gefühle. Du willst nie mit mir zusammen sein.« An dieser Stelle übermittle ich ihm auf telepathischem Wege, daß er für mein Glück verantwortlich sei.

Heute wäre ich (hoffentlich) von Anfang an viel direkter. Ich würde sagen: »Ich weiß, daß du andere Pläne hast, aber ich fühle mich gerade so einsam und möchte gerne, daß du den Abend mit mir verbringst.« Ich übernehme die Verantwortung für meinen Wunsch und sorge damit für mich selbst, und wenn ich dazu meinen Partner um etwas bitten muß! In diesem Fall liegt der Schwerpunkt der Wirklichkeit auf mir selbst – es geht um mein Gefühl und mein Bedürfnis und das bringe ich zum Ausdruck. Dafür muß ich aber auch bereit sein, mich verletzbar zu machen. Ich habe jedoch festgestellt, daß mir die Bereitschaft, meine Gefühle auszusprechen, das Gefühl der Ganzheit gibt. In gewisser Weise fühle ich mich bereits in dem Moment erfüllter, weil ich bereit war, zu mir selbst zu stehen.

Nun ist alles offen, und mein Partner kann mir aufrichtig antworten. Wenn er meinem Wunsch entspricht, ist das die Krönung des Ganzen. Wenn nicht, bin ich vielleicht traurig oder verletzt. Ich teile ihm auch diese Gefühle mit (auch in diesem Fall tue ich es um meiner selbst Willen, um klarzubleiben), und dann lasse ich davon ab. Ich nutze den Abend, um mehr in Kontakt mit mir und dem Kosmos zu kommen.

Ich habe eine sehr interessante Entdeckung gemacht: Wenn ich mich offen und ehrlich mitteile und alles sage, was ich sagen möchte, scheint es gar nicht mehr so viel auszumachen, wie der andere reagiert. Auch wenn er mir meinen Wunsch nicht erfüllt, fühle ich mich so klar und kraftvoll, weil ich gut zu mir selbst war, daß ich auf mein Ziel viel leichter verzichten kann. Wenn ich meinem Partner, meiner Familie und meinen Freunden gegenüber aufrichtig und verletzbar bleibe, muß es nicht bis zum Groll gegen sie kommen.

Wenn du so für dich sorgst, dann bekommst du viel häufiger als sonst, was du brauchst. Wenn nicht, ist Loslassen der nächste Schritt. Geh in dich und spüre, was dir deine innere Stimme rät. Laß dich in einen tiefen Kontakt mit dem Kosmos führen.

Wenn man eine liebevolle Beziehung zu sich selbst aufbauen will, ist es daher sehr wichtig, seine Bedürfnisse anzuerkennen und zu lernen, sie auszusprechen. Oft haben wir davor Angst, weil wir nicht ›bedürftig‹ erscheinen wollen. Jedoch sind es gerade die versteckten Bedürfnisse, die uns den Anschein der Bedürftigkeit geben. Wenn sie nicht offen zum Ausdruck gebracht werden, übermitteln wir unsere Wünsche indirekt oder telepathisch. Unsere Mitmenschen spüren das und wenden sich von uns ab, weil sie intuitiv wissen, daß sie uns nicht helfen können, solange wir noch nicht einmal unser Bedürfnis nach Hilfe akzeptieren!

Paradoxerweise werden wir in Wirklichkeit immer stärker, wenn wir unsere Bedürfnisse anerkennen und offen um Hilfe bitten. Es ist unser männliches Inneres, das unser weibliches Inneres unterstützt. Unseren Mitmenschen fällt es dann leicht, uns etwas zu geben, und wir fühlen uns immer mehr als ein ›Ganzes‹.

## Wie man seiner Energie folgt

Ich habe festgestellt, daß mich meine Energie immer zu Beziehungen mit Menschen führt, von denen ich am meisten lernen kann, vorausgesetzt ich bin bereit, meiner Energie zu vertrauen und ihr zu folgen. Je stärker die Anziehung eines Menschen auf mich ist, um so stärker spiegelt er mich wider. So führt mich die Energie immer zur intensivsten Lernerfahrung.

Anfangs kann es beängstigend sein, wenn man versucht, so zu leben. Wir haben immer Angst davor gehabt, unseren eigenen Gefühlen zu vertrauen, vor allem im Bereich Partnerschaft und Sexualität. Weil diese Energie so intensiv, wechselhaft und unberechenbar ist, fürchten wir, daß das totale Chaos ausbricht. Wir haben Angst, verletzt zu werden oder jemand anderem weh zu tun. Wir haben kein Vertrauen darauf, daß das Universum weiß, was es tut, oder wir glauben nicht daran, daß wir in der Lage sind, unserer inneren Führung richtig zu folgen. Dafür besteht ein guter Grund. Gerade was Beziehungen angeht, sind wir von so vielen alten Klischees behaftet, daß es oft schwer ist, die wahre Stimme zu vernehmen.

Ich bezweifle, daß man die Angst davor, unserer Energie zu vertrauen, leicht auflösen kann. Entweder wir vermeiden dieses Thema, oder wir setzen uns damit auseinander, indem wir bereit sind, uns, so gut wir es eben können, von unserer Energie führen zu lassen, aus unseren ›Fehlern‹ zu lernen und uns während dieses Prozesses von unseren Ängsten zu befreien und unseren Kanal zu reinigen.

Bis jetzt haben es die meisten von uns vermieden, sich mit ihren Ängsten auseinanderzusetzen, indem sie all ihre Beziehungen in eine strenge Rollenstruktur gezwängt haben. Jede Beziehung wird einer bestimmten Kategorie zugeordnet. Und mit jeder dieser Kategorien ist eine ganze Liste von Verhaltensnormen verbunden. Dieser Mensch ist mein Freund, deshalb verhalte ich mich entsprechend. Dies ist mein Ehemann, deshalb erwarte ich bestimmte Dinge von ihm. Dies ist meine Familie, deshalb gehen wir entsprechend miteinander um. Wenn man nach diesem Schema verfährt, bleibt nur wenig Raum, den wahren Kern jeder Beziehung zu finden.

Manche Menschen lehnen sich gegen diese Verhaltensnormen auf. Sie schaffen sich absichtlich Beziehungen, die gegen gesellschaftliche Normen verstoßen – wie Beziehungen zu mehreren Menschen gleichzeitig, homosexuelle und bisexuelle Beziehungen. Wenn Rebellion die Motivation für eine Beziehung ist, ist diese vorwiegend eine Gegenreaktion auf die Norm. Aus diesem Grund muß eine solche Partnerschaft nicht unbedingt auf einem echten Gefühl und einer Einstimmung auf den inneren Energiefluß beruhen.

So wie jeder Mensch einzigartig ist und keinem anderen entspricht, ist auch jede Verbindung zwischen Menschen einmalig. Keine Beziehung gleicht einer anderen. Darüber hinaus ist der Kosmos in ständiger Veränderung begriffen. Menschen verändern sich, und genauso verhält es sich auch mit Beziehungen.

Wenn wir also versuchen, unsere Beziehungen in ein bestimmtes Muster zu pressen, zerstören wir sie. Wir verschwenden dann viel Zeit und Energie für den sinnlosen Versuch, sie wieder lebendig zu machen.

Wir müssen bereit sein, daß sich die Wahrheit einer Beziehung von selbst enthüllt. Wenn wir im Einklang mit uns selbst leben, uns gegenseitig vertrauen und ehrlich und aufrichtig zueinander sind, wird die Beziehung ihre eigene Einzigartigkeit und Faszination entfalten. Jede Beziehung ist ein Abenteuer. Man weiß niemals genau, wohin sie führen wird. Von Minute zu Minute, von Tag zu Tag und von Jahr zu Jahr verändert sie ihren Charakter. Manchmal bringt sie zwei Menschen einander näher, dann wieder mehr auseinander.

Doch wenn man Beziehungen so lebt, kann man sich einer Sache sicher sein: Man gelangt durch die Beziehung auf immer tiefere Ebenen seiner selbst. Das Vertrauen in das Universum wird immer stärker, was sich wiederum darin spiegelt, daß man zu einer viel tieferen Intimität und Nähe zu anderen Menschen fähig ist.

## Verpflichtung und Intimität

Ich werde oft gefragt, wie das Konzept der Verpflichtung, die man mit einer festen Bindung eingeht, zu der Idee paßt, daß man auch in Beziehungen seiner Energie vertrauen und ihr folgen sollte.

Weil wir uns auf äußere Dinge konzentriert haben, haben die meisten von uns versucht, sich in einer äußeren Beziehung zu binden. In Wirklichkeit verpflichten wir uns aber bestimmten Verhaltensregeln – »Ich bin damit einverstanden, mich so zu verhalten, damit wir uns unserer Beziehung sicher sein können.« Gewöhnlich werden diese Regeln nicht ausgesprochen, sondern aufgrund einer stillen Übereinkunft befolgt. Die Menschen erklären, daß sie sich in einer festen Bindung verpflichtet hätten, stellen aber selten klar, wozu sie sich nun genau verpflichtet haben und wozu nicht.

Im allgemeinen gehört die sexuelle Treue zu dieser stillen Abmachung. Doch auch dieser Begriff ist sehr vage, weil niemand genau definiert, was ›Sex machen‹ eigentlich bedeutet. Beinhaltet diese Übereinkunft, daß man einem anderen gegenüber keine sexuelle Anziehung empfindet! Wie kann man ein Abkommen treffen, etwas nicht zu fühlen? Gefühle entziehen sich der bewußten Kontrolle.

Das eigentliche Problem dieser äußeren Verpflichtungen besteht darin, daß sie keinen Raum für die unvermeidbaren

Veränderungen und das Wachstum der Partner und der Beziehung lassen. Wenn du versprichst, bestimmte Normen einzuhalten, mußt du dich irgendwann entscheiden, ob du dir selbst oder den Regeln treu sein willst. Wenn du dir selbst gegenüber nicht mehr ehrlich bist, bleibt in der Beziehung nicht mehr viel von dir übrig. Du wirst zu einer leeren Hülle – hinter deinem lobenswerten Pflichtgefühl steckst nicht mehr du selbst!

Weil diese Art des Sich-Verpflichtens jede Veränderung der Beziehung zu verhindern versucht, ist sie nie von langer Dauer. Tatsache ist, daß sich eine Beziehung verändert, und keine einzige Verpflichtung ist eine Garantie dafür, daß sie es nicht tut. Keine äußere Form kann uns die Sicherheit geben, nach der wir suchen. Du kannst fünfzig Jahre lang verheiratet sein, und im einundfünfzigsten Jahr entscheidet sich dein Ehepartner, dich zu verlassen!

Wenn wir dies erst einmal erkannt haben, ersparen wir uns viel Leid. Menschen, die sich scheiden lassen, haben fast immer das Gefühl, versagt zu haben, weil sie davon ausgehen, daß jede Ehe ewig dauert. In den meisten Fällen jedoch war die Ehe ein absoluter Erfolg – sie hat beide Partner an den Punkt ihrer Entwicklung gebracht, an dem sie die alte Beziehungsform nicht mehr brauchten.

Was uns in vielen Fällen so viel Schmerz bereitet, ist, daß wir nicht wissen, wie wir der Veränderung unserer Beziehung entsprechen können, ohne deren Liebe und Verbundenheit zu mißachten. Wenn man mit einem anderen Menschen tief verbunden ist, dann dauert diese Verbindung für immer. Dennoch nimmt die Intensität der Energie in der Beziehung in dem Maße zu oder ab, in dem man zu gegebener Zeit darin lernen kann. Wenn man aus dem Zusammenleben mit einem Menschen sehr viel gelernt hat, wird die Energie zwischen den Partnern schließlich schwächer. Sie nimmt bis zu dem Punkt ab, wo man die Interaktion auf einer Persönlichkeitsebene nicht mehr so stark oder gar nicht mehr braucht. Doch die Verbindung der beiden Seelen bleibt weiterhin erhalten. Manchmal erneuert sich die Energie zu einem späteren Zeitpunkt und manifestiert sich auf einer anderen Ebene.

Da wir dies noch nicht verstanden haben, fühlen wir uns schuldig, enttäuscht oder verletzt, wenn sich unsere Beziehungen verändern. Wir wissen nicht, wie wir unsere Gefühle positiv miteinander teilen sollen. Daher folgen wir oft unseren Gefühlen, indem wir uns von dem anderen Menschen trennen. Dies verursacht viel Schmerz, weil man sich in Wirklichkeit von seinen eigenen Gefühlen abschneidet. Ich habe festgestellt, daß sich Beziehungen relativ schmerzlos und sogar positiv verändern können, wenn wir aufrichtig zueinander sind und uns in diesem Prozeß vertrauen.

Die meisten Menschen glauben, daß Opfer und Kompromisse für die Erhaltung einer Beziehung notwendig sind. Dies entspringt einem Mißverständnis der wahren Natur des Kosmos. Wir fürchten, daß nicht genug Liebe für uns da ist und die Wahrheit immer weh tut. Tatsächlich aber ist das Universum immer voller Liebe, und die Wahrheit ist immer positiv, wenn wir sie erkennen können. Unsere begrenzte Wahrnehmung und unsere Ängste sind schuld daran, daß sie uns negativ erscheint.

Wenn ich aufrichtig bin, ehrlich erkenne, was ich will, und meine Gefühle offen zum Ausdruck bringe, stellt sich immer heraus, daß die in einer Situation verborgene Wahrheit auf alle Beteiligten zutrifft. Zunächst mag es den Anschein haben, als wollten beide Parteien etwas anderes. Wenn wir fortfahren, die Wahrheit zu sagen, so wie wir sie fühlen, dann kristallisiert sich früher oder später heraus, was für uns beide das Richtige ist.

Ein Ehepaar zum Beispiel suchte mich auf, weil es große Probleme im gemeinsamen Arbeitsbereich hatte. Die beiden hatten ein gemeinsames Geschäft, das sehr erfolgreich war. Die Frau aber wollte das Geschäft aufgeben und etwas anderes machen. Er hingegen liebte seine Arbeit und wollte das Geschäft weiterführen, aber nicht ohne seine Frau. Sie lagen ständig im Streit darüber, ob sie das Geschäft verkaufen (ihr Wunsch) oder es weiterführen und erweitern (sein Wunsch) sollten.

Als sie begannen, sich auf einer tieferen Ebene zu unterhalten, kamen ihre Ängste zu Tage. Die Frau wollte sich gerne auf andere Weise kreativ entfalten, hatte aber Angst, daß sie ohne die Hilfe ihres Mannes nicht erfolgreich sein würde. Sie befürchtete auch, daß sie nicht mehr so viel Geld verdienen würde und ihr Mann darüber verärgert wäre, wenn sie zum Familieneinkommen weniger beitragen würde als bisher. Die Angst des Mannes bestand darin, daß er glaubte, das Geschäft ohne seine Frau nicht erfolgreich weiterführen zu können. Er war sehr von ihrer Kreativität abhängig und vertraute nicht auf seine eigene Intuition. Er fürchtete auch, daß sein Arbeitsleben trocken und eintönig werden würde, wenn die Wärme und der Humor seiner Frau darin fehlten.

Als beide ihre Gefühle voll und ganz zum Ausdruck gebracht hatten, konnten sie erkennen, daß sie beide an einem Wendepunkt in ihrem Leben standen und jeder eine neue Ebene der Unabhängigkeit und Kreativität für sich entdekken wollte. Sie waren bereit, sich aus ihrer gegenseitigen Abhängigkeit zu befreien und mehr Selbstvertrauen zu entwikkeln. Die Frau zog sich allmählich aus dem Geschäft zurück und schlug eine ganz andere berufliche Laufbahn ein, die ihr schließlich viel Freude machte. Der Mann führte das Geschäft alleine weiter und schlug auch hier neue und interessante Richtungen ein. Ihre Beziehung profitierte von der größeren Unabhängigkeit und dem stärkeren Selbstvertrauen, das sie beide entwickelt hatten.

Was mich betrifft, so besteht die einzige Verpflichtung, die ich mir selbst gegenüber eingehe, darin, mein eigenes Sein zu lieben, zu achten und ihm zu gehorchen. In einer Beziehung verpflichte ich mich zu Wahrheit und Aufrichtigkeit. Jedem, den ich liebe, verspreche ich, mein Bestes zu tun, die Wahrheit zu sagen, meine Gefühle mitzuteilen, die Verantwortung für mich selbst zu übernehmen, die Verbundenheit mit dem anderen zu achten und sie zu erhalten, gleich, wie sich ihre äußere Ausdrucksform verändert.

Eine echte Verpflichtung enthält keine Garantie für die äußere Form der Beziehung. Sie trägt der Tatsache Rechnung, daß sich die Form in einer ständigen Veränderung befindet und daß wir diesem Veränderungsprozeß vertrauen können. Sie öffnet die Tür zu wahrem Verbundensein, das dann entsteht, wenn zwei Menschen aufrichtig zueinander sind. Wenn zwei Menschen auf dieser Basis zusammen sind, dann sind sie es, weil sie es wirklich wollen. Sie fahren fort, die Intensität ihrer Liebe zu steigern und aneinander zu lernen, während sie sich verändern und wachsen.

## Monogame und polygame Beziehungen

Viele Menschen finden meine Ansichten über Beziehungen anfangs ziemlich radikal, und vielleicht sind sie das auch. Jedoch stelle ich im weiteren Verlauf der Unterhaltung oftmals fest, daß sie bestimmte Dinge, die ich gesagt habe, mißverstanden haben. Beispielsweise glauben manche Menschen, daß ich gegen ›monogame‹ Beziehungen bin und für Beziehungen zu mehreren Partnern eintrete. Das ist absolut nicht der Fall. Wofür ich eintrete, ist die Wahrheit – die Aufrichtigkeit seinen Gefühlen und Reaktionen gegenüber, die Aufrichtigkeit zu sich selbst.

Einige meiner Bekannten haben eine feste monogame Beziehung. Sie haben eine starke sexuelle Liebesbeziehung und verspüren kein Bedürfnis nach anderen Partnern. Andere wiederum haben mehrere Verhältnisse, und es fällt ihnen nicht schwer, mehr als eine sexuelle Beziehung zu unterhalten. Die meisten Menschen stehen diesem Problem mit gemischten Gefühlen gegenüber und befinden sich in einem inneren Konflikt. Sie haben den Wunsch nach Tiefe, Nähe und Sicherheit mit einem Partner und fühlen sich schuldig, wenn sie sich sexuell zu einem anderen Menschen hingezogen fühlen. Ebenso ist es für sie eine Bedrohung, wenn sich ihr Partner zu anderen hingezogen fühlt. Andererseits aber fühlen sie sich eingeschränkt und wünschen sich manchmal die Freiheit, Erfahrungen mit anderen Partnern zu machen. Diejenigen wiederum, die mehrere Beziehungen gleichzeitig haben, sehnen sich nach einem Menschen, mit dem sie ausschließlich zusammen sind.

Diese Gefühle sind ein wichtiger Teil unserer menschlichen Wesensart. Wir müssen sie zumindest uns selbst eingestehen und – wenn möglich – auch unseren Partnern mitteilen. Der Konflikt löst sich automatisch, wenn wir uns selbst akzeptieren und uns vertrauen. Denn in Wirklichkeit liegt das Problem nicht in der äußeren Form einer Beziehung, sondern dieses Problem löst sich ohne große Anstrengung auf, wenn wir lernen, unserer inneren Wahrheit zu vertrauen und nach ihr zu leben. Jeder Mensch schafft sich genau die Beziehungen, die richtig für ihn und für alle Beteiligten sind.

## Verliebtheit

Wenn wir einem Menschen begegnen, der ein besonders starker Spiegel für uns ist, fühlen wir eine sehr starke Anziehung (oder wir erleben dieses Gefühl anfangs als Ablehnung oder Abneigung. Auf jeden Fall ist es ein sehr intensives Gefühl). Wenn der Betreffende das passende Geschlecht hat und bestimmte Eigenschaften besitzt, erleben wir dieses Gefühl als sexuelle Anziehung. Wenn die Energie besonders stark ist, dann ›verlieben‹ wir uns.

Sich zu verlieben ist tatsächlich ein ausgesprochen starkes Erlebnis. Man spürt, wie die kosmische Energie durch den Körper fließt. Der andere Mensch ist zu einem Kanal für uns geworden, zu einem Katalysator, der einen dazu bringt, sich für die Liebe, Schönheit und Leidenschaft in unserem Innern zu öffnen. Unser eigener Kanal öffnet sich weit, die kosmische Energie durchströmt uns, und wir erleben einen beglückenden Augenblick der ›Erleuchtung‹, ähnlich dem Erlebnis, das manche Menschen nach einer langen Meditation haben.

Verliebtsein ist das erhebendste und leidenschaftlichste Erlebnis auf der Welt, und natürlich würden wir es am liebsten für immer festhalten. Leider erkennen wir nicht, daß wir in Wahrheit das Universum in uns selbst erfahren. Wir sehen, daß der andere dieses Erlebnis herbeigeführt hat und glauben, er wäre es, der so wundervoll ist! Natürlich nehmen wir in dem Moment, in dem wir uns verlieben, die Schönheit der Seele dieses Menschen wahr. Was wir aber nicht erkennen, ist, daß sie ein Spiegel für unsere eigene Seele ist. Wir wissen nur, daß wir dieses großartige Gefühl erleben, wenn wir mit dem anderen zusammen sind. Also übertragen wir unsere Kraft sofort auf den anderen und verlagern die Quelle unseres Glücks nach außen.

Der andere wird augenblicklich zu einem Objekt – zu etwas, das wir besitzen und festhalten wollen. Die Beziehung wird zu einer Abhängigkeit: Wie bei einer Droge wollen wir immer mehr von dem, was uns ›high‹ macht. Das Problem dabei ist, daß wir von der äußeren Form unserer Beziehung zu dem anderen abhängig werden, und nicht erkennen, daß es uns eigentlich um die Energie geht. Wir konzentrieren uns auf die Persönlichkeit und den Körper des anderen und versuchen, uns daran festzuklammern. Sobald wir das tun, wird die Energie blockiert. Indem wir an unserem Kanal festhalten, strangulieren wir ihn und sperren genau die Energie aus, die wir suchen.

Wahre Leidenschaft bringt uns zusammen, aber unsere Bedürftigkeit gewinnt bald die Oberhand. Die Beziehung stirbt fast schon mit ihrem Aufblühen. Dann geraten wir erst recht in Panik und versuchen, noch fester zu halten. Das ursprüngliche Gefühl der Verliebtheit war so stark, daß wir manchmal Jahre darauf verwenden, es wiederherstellen zu wollen. Aber je mehr wir es versuchen, um so weniger gelingt uns das. Erst wenn wir aufgeben und loslassen, beginnt die Energie wieder zu fließen und wir können das Gefühl wiedererleben.

Das ist die Tragik des Verliebtseins in der alten Welt. Seit Jahrtausenden versuchen wir, mit diesem Dilemma fertig zu werden. Wie viele unserer Lieblingslieder, Geschichten und Dramen reflektieren unsere äußere Abhängigkeit von Beziehungen und den Schmerz und die Frustration, die daraus entstehen.

In der neuen Welt machen wir eine einfache und wunderbare Entdeckung, die uns von unserem Leiden heilt: Wahre Verliebtheit lebt im Licht.

## Eine Liebesaffäre

Ich bin der Meinung, daß Lebendigsein eine Liebesaffäre mit dem Universum ist. Ich stelle mir auch vor, daß es eine Liebesbeziehung zwischen dem Männlichen und dem Weiblichen in uns ist, zwischen unserem physischen Sein und unserer Seele.

Wenn ich meinen Kanal öffne, durchströmt mich immer mehr kosmische Energie. Ich fühle eine Intensivierung meiner Leidenschaft. Verliebt zu sein ist ein Zustand der Unabhängigkeit von irgendeinem Menschen. Dennoch üben bestimmte Menschen eine Anziehung auf mich aus und scheinen meine Erfahrung der Lebenskraft in mir noch zu intensivieren und zu vertiefen. Ich weiß, daß diese Menschen ein Spiegel für mich sind und auch, daß sie die spezielle Energie in meinem Leben kanalisieren können.

Ich gehe eine Beziehung mit diesen Menschen ein, weil ich diese Intensivierung, die ich mit ihnen erlebe, erfahren möchte. Ich fühle, wie die kosmische Energie durch mich auf sie überfließt. Dies kann auf die verschiedensten Arten des Austausches geschehen – durch ein Gespräch, durch Berührung, durch den Geschlechtsakt. Die Energie führt mich und durch sie weiß ich, was notwendig und angebracht ist. Der Austausch ist für beide Menschen gleichermaßen befriedigend und erfüllend, weil das Universum jedem von uns gibt, was er braucht. Es kann eine kurze, einmalige Erfahrung, ein Blick oder eine kurze Unterhaltung mit einem Fremden sein. Oder es ist eine tiefe und dauerhafte Beziehung, die über Jahre hinweg besteht. Das Universum, das mich ständig durchströmt, manifestiert sich durch viele verschiedene Kanäle.

Dies ist die Schilderung eines idealen Zustands. Auch ich lebe im Augenblick nicht voll und ganz nach diesem Idealbild. Oft bin ich in meinen Ängsten und Abhängigkeiten gefangen, und doch erlebe ich diesen Zustand immer häufiger. Und wenn es so ist, dann ist es ein ganz wundervolles Erlebnis!

## Übung

1. Stell dir vor, du hättest ein Rendezvous. Tu so, als ob du mit dem liebevollsten und aufregendsten Partner ausgehen würdest, den du dir vorstellen kannst. Nimm ein luxuriöses Bad, ziehe deine besten Kleider an, kaufe dir einen Blumenstrauß, geh in ein hübsches Restaurant, mach einen Spaziergang im Mondschein, tu alles, was dir gefällt. Sage dir den ganzen Abend über, wie wunderbar du bist, wie sehr du dich liebst, einfach alles, was du gerne von deinem Geliebten hören möchtest. Stell dir vor, das Universum ist dein Geliebter und gibt dir alles, was du willst.

2. Wenn du dich das nächste Mal verliebst oder dich sexuell zu einem Menschen hingezogen fühlst, dann denke daran, daß es der Kosmos ist, den du fühlst. Was auch immer du tust, erinnere dich daran, daß es alles Teil deiner Liebesaffäre mit dem Leben ist.

16

# Unsere Kinder

Als Kanal für die kosmische Energie zu leben, läßt sich auf die Elternschaft ebenso anwenden, wie auf jeden anderen Lebensbereich. Obwohl ich selbst noch keine Kinder habe, hatte ich einige Jahre lang sehr viel mit Freunden zu tun, die diese Lebensprinzipien in bezug auf ihre Kinder verwirklichen. Sicherlich ist es nicht leicht, unsere alten Vorstellungen von Erziehung zu wandeln, aber die Ergebnisse, die man erzielt, sind phantastisch: Die Kinder strahlen Klarheit und Licht aus, die Eltern sind erfüllt und zufrieden und zwischen Eltern und Kindern herrscht Tiefe und Nähe, gegenseitiges Geben und Nehmen.

Unsere herkömmliche Vorstellung von Elternschaft beinhaltet gewöhnlich, daß man sich für das Wohlergehen seiner Kinder absolut verantwortlich fühlt und versucht, dem Klischee von einem ›guten Vater‹ oder einer ›guten Mutter‹ zu entsprechen. Wenn du lernst, dir selbst zu vertrauen und spontan zu sein, wirst du feststellen, daß du gegen die meisten Regeln für die elterlichen Pflichten verstößt. Aber die Energie und Lebendigkeit, die du ausstrahlst, dein wachsendes Gefühl der Zufriedenheit in deinem Leben und dein Vertrauen in dich und das Universum, werden deinen Kindern viel mehr helfen als alles andere.

In gewisser Weise mußt du deine Kinder gar nicht ›aufziehen‹! Das Universum ist der wahre Vater und die wahre Mutter deiner Kinder. Du selbst bist nur ein Kanal. Je mehr du dazu in der Lage bist, deiner Energie zu folgen, und das tust, was das Beste für dich ist, desto mehr kann das Universum durch dich auf deine ganze Umwelt wirken. Wenn du wächst und gedeihst, werden auch deine Kinder wachsen und gedeihen.

Ein neugeborenes Kind ist ein starkes und intuitives Wesen. Als Neuankömmling in der physischen Welt verbringt es die ersten Lebensjahre damit, in einem Körper leben zu lernen. Ihre physische Form ist jünger und unerfahrener als die unsere, aber ihr höherer Geist ist genauso weit entwickelt wie bei uns. Tatsächlich glaube ich, daß unsere Kinder spirituell oft weiter entwickelt sind als wir, damit wir von ihnen lernen können.

Unsere Kinder kommen als klare Wesen auf diese Welt. Sie wissen, wer sie sind, und was sie hier zu tun haben. Ich glaube, daß auf einer bestimmten Bewußtseinsebene eine Übereinkunft zwischen Eltern und Kind getroffen wird. Die Eltern haben sich damit einverstanden erklärt, ihrem Kind bei der Entwicklung seines physischen Seins (Körper, Intellekt, Persönlichkeit) behilflich zu sein und es zu lehren, wie man in der physischen Welt lebt. Das Kind hat zugestimmt, den Eltern dabei zu helfen, mehr mit ihrem intuitiven Selbst in Kontakt zu kommen. Weil Kinder ihre bewußte Verbindung mit dem Göttlichen noch nicht verloren haben, sind sie eine beachtliche Hilfe für uns, um wieder mit unserem eigenen göttlichen Bewußtsein in Berührung zu kommen.

Grundsätzlich brauchen Kinder zwei Dinge von uns:

1. Wir müssen sie als das erkennen, was sie wirklich sind. Wenn wir uns darüber bewußt werden, daß sie starke und spirituell hoch entwickelte Wesen sind, und ihnen von Anfang an in diesem Bewußtsein gegenübertreten, brauchen sie nicht ihre Kraft vor uns zu verbergen und den Kontakt mit ihrem höheren Selbst verlieren, wie die meisten von uns. Sie werden die Unterstützung und Anerkennung bekommen, die sie brauchen, um klar und stark zu bleiben.

2. Sie brauchen uns als Vorbild, wie man in der physischen Welt auf positive und konstruktive Weise lebt. Wenn

wir dies selbst tun, können sie diese Lebensweise an uns beobachten und sie nachahmen. Da sie eine sehr gute Wahrnehmungsfähigkeit besitzen und pragmatisch veranlagt sind, ahmen sie das nach, was wir wirklich tun, und nicht das, was wir sagen.

Wenn wir für diese zwei Dinge Verantwortung übernehmen, erhalten wir von unseren Kindern als Gegenleistung eine Unmenge Lebensenergie. Wenn wir unsere Kinder nicht schon in früher Kindheit durch mangelnde Zuwendung in ihrer Verwirklichung hemmen, dann sind sie klare und kraftvolle Kanäle für die kosmische Energie. Weil sie noch kein rationales Bewertungsschema ausgebildet haben, sind sie beinahe vollkommen intuitiv, spontan und aufrichtig. Indem wir sie beobachten, können wir eine Menge darüber lernen, wie man seiner Energie folgt und kreativ lebt.

Die meisten Eltern sind ihrer Verantwortung in dieser Hinsicht noch nicht so erfolgreich nachgekommen, wie sie es gerne möchten. Im allgemeinen sind sie in bezug auf ihre Rolle und ihre Verantwortung verwirrt. Sie hatten keine klare Orientierung oder Richtlinien, an die sie sich halten können. Bis vor kurzem gab es in der Menschheitsgeschichte kaum jemanden, der sich intensiv mit dem Thema ›Elternschaft‹ beschäftigt hätte. Auch heute noch gibt es nur wenige Quellen, die einem dabei helfen können, zu lernen, wie man ›Vater‹ oder ›Mutter‹ wird. Die meisten Menschen werden völlig unvorbereitet in ihre Elternrolle gestellt und erfüllen sie aufs Geratewohl. Deshalb wurden viele Fehler gemacht.

Ich habe viele Eltern kennengelernt, die jetzt, wo sie bewußter geworden sind, ein enormes Schuldgefühl und sehr viel Traurigkeit empfinden, wenn sie darauf zurückblicken, wie sie ihre Kinder erzogen haben. Für sie kann es sehr hilfreich sein, sich daran zu erinnern, daß Kinder starke spirituelle Wesen sind, die für ihr Leben selbst verantwortlich sind – sie haben sich ihre Eltern selbst ausgewählt, um Dinge zu lernen, die sie in diesem Leben lösen müssen.

Darüber hinaus ist es eine große Hilfe zu wissen, daß man auch seine Kinder sehr positiv beeinflußt, wenn man sich selbst transformiert. Die Kinder verändern sich in dem Maße, wie man sich selbst verändert, auch wenn sie schon erwachsen sind und weit entfernt wohnen. Alle Beziehungen sind telepathisch, deshalb spielt die physische Entfernung keine Rolle. Die Kinder spiegeln immer ihre Eltern wider.

Da wir uns noch nicht ausreichend auf unser eigenes Selbst einstimmen können, tun wir uns schwer, den höheren Geist in unseren Kindern zu erkennen und ihm zu vertrauen. Wir lebten bisher stets in dem Glauben, sie seien weniger bewußt und verantwortlich, als sie es in Wirklichkeit sind, weil sie körperlich und intellektuell noch wenig entwikkelt sind.

An vielen Menschen habe ich beobachtet, daß sie ihre Kinder als hilflos und nicht vertrauenswürdig betrachten und sich als Eltern verpflichtet fühlen, sie zu kontrollieren und sie zu verantwortungsbewußten Menschen zu erziehen. Natürlich färbt diese Einstellung auf die Kinder ab und spiegelt sich in ihrem Verhalten. Wenn man seine Kinder aber als stark, spirituell reif und verantwortlich ansieht, werden sie entsprechend darauf reagieren.

## Kinder sind unser Spiegel

Weil kleine Kinder noch relativ ›unverdorben‹ sind, dienen sie uns als absolut ehrlicher Spiegel. Als intuitive Wesen sind sie auf eine Gefühlsebene eingestimmt und reagieren auf die Energie unverfälscht und gerade so, wie sie sie empfinden. Sie haben noch nicht gelernt, etwas zu verbergen oder zu verdrängen. Wenn die Erwachsenen nicht so sprechen oder sich verhalten, wie sie sich wirklich fühlen, spüren die Kinder die Diskrepanz sofort und reagieren dementsprechend darauf. Ihre Reaktionen zu beobachten, kann uns helfen, uns unserer eigenen unterdrückten Gefühle bewußter zu werden.

Wenn du beispielsweise ruhig und gelassen wirken möchtest, dich innerlich aber aufgebracht und ärgerlich fühlst, spiegeln dich deine Kinder wider, indem sie wild und aggressiv werden. Du versuchst, dich unter Kontrolle zu haben, sie aber spüren die chaotische Energie in deinem Innern und reflektieren sie durch ihr Verhalten. Erstaunlicherweise beruhigen sie sich, wenn du direkt, und ohne etwas verbergen zu wollen, zum Ausdruck bringst, was du ehrlich fühlst. (»Ich bin wirklich aufgebracht und frustriert, weil ich einen schrecklichen Tag hinter mir habe. Ich bin mit der ganzen Welt, mit mir und mit dir böse. Ich möchte, daß du still bist, damit ich ein wenig Ruhe und Frieden habe, um mit meinen Gefühlen ins reine zu kommen. Bitte laß mich für ein paar Minuten alleine.«) Die Übereinstimmung zwischen deinen Worten und deinen Gefühlen wird ihnen guttun. Sie werden es als angenehm empfinden, daß du die Wahrheit sagst.

Viele Eltern glauben, sie müßten ihre Kinder vor ihrer Konfusion oder den eigenen sogenannten ›negativen‹ Gefühlen schützen. Sie sind der Ansicht, daß man ein ›guter Vater‹ oder eine ›gute Mutter‹ ist, wenn man eine bestimmte Rolle einhält – immer geduldig, liebevoll, weise und stark ist. Tatsächlich aber brauchen Kinder Aufrichtigkeit – sie brauchen ein menschliches Vorbild, das alle menschlichen Gefühle und Stimmungen ehrlich zum Ausdruck bringt und durchlebt. Dies gibt ihnen die Chance, selbst wahrhaft zu sein, wie sie sind.

Seinen Kindern die eigenen Gefühle mitzuteilen, bedeutet nun aber nicht, deinen Ärger an ihnen auszulassen oder ihnen die Schuld für deine Probleme zu geben. Es heißt auch nicht, daß du von ihnen erwarten kannst, daß sie deinen Therapeuten spielen und dir bei deinen Problemen helfen. Je mehr du danach lebst, deine Gefühle offen und ehrlich zu zeigen, um so weniger wahrscheinlich ist es, daß du diesen Fehler machst. Dennoch sind wir alle nur Menschen und werden ab und zu unseren Ärger oder unsere Frustration an unseren Kindern ablassen. Wenn du feststellst, daß du diesen Fehler begangen hast, sage deinen Kindern, du hättest erkannt, daß du dich an ihnen ausgetobt hast, und daß es dir leid tut. Dann laß ganz einfach los, denn es ist alles nur Teil des Lernprozesses, in Beziehungen mehr Nähe zu entwickeln.

Kinder sind auch dadurch ein Spiegel für uns, daß sie uns schon von frühester Kindheit an nachahmen. Wir sind das Vorbild für ihr Verhalten. So formen sie sich nach uns. Daher können wir sie beobachten, um zu erkennen, was wir selbst tun!

Wenn dein Kind irgend etwas tut, das dir mißfällt, dann sage ihm, was du dabei fühlst, und setze dich direkt mit ihm auseinander. Frage dich trotzdem auch selbst, in welcher Weise dich das Verhalten deines Kindes spiegelt oder inwiefern du es in deinem eigenen Wachstumsprozeß darin unterstützt hast.

Wenn deine Kinder beispielsweise ein Geheimnis vor dir haben, frage dich, ob du in deinen Gefühlen ihnen gegenüber wirklich aufrichtig gewesen bist. Verbirgst du etwas vor jemandem oder vor dir selbst? Vertraust du dir irgendwo selbst nicht und hast aus diesem Grund kein Vertrauen zu deinen Kindern? Wenn deine Kinder rebellisch sind, betrachte einmal deinen inneren Tyrann und Rebell. Wenn dein innerer Tyrann sehr viel Kontrolle über dein Leben ausübt, agieren deine Kinder möglicherweise die unterdrückte rebellische Seite von dir aus. Die andere Möglichkeit ist, daß du deinen Rebellen sehr stark nach außen lebst und dich deine Kinder in deinem eigenen rebellischen Verhalten nachahmen.

Betrachte sehr genau, wie diese Probleme deinen inneren Entwicklungsprozeß reflektieren. Wenn du aus deinen Erfahrungen lernst und wächst, werden auch deine Kinder lernen und wachsen. Äußerlich können viele dieser Probleme gelöst werden, wenn man seine Gefühle aufrichtig mitteilt und lernt, zu sich selbst zu stehen, und seine Kinder ermutigt, es auch zu tun. Vielleicht kann dir ein Familientherapeut behilflich sein, das eingefahrene Rollenspiel deiner ganzen Familie zu verändern.

Ich habe die Feststellung gemacht, daß für viele Menschen die Elternschaft eine bequeme Entschuldigung dafür ist, sich selbst nicht entwickeln zu müssen. Häufig verwenden die Eltern die meiste Zeit auf ihre Kinder. Sie konzentrieren sich darauf sicherzustellen, daß ihre Kinder lernen und in der richtigen Weise aufwachsen. Indem sie die Verantwortung für das Leben ihrer Kinder übernehmen, geben sie die Verantwortung für ihr eigenes Leben auf. Dies hat die schlimme Konsequenz, daß sich die Kinder unbewußt für ihre Eltern verantwortlich fühlen (weil sich die Eltern für sie opfern). Möglicherweise imitieren die Kinder dieses Verhalten und die Verantwortung für andere Menschen oder sie rebellieren gegen den Druck, den Erwartungen ihrer Eltern entsprechen zu müssen. Sie machen dann genau das Gegenteil von dem, was ihre Eltern wollen.

Diese Eltern müssen ihre Verantwortung wieder auf sich selbst richten, wo sie hingehört. Kinder lernen immer durch unser Beispiel. Sie neigen dazu, das zu tun, was du tust, und nicht das, was du ihnen sagst, daß sie tun sollen. Je mehr du lernst, dir selbst Gutes zu tun und ein glückliches erfülltes Leben zu führen, um so mehr werden auch deine Kinder dies lernen.

Dies soll nun nicht heißen, daß du deine Kinder vernachlässigen oder ignorieren sollst. Es bedeutet auch nicht, daß du sie einfach gewähren läßt. Du hast eine tiefe Beziehung zu ihnen. Wie bei jeder anderen Beziehung bedarf es auch hier einer Menge Zuwendung und Kommunikation. Es ist sowohl für die Eltern als auch für die Kinder wichtig, ihre Gefühle und Bedürfnisse klar zum Ausdruck zu bringen und ganz klare Grenzen abzustecken. Darüber hinaus tragen die Eltern eine gewisse Verantwortung, finanziell und physisch für ihre Kinder zu sorgen. In diesem Prozeß haben sie wiederum das Recht, die Mitverantwortung und Kooperation ihrer Kinder zu verlangen.

Der Schlüssel in der Eltern-Kind-Beziehung ist die Einstellung. Wenn du deine Kinder als starke, verantwortliche und ganzheitliche Wesen betrachtest und sie als spirituell ebenbürtig behandelst (während du anerkennst, daß ihr physisches Sein noch weniger entwickelt ist), werden sie deine Haltung widerspiegeln.

Geh davon aus, daß die Kinder von Geburt an wissen, wer sie sind und was sie wollen. Setze voraus, daß ihre Gefühle und Meinungen sehr wertvoll und berechtigt sind. Achte auf ihre Gefühle und vertraue den Signalen, die du erhältst, und deiner Intuition. So wirst du schon bevor sie sprechen können Antworten von ihnen bekommen. Du kannst dein Baby beispielsweise fragen, ob es zu einer Verabredung außer Haus mitgenommen werden möchte, oder ob es lieber mit einem Babysitter zu Hause bleiben will. Vertraue deinem Gefühl über seine Entscheidung und handle danach. Achte dann auf die Signale, die es dir gibt. Wenn du es mitgenommen hast und es schreit die ganze Zeit, dann versuche das nächste Mal, es zu Hause bei einem Babysitter zu lassen.

Wenn deine Kinder älter werden, beziehe sie in die Familienangelegenheiten mit ein. Laß sie mitentscheiden und übertrage ihnen Verantwortung. Gestehe ihnen zu, über ihr Leben so weit wie möglich selbst zu bestimmen. Das bedingt, daß sie auch die Folgen ihrer Entscheidung tragen müssen. Gib ihnen deine Liebe und biete ihnen deine Unterstützung an. Steh ihnen mit deinem Rat zur Seite, aber mache ihnen dabei immer klar, daß die Verantwortung für ihr Leben bei ihnen selbst liegt. Vergewissere dich, daß du deine eigenen Grenzen klar definiert hast – was für dich richtig ist und was nicht. Wenn Kinder ihre eigenen Entscheidungen treffen, heißt das nicht, daß sie dich ausnutzen. Vor allem aber versuche, ihnen deine Gefühle aufrichtig mitzuteilen, und bitte sie, dir die ihren zu zeigen. Fast alle familiären Probleme entstehen aus einem Mangel an Kommunikation. Sicherlich können deine Kinder nicht herausfinden, wie man sich richtig mitteilt und verständigt, wenn du es selbst nicht weißt.

Für viele Eltern scheint es sehr schwierig, aufzuhören, das Leben ihrer Kinder zu leben, und anzufangen, ihr eigenes Leben zu leben. Um das zu erreichen, müssen die Eltern bereit sein, ihre Abhängigkeit von ihren Kindern zuzugeben. Sie müssen sich eingestehen, wieviel Angst sie davor haben, ihre Kinder freizugeben. Diese Angst wird oft getarnt und nun umgekehrt auf die Kinder projiziert – die Eltern reden sich ein, daß ihre Kinder von ihnen abhängig seien und daß es für sie nicht gut wäre, wenn die Eltern begännen, sich auf die Erfüllung ihrer eigenen Bedürfnisse zu konzentrieren.

Ich habe festgestellt, daß diese These falsch ist. In Wirklichkeit geht es darum, daß sich die Eltern von ihren Kindern abhängig fühlen, worüber sie sich gewöhnlich nicht einmal bewußt sind! Kinder sind so lebendig und aufregend, daß die Eltern insgeheim befürchten, ohne ihre Kinder ein langweiliges und eintöniges Leben führen zu müssen. Oder sie haben vielleicht Angst, sich mit sich selbst auseinandersetzen zu müssen. Wenn sie diese Gefühle erst einmal erkannt und akzeptiert haben, können sie anfangen, sich mit der Leere in ihrem Innern und in ihrem Leben zu beschäftigen. Sie beginnen, ihre eigenen Wünsche zu erkennen und herauszufinden, wie sie diese verwirklichen können. Sie fangen an, ihrem Gefühl aus dem ›Bauch‹ zu vertrauen und nach ihm zu handeln.

An diesem Punkt blühen die Kinder regelrecht auf. Sie sind von der unbewußten Last befreit, für ihre Eltern sorgen zu wollen. Sie haben die Freiheit bekommen, ihr Leben lebenswert zu machen! So fangen auch die Kinder an, das zu tun, was für sie richtig ist. Sie können nun zu dem Kanal für die kosmische Energie werden, der sie in Wahrheit sind.

Ein mit mir befreundetes Ehepaar hat eine vierjährige Tochter. Schon vor ihrer Geburt waren sich die Eltern darüber bewußt, daß sie ein wundervolles starkes Geschöpf ist. Sie hatten das Gefühl, mit diesem Wesen bereits in Kommunikation zu stehen. Ich erlebte die Hausgeburt dieses Kindes mit – ein wundervolles Erlebnis! Ein paar Minuten, nachdem sie geboren war, hielt ich sie in meinen Armen und sie blickte mir gerade und fest in die Augen (ich hatte zuvor gehört, Kinder könnten so früh noch gar nicht mit den Augen fixieren). Es war ganz offensichtlich für mich, daß sie sich völlig bewußt war, was geschieht.

Das Mädchen wurde in der eben beschriebenen Weise erzogen. Sie erhielt immer den ihr gebührenden Respekt und wurde als hoch entwickelte bewußte Seele behandelt. Als Folge davon hat sie sich zu einem ganz bemerkenswerten Kind entwickelt. Wo immer sie ist, stellen die Menschen fest, welche starke Präsenz sie besitzt. Man kann sehr leicht erkennen, daß sie ein offener Kanal für den Kosmos ist.

## Meditation

Mache es dir bequem, entspanne dich und schließe deine Augen. Atme ein paarmal tief ein und aus und lenke dein Bewußtsein auf einen ruhigen Ort tief in deinem Innern.

Stell dir nun dein Kind vor. Schau ihm in die Augen und fühle sein starkes Wesen. Nimm dir eine Weile Zeit für diese Erfahrung. Sei offen für alle Gefühle, Ideen oder Eindrücke über das, was dein Kind wirklich ist. Teile ihm in deinen eigenen Worten deine Achtung und Anerkennung mit. Stell dir vor, daß dein Kind dir seine Achtung und Anerkennung übermittelt.

Wenn du mehrere Kinder hast, mache diese Meditation mit jedem einzelnen von ihnen. Sie öffnet die Liebe und die Kommunikation zwischen dir und deinen Kindern, gleich ob sie noch klein oder schon erwachsen sind.

## Übung

Übe dich darin, deinen Kindern gegenüber die Wahrheit zu sagen und deine Gefühle offen zu zeigen, auch wenn du dich dabei verletzbar fühlst oder es dir unangenehm ist, nicht alles unter Kontrolle zu haben. Frage deine Kinder, welches Gefühl sie bestimmten Dingen gegenüber haben. Versuche, wirklich zu hören, was sie zu sagen haben. Wenn du versucht bist, ihnen einen Rat zu erteilen, frage sie zuerst, ob sie ihn hören wollen. Wenn sie deinen Rat nicht hören wollen, teile ihnen statt dessen deine Gefühle mit.

17

# Sexualität und Leidenschaft

Sexualität ist Leidenschaft und Lebendigkeit. Sie ist die Lebenskraft, die kreative Kraft des Universums. Der Schlüssel zu einem Leben voller Leidenschaft liegt darin, seiner inneren Energie zu vertrauen und ihr zu folgen. Je mehr Selbstvertrauen wir haben und je spontaner wir mit unserer Energie fließen, um so freier und ausgiebiger kann uns die Lebenskraft durchströmen. Wenn wir keine Angst davor haben, all unsere Gefühle zuzulassen und zum Ausdruck zu bringen, werden wir lebendig. Wir empfinden viel tiefer und alles, was wir tun, bekommt einen Hauch von Ekstase und Orgasmus.

Wenn wir der kosmischen Energie in unserem Innern vertrauen und nach ihr leben, führt sie uns in jeder beliebigen Situation zur richtigen Handlungsweise. Sie führt uns dazu, zu sprechen oder zu schweigen, sich zu bewegen und zu tanzen oder still zu sein, zu singen, zu schreien, zu weinen oder zu meditieren. Im Umgang mit anderen Menschen bringt sie uns dazu, uns zu unterhalten, zärtlich miteinander zu sein, still beieinanderzusitzen oder manchmal auch sich körperlich zu lieben. In all diesen Erfahrungen ist das leidenschaftliche Gefühl der Lebendigkeit enthalten. Das Gefühl der Erfüllung stellt sich ein, wenn wir diese Energie natürlich und so, wie wir sie wirklich fühlen, zum Ausdruck bringen. Es kann also ebenso beglückend und erfüllend sein, eine Blume zu betrachten oder einen kurzen Blick mit jemandem zu wechseln, wie eine sexuelle Begegnung zu erleben, wenn es das ist, was die Energie im Augenblick manifestieren will. Unser Leben ist voll von kosmischer Sexualität, auch wenn dies in manchen Erlebnissen deutlicher spürbar wird als in anderen.

Leider sind die meisten von uns wahre Könner darin geworden, sich von ihrer sexuellen Energie abzuschneiden. Wir haben Angst vor uns selbst und davor, wohin uns die sexuelle Energie führt. Wir wissen instinktiv, daß unsere sexuelle Energie die Kraft besitzt, zu erschaffen und zu transformieren, und daß vor dieser Energie nichts sicher und beständig ist. Unser Ego hat Angst vor dieser Energie. Deshalb lernen wir, unsere sexuelle Energie zu unterdrücken, anstatt unseren natürlichen Instinkten zu vertrauen. Unsere Familien, unsere Mitmenschen, die Gesellschaft und die religiösen Organisationen helfen uns nur bei dem Versuch, das Natürliche zu unterdrücken, zu kontrollieren und abzuschaffen. Unsere Mitmenschen spiegeln nur unsere eigene Angst wider. Wie ich bereits erwähnt habe, strebt das Ego immer nach dem Bekannten – nach dem, was ihm vertraut ist, nach dem Unveränderlichen. Wir müssen es umerziehen, damit es lernt, daß das Vertrauen in unsere Intuition die Energie freisetzt und Glück und Freude in unser Leben bringt.

Bis zu einem gewissen Maß haben wir begonnen, unserem Körper und unserer Sexualität mehr Aufmerksamkeit zu schenken. Viele von uns sprechen schon viel offener über ihren Körper und ihre sexuellen Gefühle. Dennoch geschieht dies immer noch auf einer sehr oberflächlichen Ebene. Bis jetzt haben wir uns noch nicht von der negativen Einstellung und dem Mißbrauch, der seit Jahrhunderten mit der Sexualität getrieben wird, befreit. Diese negative Prägung ist bis in die kleinste Zelle unseres Körpers gespeichert. Auch wenn wir uns die Schönheit unseres Körpers und den Wert der Sexualität eingestehen, steckt es immer noch in uns, daß unsere sexuelle Energie eine sündige und gefährliche Kraft ist. Wir mißtrauen uns selbst.

Viele Menschen sind immer noch dem Mißverständnis erlegen, daß spirituelle Energie und sexuelle Energie gegensätzlich sind, anstatt zu erkennen, daß es sich um ein und dieselbe Kraft handelt. Sie geraten in einen inneren Zwiespalt: Einerseits versuchen sie, ihre Sexualität zu verleugnen, um spiritueller zu werden, schaffen damit aber andererseits einen enormen inneren Konflikt, der schließlich dazu führt, daß sie genau die Energie blockieren, nach der sie suchen.

Das Universum besteht aus reiner sexueller Energie, die darauf wartet, sich durch uns zu verströmen. Diese unbegrenzte Kraft hat uns erschreckt und wir haben darauf reagiert, indem wir sie unter Kontrolle zu bringen versuchen. Wir haben Regeln für unsere sexuelle Energie aufgestellt, anstatt uns in jedem Augenblick zu vertrauen.

Keiner von uns weiß, was reine losgelöste sexuelle Energie ist, weil wir entweder gegen sie rebellieren oder sie in die Regeln zwängen, die wir uns auferlegt haben. Beide Verhaltensweisen hindern uns daran, die wahre Natur unserer sexuellen Energie zu entdecken. Eine so subtile und vielschichtige Energie wie unsere Sexualität kann man in keinen äußeren Erwartungsrahmen zwängen.

Wenn du deiner sexuellen Energie Grenzen auferlegst, wird sie gestört. Wenn du glaubst, sie sei etwas, das du verbergen, ignorieren oder kontrollieren mußt, lernst du, dich selbst zu unterdrücken oder deine Sexualität nur in bestimmten Situationen zu leben, wo du dich sicher fühlst. Sogar wenn du deine Sexualität lebst, ist sie nicht lebendig, weil du so daran gewöhnt bist, ihren natürlichen Ausdruck zu blockieren. Die Energie findet keinen Weg, sich zu entfalten. Ein klassisches Beispiel dafür ist die Frau, der man immer gesagt hat, sie müsse ihre sexuelle Energie zurückhalten, bis sie verheiratet ist. Wenn sie dann geheiratet hat, soll sie plötzlich eine Energie frei entfalten, die sie jahrelang unterdrückt hat. Fast zwangsläufig muß sie Probleme haben, ihren Energiefluß zuzulassen.

Viele Menschen wollen nicht in ihrer unterdrückten Sexualität steckenbleiben, deshalb rebellieren sie, indem sie ihre Sexualität erzwingen und so oft wie möglich Geschlechtsverkehr haben wollen. Diese erzwungene Sexualität führt aber auch wieder dazu, daß die Energie verlorengeht, weil sie nicht wirklich von innen kommt. Wenn die Sexualität abzusterben beginnt, suchen sie nach immer stärkeren Stimuli, um in Erregung zu kommen und ihr Bedürfnis nach Befriedigung zu stillen. Damit aber verhindern sie die Befriedigung mehr und mehr. Je mehr sie sie erzwingen wollen, um so mehr entzieht sie sich.

Wie ich schon an anderer Stelle erwähnt habe, ignorieren wir unsere natürliche Energie, wenn wir sie in einen äußeren Rahmen zwängen wollen oder wenn wir gegen diesen Rahmen rebellieren. Wenn wir wieder in Kontakt mit unserer Sexualität kommen wollen, müssen wir alle früheren Vorstellungen fallenlassen. Das bedeutet, daß wir alles verändern müssen, was wir bisher getan haben. Wenn wir Ekstase erleben wollen, müssen wir das Risiko auf uns nehmen, uns selbst zu vertrauen, die äußeren Regeln aufzugeben und unseren inneren Rhythmus zu entdecken.

## Vertraue deinem Körper – Entdecke deine sexuelle Energie

Die sexuelle Energie ist bei jedem Menschen individuell verschieden. Wenn wir uns von allen Zwängen und unserer Auflehnung befreit haben, können wir den natürlichen Fluß unserer Sexualität entdecken. Manche Menschen werden das Bedürfnis nach mehr Sex entwickeln, bei anderen wird das sexuelle Verlangen schwächer. Einige wollen einen Geliebten, andere keinen und wieder andere viele Liebhaber.

Ich glaube, daß wir mit unserer Sexualität dorthin gelangen können, wo wir sie in ihrer Unschuldigkeit erkennen. Wir können sie in ihrer Reinheit spüren, als die Kraft des

Universums, die uns durchströmt. Wir können beginnen, unserer sexuellen Energie zu vertrauen und sie frei fließen zu lassen, ohne von Klischees beeinflußt zu werden. Dies verschafft uns die Freiheit, im Augenblick zu leben.

Um diese Unschuld wiederzufinden, müssen wir als erstes erkennen, wo wir uns vorher befanden. Wir müssen uns all unsere früheren Klischeevorstellungen und unsere Verhaltensnormen eingestehen, die uns daran gehindert haben, unsere wahre Sexualität zu erfahren.

Diese Erkenntnis kann darin bestehen, daß man sich auf einer Party zu jemandem hingezogen fühlt und sich selbst dabei beobachtet, wie man sofort versucht, mit diesem Menschen ins Bett zu gehen. Oder man findet heraus, daß man seine sexuellen Gefühle unterdrückt, weil man mit einem anderen Partner zusammen ist. In beiden Fällen hat man seine sexuelle Energie blockiert, einmal weil man zu vorschnell gehandelt hat oder im anderen Fall versucht hat, sein Gefühl zu ignorieren. Daran kann man erkennen, wie man die Kraft vermeidet, die darin liegt, wenn man seine sexuelle Energie ganz einfach fühlt und genießt. Wenn dir als erstes einmal klar wird, wie schwer es dir fällt, dieser Energie standzuhalten, wirst du dich vielleicht überfordert fühlen. Vielleicht hast du aber auch den Wunsch, dein altes Verhaltensmuster zu ändern und mit der Energie auf die richtige Weise umzugehen. Der Versuch, seine Klischeevorstellungen, Zwänge oder seine Rebellion zu verändern, bringt nichts. Ich habe festgestellt, daß es viel hilfreicher ist, sich so zu akzeptieren, wie man ist. Wenn ich bereit bin, mich mit all meinen Zwängen anzunehmen, kann sich mein Körper entspannen, anstatt sich gegen die Veränderung wehren zu müssen und sich noch mehr zu verspannen. Dadurch kann sich der Körper dann verändern, wenn die richtige Zeit für ihn gekommen ist.

Unser Körper hat sehr raffinierte Methoden entwickelt, die Energie, die uns durchströmt, in bestimmte Bahnen zu lenken (oder, genauer gesagt, sie zu kontrollieren). Unsere

Normen und Zwänge waren uns sehr nützlich. Sie haben den Energiefluß auf ein erträgliches Maß reduziert. Häufig nehmen die Menschen Drogen oder essen, um ihren natürlichen Energiefluß zu manipulieren. Auch wenn es den Anschein hat, daß die Energie durch ein Stimulans gesteigert wird, ist es im Gegenteil so, daß man die Kraft des Universums, die einen durchströmt, dadurch blockiert. Dasselbe gilt für Sex. Die Menschen haben verschiedene Sexualpraktiken entwickelt, die entweder das natürliche Bedürfnis übertrieben steigern oder das Lustgefühl unterdrücken. In beiden Fällen behalten wir die Kontrolle und verhindern, daß uns die kosmische Energie durchströmen kann.

Wir werden solche Methoden wie Normen, Negativeinstellungen, Erwartungshaltungen und Klischees so lange beibehalten, um unsere Sexualität zu steuern, bis wir bereit sind, unsere sexuelle Kraft zu erfahren. Wenn wir akzeptieren, warum wir unsere Energie blockieren, ermöglichen wir ihr, sich zu befreien.

Das Wissen, daß ich meinen Gefühlen in jedem Augenblick nachgebe, gibt mir die Freiheit, meine sexuelle Energie zu erforschen, ohne die Erwartung an mich zu stellen, daß ich es ›richtig‹ machen muß. In bezug auf unsere Sexualität werden viele Ängste, Aufregung und Unsicherheit an die Oberfläche kommen, wenn wir beginnen, sie bewußt zu entdecken. Wir müssen all diese Gefühle akzeptieren.

Ein Beispiel mag dies verdeutlichen: Du bist mit einem neuen Partner zusammen. Plötzlich taucht in dir eine Erinnerung an einen ehemaligen Partner auf, die dich sehr traurig macht. An dieser Stelle kannst du dich entscheiden, deine Traurigkeit zuzulassen und sie deinem Partner mitzuteilen. Oder du übergehst dein Gefühl und schläfst mit ihm. Welche Entscheidung du auch triffst, spielt keine Rolle. Wichtig ist, daß du darauf achtest, was du tust und wie du dich fühlst. Werde dir darüber bewußt, welches Gefühl du dabei hast, wenn du deine Traurigkeit zum Ausdruck bringst oder wenn du dein Gefühl übergehst. Dein Körper wird dir in jedem Augenblick sagen, was das Beste für dich ist.

Für mich ist der schönste Lohn dafür, daß ich meiner Energie folge, daß ich mich unsagbar wohl fühle. Dadurch daß ich bei meiner Energie bleibe, bleibe ich in Kontakt mit meinem inneren Universum. Ich bin in zunehmendem Maße bereit, das Risiko, der Energie zu folgen, auf mich zu nehmen, weil ich dadurch soviel Lebendigkeit erfahre.

Die folgende Übung wird dir dabei helfen, deine sexuelle Energie zu erforschen:

Tu einen Tag lang so, als hättest du keinerlei Klischeevorstellung über deine sexuellen Gefühle und darüber, was du mit ihnen anfangen sollst und was nicht.

Bevor du aufstehst, spüre in deinen Körper hinein, ob du dort einen unschuldigen kindhaften Ort findest. Stell dir von diesem Ort der Unschuld vor, wie dein Tag verlaufen könnte. Frage dich, wie deine sexuelle Energie aussieht und wie sie sich anfühlt. Wie sich dein Körper anfühlt. Erkunde alle Bilder oder Gefühle, die in dir auftauchen. Stell dir vor, wie es ist, deiner Energie in jedem Augenblick zu folgen. Stell es dir bildhaft vor und erfahre es so, als wäre es wirklich. Wenn negative Gedanken auftauchen, nimm sie einfach an und laß sie in dem Augenblick einfach vorbeiziehen.

Wenn du dann aufgestanden bist und dich für den Tag bereit machst, erhalte dir dieses Gefühl des ›Neuseins‹. Achte darauf, wie sich dein Körper anfühlt, wie er auf die Menschen reagiert, denen du an diesem Tag begegnest. Bleib dir den ganzen Tag über deiner selbst, deines Körpers und deiner sexuellen Gefühle bewußt. Wenn du einem Menschen gegenüber ein starkes sexuelles Gefühl empfindest, achte darauf, wie du dich fühlst und welche Gedanken du dabei hast (wie zum Beispiel: Ich muß etwas dagegen unternehmen. Ich muß diesen Menschen haben. Sie ist verheiratet. Ich bin verheiratet. Sie entspricht meinen Erwartungen nicht. Er ist viel zu jung...). Versuche, keinen dieser Gedanken festzuhalten. Wenn du kannst, kehre an deinen inneren Ort der Unschuld zurück und bleibe bei dir selbst. Wenn du dich entscheidest, einem deiner Gefühle nachzugeben, sei dir bewußt, daß du von diesem inneren Ort aus handelst und deiner inneren Energie vertraust und ihr folgst.

## Partnerschaft der Energie

Viele Menschen wollen von mir wissen, wie man auch in Beziehungen seiner Energie gemäß leben kann. Wie verhält man sich so, daß man sich selbst treu bleibt, wenn man Lust auf Sex hat und der Partner nicht. Was ist, wenn meine Energie mich dahin führt, mit einem anderen zu schlafen, obwohl ich in einer monogamen Beziehung lebe, oder wenn meiner Energie zu folgen bedeutet, daß ich keine Lust auf Sex habe und mein Partner hat gerade Lust darauf?

Unsere Angst besteht darin, daß das, was wir wollen nicht das ist, was unser Partner oder unsere Freunde wollen. Wir befürchten, daß wir einen anderen Menschen verletzen könnten, wenn wir uns selbst vertrauen. Doch auch hier kannst du dir und deiner sexuellen Energie voll und ganz vertrauen.

Ich glaube nicht, daß uns die kosmische Energie jemals dazu bewegen könnte, uns selbst oder andere zu verletzen. Es mag im Augenblick so scheinen, als sei jemand verletzt, aber wenn wir der Energie wirklich vertrauen und ihr folgen, wird der andere schließlich durch unser Handeln mehr Kraft bekommen.

Wenn du Lust auf Sex hast und dein Partner hat keine (oder umgekehrt), stehe zu deinem Gefühl und bringe es zum Ausdruck. Dein Partner kann dann darauf reagieren und jeder von euch erreicht eine tiefere Kommunikationsebene. Wenn dein Partner keine Lust auf Sex hat, benutze ihn als Spiegel deines eigenen Innern. Frage dich, was in dir vorgeht. Geh in dich, um zu erkennen, welchen Schritt du als nächstes zu tun hast. Das bedeutet, dir selbst zu vertrauen. Es ist möglich, daß du dich mit deinem Partner aussprechen mußt. Vielleicht steht eine unausgesprochene Verletztheit oder Wut zwischen euch. Es kann sein, daß du eine Zeitlang alleine sein mußt und dir das nur noch nicht bewußt geworden ist. Bleibe dabei, deine Gefühle offen zum Ausdruck zu bringen. Dies ermöglicht deiner Energie, sich frei zu entfalten.

Sei offen dafür, eine andere Form der Sexualität als gewöhnlich zu erfahren. Die Energie kann dich dazu führen, daß du mit deinem Partner ganz einfach beisammensitzt oder mit ihm zusammen im Bett liegst, ihr euch gegenseitig in den Armen haltet, euch massiert oder etwas anderes macht, das du normalerweise nicht als Sex bezeichnen würdest, was aber genauso befriedigend sein kann. Sei deinen Gefühlen gegenüber aufrichtig, und du wirst sehen, daß du auf die richtige Weise handeln wirst.

Oft werde ich gefragt, was man tun soll, wenn man in einer monogamen Beziehung lebt und sich zu einem anderen Menschen hingezogen fühlt. Wie bereits in dem Kapitel ›Partnerschaft‹ erwähnt, ist es bestimmt nicht leicht, diese Frage zu beantworten. Gewöhnlich unterdrücken wir unsere Energie, indem wir sie ignorieren, oder wir rebellieren gegen unsere selbst auferlegten Zwänge und finden die ›verbotene Situation‹ dadurch nur noch reizvoller. In keinem der beiden Fälle vertrauen wir unserer Energie. Wenn du dich in einer solchen Lage befindest, ist es nötig, daß du tief in dich hineinschaust, um zu erkennen, was du wirklich fühlst. Versuchst du, in deiner monogamen Beziehung treuer zu sein, als du in Wirklichkeit bist, weil du dich schuldig fühlst oder Angst hast, deinen Partner zu verlieren? Oder versuchst du, Nähe und Intimität mit deinem Partner zu vermeiden, indem du Zerstreuung bei jemandem anderen suchst? In dieser Situation ist größte Aufrichtigkeit notwendig, und alle Beteiligten müssen ihre Gefühle auf einer tieferen Ebene zum Ausdruck bringen.

Obwohl diese Situation wegen ihrer emotionalen Explosivität beängstigend ist, kann sie zu einer Vertiefung deiner Beziehungsfähigkeit führen. Bleib für die Möglichkeit offen, daß sich die Dinge richtig entwickeln werden, wenn du wirklich aufrichtig bist, so daß jeder der Beteiligten das bekommt, was er wirklich will und braucht. Auch in diesem Fall kann sich herausstellen, daß die Anziehung, die du einem anderen gegenüber empfindest, nicht darauf hinausläuft, daß du mit dem anderen ins Bett gehst. Es kann eine ganz andere Form der Beziehung daraus entstehen, die sich als absolut befriedigend erweist.

## Wie man die Leidenschaft in einer Beziehung erhält

Beziehungen werden langweilig und eintönig, wenn die Menschen nicht mehr bereit sind, sich ihre Gefühle mitzuteilen. Solange man noch verliebt ist, spricht man viel mehr miteinander, weil man den anderen noch kennenlernen will und die gegenseitige Abhängigkeit noch nicht entstanden ist. Sobald dies einmal geschehen ist, hören die Menschen auf, ihre wahren Gefühle auszudrücken, weil sie Angst haben, den Partner zu verlieren.

Leidenschaft verschwindet nicht einfach. Sie entzieht sich uns in dem Moment, in dem wir unsere Gefühle nicht mehr offen zulassen und eher bereit sind, uns selbst zu verlieren als den Partner. Um Leidenschaft zu erleben, müssen wir in erster Linie uns selbst gegenüber aufrichtig sein und dann erst gegenüber anderen.

Leidenschaft in einer Beziehung bedeutet wahre Intimität mit dem anderen. Wenn du ein offener Kanal für deine Gefühle wirst, wirst du auch zu einem offenen Kanal für die Leidenschaft und Freude, die dich dann durchströmen kann.

## Meditation

Setze oder lege dich bequem hin. Schließe deine Augen und atme ein paarmal tief ein und aus. Mit jedem Ausatmen entspannt sich dein Körper mehr und mehr. Komme zur Ruhe und atme weiter tief ein und aus. Entspanne nun auch deinen Geist.

Geh mit jedem Atemzug tiefer in dein innerstes Zentrum hinein. Fühle, wie die kosmische Energie in diesem Zentrum pulsiert und deinen Körper durchdringt. Sei dir bewußt, daß es sich um sexuelle Energie handelt, die durch Leidenschaft zum Ausdruck kommt.

Betrachte deine Leidenschaft als die feurige Energie des Universums, die durch dich auf andere wirkt. Stell dir vor, wie du deine Leidenschaft bei deinem Partner (oder deinen Partnern), bei deinen Freunden, bei deiner Arbeit und kreativen Projekten zum Ausdruck bringst. Spüre die Freude, die du dabei empfindest.

Mach dir bewußt, daß die Kraft in dir unschuldig, lebendig, kreativ und ekstatisch ist. Erkenne, daß du dieser Energie vertrauen kannst und daß du sicher sein kannst, daß du dich durch diese Energie verwirklichst.

## Übung

Um alte Klischeevorstellungen, Ängste, Vorurteile oder negative Einstellungen über Sexualität über Bord zu werfen, empfehle ich folgende schriftliche Übung. Durch die Bewußtmachung der inneren Einstellung kann man leichter erkennen, wann man von ihr bestimmt und in seinem Handeln beeinflußt wird. Je mehr du dir deiner selbst bewußt wirst, um so weniger Macht haben deine Klischeevorstellungen über dich!

1. Schreib all deine negativen Vorstellungen, Gedanken und Ängste in bezug auf Sex nieder.

2. Nachdem du dies getan hast, schließe deine Augen und stell dir vor, du übergibst deine Ängste und negativen Vorstellungen dem Universum. Atme ein paarmal tief ein und aus und dann laß alles los.

3. Schreibe jeweils Affirmationen auf, die dir dabei helfen, deine negativen Vorstellungen zu entkräften. Hierzu einige Beispiele:

| Negativc Einstellung | Affirmation |
|---|---|
| Ich finde keinen Liebhaber, der zu mir paßt. | Ich ziehe jetzt die Liebhaber an, die zu mir passen. Oder: Ich ziehe jetzt einen leidenschaftlichen Liebhaber an, der mich glücklich macht. |
| Ich kann Sex nicht genießen. | Ich fühle mich sicher und kann Sex genießen. |
| Ich habe nicht genug Zeit für Sex. Ich bin immer zu müde. | Ich vertraue meinem Gefühl und unterstütze es. Ich zeige meinem Liebhaber meine Gefühle. |
| Ich kann mir nicht vertrauen, wenn ich sexuelles Verlangen empfinde. | Ich vertraue mir jetzt vollkommen. Ich vertraue meinen sexuellen Gefühlen und handle nach ihnen. |
| Ich will zuviel Sex. | Ich vertraue jetzt auf meinen sexuellen Rhythmus. Ich lasse das zu, was ich will, und lebe danach. |

# 18

## Arbeit und Spiel

Arbeit und Spiel sind ein und dasselbe. Wenn du deiner Energie folgst und immer das tust, was du tun willst, verschwindet der Unterschied zwischen Arbeit und Spiel. Arbeit ist nicht länger das, was du tun mußt, und Spiel nicht mehr das, was du tun willst. Wenn du das tust, was du gerne machst, wirst du mehr arbeiten können und produktiver sein als je zuvor, aber du wirst es als Spiel empfinden.

Die Menschen, mit denen ich in Gruppen und Einzelsitzungen arbeite, fragen sich oft, was sie wohl ›sein werden‹, wenn sie ›erwachsen werden‹. Was werden sie tun und was ist ihre wahre Bestimmung? Ich erkläre ihnen, daß jeder Mensch eine wahre Bestimmung auf dieser Welt hat und daß jeder von uns ein Kanal für das Universum ist. Wenn wir dem Licht folgen, wird alles zu einem freudevollen, schöpferischen und verwandelnden Akt. Wir leisten unseren Beitrag zur Welt, indem wir in jedem Augenblick ganz einfach wir selbst sind. Wir unterteilen unser Leben nicht mehr in starre Kategorien – das ist Arbeit, das ist Spiel. Alles verschmilzt miteinander, wenn wir dem Energiefluß des Universums folgen. Auch das Geld fließt herein, weil wir einen offenen Kanal erschaffen. Wir arbeiten nicht mehr, um Geld für unseren Lebensunterhalt zu verdienen. Statt dessen wird die Freude, die aus unserer Selbstverwirklichung entspringt, zu unserem größten Lohn. Geld fließt uns als ein natürlicher Bestandteil unseres Lebendigseins zu. Arbeiten und Geldverdienen stehen nicht mehr in direktem Zusammenhang miteinander. Wir machen die Erfahrung, daß wir genau das tun, wozu wir gerade die Energie verspüren, und das Geld ganz von alleine zu uns kommt. Es ist nicht mehr eine Angelegenheit in der Art »Du leistest dies oder jenes und bekommst entsprechend viel Geld dafür«. Arbeit und Geldverdienen wirken in deinem Leben gleichzeitig zusammen, müssen aber nicht unbedingt in einem Ursache-Wirkungs-Verhältnis zueinander stehen.

In der neuen Welt ist es schwer, sein Lebenswerk und seine wahre Bestimmung in einem einzigen Punkt zu sehen. In unserer bisherigen Vorstellung mußten wir uns, wenn wir erwachsen geworden waren, für eine berufliche Laufbahn entscheiden und dann eine entsprechende Ausbildung absolvieren, um unser Berufsziel zu erreichen. Die meiste Zeit unseres Lebens oder sogar unser ganzes Leben wurde nun dieser Karriere gewidmet.

In der neuen Welt wirken viele von uns als Kanal für verschiedene Dinge, die in den interessantesten Kombinationen manifestiert werden können. Vielleicht hast du bislang deinen beruflichen Weg noch nicht gefunden, weil er noch gar nicht existiert. Deinen besonderen und einzigartigen Selbstausdruck hat es zuvor noch niemals gegeben und wird es auch nie wieder geben. Wenn du dich so lebst, daß du deiner Lebensenergie folgst, wird sie dich in viele Richtungen führen. Du wirst anfangen, dich auf die verschiedensten Arten zu verwirklichen, und all die verschiedenen Arten deiner Verwirklichung werden sich in einer völlig neuen, interessanten und kreativen Kombination zusammenfügen. Du wirst nicht mehr von dir sagen können: »Ich bin Schriftsteller, Feuerwehrmann, Lehrer oder Hausfrau.« Vielleicht bist du eine Kombination aus all diesen Berufen. Du wirst das tun, was du gerne machst, was dir Spaß macht, was dir leicht fällt und eine Herausforderung für dich ist. Es wird einen Hauch von Abenteuer haben. Was auch immer du tust, es wird dich befriedigen und erfüllen. Es geht dir nicht mehr darum, etwas für eine spätere Beförderung zu tun:

»Ich werde hart arbeiten, damit ich später eine bessere Position erreiche. Ich werde hart arbeiten, damit ich mein Leben genießen kann, wenn ich in Rente bin. Ich werde hart arbeiten, damit ich genug Geld habe, mir einen schönen Urlaub leisten zu können.« Was zählt, ist die Erfüllung, die dir deine Arbeit in diesem Augenblick bringt. Wenn du ein Kanal für die kosmische Energie bist, ist alles, was du tust, dein Beitrag zur Schöpfung. Deshalb ist auch die einfachste Sache von Bedeutung.

Wir werden durch die Energie des Universums transformiert, die uns durchströmt, und nicht durch bestimmte Dinge, die wir tun. Wenn ich ein Buch schreibe, in dem ein bestimmtes Quantum Weisheit steckt, dann ist es die Energie, die den Menschen berührt. Es ist die kosmische Energie, die durch mich hindurchfließt und die tieferen Bewußtseinsebenen des Lesers anspricht. Die Worte und Ideen sind nur die Oberfläche des Buches. Sie verschaffen unserem Intellekt die Möglichkeit, zu begreifen, was sich bereits verändert hat. Es ist nicht so wichtig, daß ich ein Buch geschrieben habe. Viel bedeutender ist, daß ich mich selbst zum Ausdruck gebracht und mich geöffnet habe, so daß die kreative Energie durch mich wirken konnte. Diese kreative Energie durchdringt nun andere Menschen und Dinge auf dieser Welt. Ich hatte das Vergnügen, daß diese Energie durch mich strömte, und andere haben das Vergnügen, diese Energie aufnehmen zu können. Das ist das Erlebnis der Transformation.

Ob du nun gerade Geschirr spülst, einen Spaziergang machst oder ein Haus baust, wenn du es in dem Gefühl machst, genau am richtigen Platz zu sein und genau das zu tun, was du willst, wird die Fülle und Freude dieser Erfahrung von jedem in deiner Umgebung wahrgenommen werden. Wenn du dabei bist, ein Haus zu bauen und dir ein vorbeigehender Spaziergänger zusieht, wird er die Fülle deines Erlebens in sich aufnehmen. Sein Leben wird in dem Maße davon transformiert, wie er die Wirkung der Energie in sich zulassen kann. Obwohl der Passant gar nicht weiß, woher er den plötzlichen Energieschub bekommen hat, wird er ein ganz anderes Lebensgefühl haben. Genauso verhält es sich, wenn du ganz einfach du selbst bist. Wenn du in einen Raum kommst und vollkommen eins mit dir selbst bist und dir bewußt, wer du bist und daß du ein Kanal für die kosmische Energie bist, wird jeder, der in dem Raum anwesend ist, transformiert werden. Auch wenn dies keiner der Anwesenden erkennt oder sich dessen bewußt ist, kannst du das Ergebnis spüren, das die Wirkung deines Kanals erzielt hat. Die Veränderung, die sich in den Menschen vollzieht, liefert dir einen sichtbaren Beweis dafür. Dies ist ein unglaublich aufregendes und befriedigendes Erlebnis.

Daran kannst du erkennen, daß es nicht länger darum geht, sich auf eine bestimmte Sache zu konzentrieren, wenn auch die Möglichkeit besteht, daß dich deine Energie veranlaßt, sie auf einen bestimmten Bereich zu lenken und dort zu manifestieren. Du kannst dich entschließen, bestimmte Fähigkeiten zu erwerben, die du nutzen wirst, um deine Energie so zu manifestieren, wie sie es möchte. Wenn du dich dazu entschieden hast, wirst du leicht und ganz von selbst dorthin gelangen. Dein Lernprozeß wird dir genausoviel Freude machen wie die Arbeit selbst. Mit anderen Worten, es ist nicht mehr notwendig, im Augenblick ein Opfer zu bringen, damit du in Zukunft etwas erreichst, was du gerne haben möchtest. Der Lernprozeß wird dir Spaß machen und du wirst viel Freude dabei erleben. Du wirst ihn jeweils als genau das erleben, was du gerade tun willst. Ob du etwas übst, bestimmte Fähigkeiten erwirbst oder zur Schule gehst – alles kann Freude machen und Erfüllung bringen, wenn man der Führung seiner Intuition folgt.

Umgekehrt wird auch deine Arbeit zu einer Lernerfahrung. Ich zum Beispiel leite Workshops nicht, weil ich Lehrerin bin, die über Informationen verfügt, die sie an ihre Schüler weitergibt, sondern weil ich mich so am liebsten verwirkliche und ›mitteile‹. Durch meine Workshops vertieft sich wiederum mein eigener Lernprozeß. Auch hier besteht, wie bei Arbeit und Spiel, kein Unterschied zwischen Lernen und Lehren. Alles verschmilzt zu einer einzigen, ganzheitlichen und harmonischen Erfahrung.

Die meisten Menschen fühlen zumindest tief in ihrem Innern, was ihnen am meisten Spaß machen würde. Dieses Gefühl ist jedoch häufig so unterdrückt, daß es nur in wilden Phantasien zum Ausdruck kommt, die sich niemals realisieren lassen. Ich ermutige die Menschen immer dazu, sich näher auf diese Phantasien einzulassen. Beobachte und erkunde in deinen Phantasiebildern genau, wie du gerne sein und was du gerne tun möchtest. In dieser Wunschvorstellung steckt viel Wahres. Sogar wenn deine Vorstellung dir unmöglich erscheint, liegt zumindest ein Funken Wahrheit darin verborgen. Dein Wunschbild sagt etwas darüber aus, wer du wirklich bist und wie du dich gerne verwirklichen möchtest.

Deine Phantasien können dir zeigen, wie du dich in Wirklichkeit zum Ausdruck bringen willst. Ich habe schon viele Male feststellen müssen, daß die Menschen zwar eine sehr klare Vorstellung davon haben, was sie eigentlich gerne machen würden, doch sie schlagen eine berufliche Laufbahn ein, die ihrem Wunsch völlig widerspricht. Manchmal machen sie genau das Gegenteil von ihrer Wunschvorstellung, weil sie meinen, daß dies praktisch sei oder sie von ihren Eltern oder der Welt dafür Anerkennung finden. Sie glauben, daß es unmöglich ist, das zu tun, was man wirklich will. Deshalb ist es ihnen eigentlich gleichgültig, welchen Beruf sie ausüben. Ich rate dazu, das Risiko einzugehen, die Dinge zu erforschen, die einem wirklich Spaß machen. Die folgenden Beispiele sollen dies verdeutlichen. Es handelt sich um Menschen, mit denen ich gearbeitet habe, und wie sie ihre wahre Bestimmung fanden.

1. Eine sehr talentierte Frau arbeitete viele Jahre lang mit Kranken und Sterbenden. Obwohl sie eine großartige Krankenschwester und Heilerin war, wurde ihr klar, daß sie sich

kreativer verwirklichen mußte. Durch meine Ermutigung begann sie, nur noch einige Tage als Krankenschwester zu arbeiten. Dafür fing sie an, Workshops zu veranstalten und Menschen in Beratungsgesprächen zu helfen. Diese berufliche Veränderung macht ihr sehr viel Freude. Auch ihre Mitmenschen spüren, wie erfüllt sie seitdem ist.

2. Joseph arbeitete nach alter Familientradition mit seinem Vater und seinen Brüdern in der eigenen Firma. Er handelte erfolgreich mit Immobilien und verstand sich sehr gut darauf, Verträge abzuschließen. Sein Problem bestand darin, daß er noch etwas anderes mit seinem Leben anfangen wollte. Die anderen Workshopteilnehmer ermutigten ihn dazu, seine Wünsche auszusprechen. Dabei stellte sich heraus, daß Joseph am liebsten Tänzer werden wollte, seine Familie dies aber nicht billigen würde. Der erste Schritt für ihn war, sich selbst seinen Wunsch einzugestehen. Schließlich brachte er den Mut auf, Tanzunterricht zu nehmen. Er hatte sehr viel Talent, so daß der Tanzlehrer gleich auf ihn aufmerksam wurde. Joseph entwickelte seine künstlerische Begabung weiter. Als er selbst zu seinem Wunsch stehen konnte, stellte sich heraus, daß ihn auch seine Familie darin unterstützte.

3. Eine gute Freundin von mir hat drei Kinder, keine Ausbildung und lebte zum damaligen Zeitpunkt von der Fürsorge. Sie wünschte sich, ins Geschäftsleben einzusteigen. Sie fühlte intuitiv, daß sie mit großen Geldsummen umgehen könnte, doch in Anbetracht ihrer Situation schien ihr diese Vorstellung absurd. Dennoch entschloß sie sich dazu, sich in San Francisco in der Finanzbranche nach Möglichkeiten umzutun. Sie fand sofort eine Stelle als Empfangsdame in einer Firma und gleichzeitig den perfekten Babysitter für ihre drei Kinder. Schon bald wurde sie zur Verwaltungsassistentin befördert und arbeitete sich in immer verantwortungsvollere Positionen hoch. Sie nähert sich stetig ihrem Ziel, Börsenmaklerin zu werden. Sie liebt ihre Arbeit, und auch ihre Kinder fühlen sich sehr wohl dabei.

4. Eine Workshopteilnehmerin erzählte, daß sie eine begabte Pianistin war und darauf gehofft hatte, eine Karriere als Konzertpianistin einzuschlagen. Aus verschiedenen Gründen, vor allem aus mangelndem Selbstvertrauen, hatte sie ihren Traum begraben. Sie fing an, in einem Büro zu arbeiten. Ihre Arbeit und ihre Kinder ließen ihr kaum noch Zeit, sich der Musik zu widmen. Nach fünfzehn Jahren glaubte sie, es sei ganz einfach zu spät, noch einmal mit dem Klavierspielen anzufangen. Die Zeit, die sie verloren hatte, schien ihr jede Hoffnung zu nehmen, eine große Pianistin zu werden. Trotz ihrer Zweifel ermutigten wir sie dazu, wenigstens wieder Klavier zu spielen. Ich versicherte ihr, daß es ihr ganz leicht fallen würde, wieder ins Klavierspielen hineinzukommen, wenn es ihr echter Wunsch war. Als sie diesen Gedanken zulassen konnte, öffnete sie sich für sich selbst. Ihre Hoffnungslosigkeit verschwand und statt dessen fühlte sie eine ganz neue Kraft in sich. Sie rief mich nach dem Workshop an, um mir zu erzählen, sie habe Klavier gespielt und sich großartig dabei gefühlt. Ein Freund hatte sie darum gebeten, einen Chor zu begleiten, und es eröffneten sich ganz neue musikalische Möglichkeiten für sie.

## Meditation

Setze oder lege dich bequem hin. Schließe deine Augen und entspanne dich. Atme ein paarmal tief ein und aus und entspanne Körper und Geist immer mehr. Laß alle Spannungen in deinem Körper los. Wenn du willst, stelle dir vor, daß dein Körper fast im Boden, Bett oder Stuhl versinkt.

Aus dieser tiefen Entspannung heraus stell dir nun vor, daß du in deinem Leben genau das machst, was du willst. Du machst eine großartige Karriere, die dir Freude und Erfüllung schenkt. Du tust genau das, was du dir in deiner Phantasie immer ausgemalt hast, und du verdienst eine Menge Geld dabei.

Du fühlst dich entspannt, energiegeladen, kreativ und stark. Du hast Erfolg bei deiner Arbeit, weil du genau das machst, was dir gefällt.

Du läßt dich in jedem Augenblick von deiner inneren Stimme leiten und wirst reich dafür belohnt.

## Übung

1. Folge jedem Impuls, den du in bezug auf deine echten beruflichen Wünsche verspürst. Gehe dem Impuls nach, auch wenn er dir völlig unrealistisch erscheint. Wenn du beispielsweise fünfundsechzig Jahre alt bist und schon immer Ballett-tänzer werden wolltest, nimm Ballettunterricht oder gehe als Zuschauer in eine Ballettstunde. Sieh dir Ballett an und stell dir vor, du seist ein Tänzer. Wenn du alleine bei dir zu Hause bist, stelle Musik an und tanze. Dies wird dich mit dem Teil in dir in Verbindung bringen, der sich auf diese Weise verwirklichen möchte. Es ist möglich, daß du schließlich besser tanzt, als du je erwartet hättest. Du findest dadurch möglicherweise eine andere Ausdrucksmöglichkeit für dein Bedürfnis, die dich zufrieden macht.

2. Schreib alle Phantasievorstellungen auf, die du in bezug auf Arbeit, Karriere und Kreativität hast. Neben jeden Begriff schreibst du nun, welche Unternehmung du planst, um diesem Wunsch nachzugehen.

3. Beschreibe eine ›ideale Szene‹: Wie sieht dein Traumberuf aus? Schreibe in der Gegenwartsform, so als wäre dein Traum bereits wahr. Beschreibe alles sehr genau und detailliert, um einen ganz realistischen Eindruck zu erwecken. Leg deine Beschreibung dann zur Seite und lies sie in ein paar Monaten oder in ein oder zwei Jahren wieder einmal durch. Wenn sich dein Phantasiebild zwischenzeitlich nicht völlig verändert hat, wirst du feststellen, daß du in bezug auf die Verwirklichung deines Traums schon beachtliche Fortschritte gemacht hast.

# 19

# Geld

Geld ist ein Symbol für unsere kreative Energie. Wir haben ein System erfunden, bei dem wir Papierscheine und Metallstücke verwenden, die eine bestimmte Maßeinheit der kreativen Energie darstellen. Du verdienst Geld, indem du deine Energie benutzt. Dann setzt du dieses Geld im Austausch wieder für die Energie um, die ich in dieses Buch gesteckt habe oder in einen Workshop oder ähnliches. Da die kreative Energie des Universums in jedem von uns in unbegrenzten Mengen vorhanden ist, steht uns potentiell auch Geld unbegrenzt zur Verfügung. Je mehr wir bereit und in der Lage sind, uns dem Universum zu öffnen, desto mehr Geld werden wir bekommen. Geldmangel spiegelt nur die Energieblockaden in unserem Innern wider.

## Geld in der alten Welt

Die alte Welt steht auf der Grundlage unserer Verliebtheit in die äußere, physische Welt. Wir suchen unsere Befriedigung in Äußerlichkeiten. Da wir dem Irrtum verfallen sind, daß unser Überleben davon abhinge, materielle Besitztümer anzuhäufen, glauben wir, daß unser Sinn im materiellen Wohlstand liege.

In der alten Welt erlangt man finanzielle Sicherheit und Reichtum, indem man lernt, wie man sich in der Welt behauptet und wie man mit den äußeren Gegebenheiten am besten zurecht kommt (›das alte Männliche‹). Der Aufbau eines finanziell gesicherten Lebens ist jedoch mit Angst und Kampf verbunden, weil unsere Handlungen nicht auf der Führung des Universums beruhen (der ›inneren Frau‹). Wir müssen einen hohen Preis für unser Geld zahlen. Du kannst zwar Geld verdienen, spürst aber, daß du von ihm bestimmt wirst. Du glaubst, das Geld selbst sei wichtig: »Wenn ich genug Geld habe, kann ich dies oder jenes tun, und dann werde ich glücklich sein.« Oder: »Wenn ich genug Geld habe, werde ich mit mir zufrieden sein, und dann bin ich glücklich.« Oder: »Wenn ich viel Geld habe, werden mich andere Menschen mögen, und das wird mich glücklich machen.« Von diesem Standpunkt aus ist Geld eine wichtige Sache. Aber solange wir es so beurteilen, ist Geld immer ein Problem.

Wenn du zuwenig Geld hast, kämpfst du immer darum, mehr Geld zu verdienen. Du lebst ständig in der Angst, daß du nicht genug Geld hast. Innerlich spürst du die quälende Pein, nicht genug Geld zu haben, um deine Bedürfnisse zu befriedigen. Hast du andererseits aber viel Geld, hast du Angst, du könntest es wieder verlieren. Du kannst nie genug Geld haben, um so sicher zu sein, daß du keine Angst mehr zu haben brauchst.

Menschen, die wenig Geld besitzen, erkennen nur selten, daß auch Menschen mit viel Geld in Angst leben. Sie sind grundsätzlich unsicher, weil sie nie wissen, ob sie ihr Geld nicht wieder verlieren. Es könnten Umstände eintreten, die sie nicht unter Kontrolle haben – sie könnten eine falsche Investition tätigen, oder ihr Geld könnte gestohlen werden. Wenn Sicherheit darauf beruht, Geld zu besitzen, ist es gleichgültig, ob man viel oder wenig Geld besitzt. In beiden Fällen lebt man in Angst.

Wenn wir nicht erkennen, daß Geld ein Symbol für die unendliche kosmische Energie ist, und glauben, es gäbe nur einen begrenzten Vorrat davon auf dieser Welt, bleiben uns nur zwei Möglichkeiten: Entweder entscheiden wir uns, viel

Geld zu verdienen, und haben Gewissensbisse. Oder wir treffen die Entscheidung, arm zu bleiben, und sind auf die neidisch, die mehr Geld haben. Wenn du dich entscheidest, Geld zu besitzen, wirst du in dem Wissen leben, daß andere weniger haben als du. Du befürchtest, daß dein ›Mehr‹ an Geld schuld ist, daß andere weniger haben. Vielleicht versuchst du, dein Schuldgefühl zu verdrängen, dein schlechtes Gewissen zu beruhigen, indem du denen hilfst, die nicht so vermögend sind.

Andererseits kannst du dich aber auch entschließen, diese Schuld nicht auf dich laden zu wollen, und sagst dir: »Ich will nicht mehr als meinen Anteil. Geld interessiert mich nicht. Deshalb werde ich mich auf ein Minimum beschränken. Ich will sichergehen, daß ich niemandem etwas wegnehme.« Diese Einstellung führt dazu, daß du schließlich das Gefühl hast, du seist um etwas betrogen worden. Du siehst all die schönen Dinge in der Welt, die du gerne haben und genießen würdest, aber du kannst sie dir nicht leisten. Du siehst andere, die mehr als das Lebensnotwendige besitzen, und du fühlst Unmut gegen sie. In diesem Rahmen, in dem wir in der alten Welt mit Geld umgehen, haben wir nur zwei Wahlmöglichkeiten: wir fühlen uns schuldig oder wir werden mißmutig und neidisch.

Der Umgang mit Geld in der alten Welt verlangt, daß wir aus unserem Ego heraus handeln, anstatt das Universum für uns handeln zu lassen. Wir leben in dem Glauben, daß wir hart arbeiten müssen, um das zu bekommen, was wir wollen. Unsere Arbeitsmoral lautet: »Arbeite hart. Opfere dich auf und kämpfe!« Viele von uns sind so stark von dieser Konditionierung geprägt, daß sie sich gar keinen finanziellen oder beruflichen Erfolg mehr zugestehen, ohne hart zu arbeiten, zu kämpfen und sich aufzuopfern. Wenn du erfolgreich Geld verdienst, zahlst du einen emotionellen und oft auch körperlichen Preis dafür. Häufig erlegen sich die Menschen soviel Streß auf, daß sie krank werden oder sterben. Sie kämpfen und opfern sich gefühlsmäßig auf, und am

Schluß fühlen sie sich leer und betrogen, auch wenn sie äußerlichen Erfolg erreicht haben.

Eine andere Reaktion ist, sich weigern, Geld zu verdienen. »Schau nur, wohin das führt: Kampf, Aufopferung, Schmerz, Selbstaufgabe. Deshalb will ich nichts mit Geld zu tun haben. Ich komme mit dem absoluten Minimum an Geld aus, das ich für meinen Lebensunterhalt brauche.« Oft wählen sensible oder spirituelle Menschen diesen Weg, damit sie sich auf ›sinnvollere‹ Dinge konzentrieren können. Das Problem dabei ist, daß man sich tatsächlich selbst darum bringt, mit einer der schönsten und aufregendsten Sachen im Leben umzugehen. Wenn du Geld ablehnst, lehnst du auch einen großen Teil der kosmischen Energie ab. Du verleugnest damit einen festen Bestandteil unseres irdischen Lebens. Menschen, die diesen Weg bevorzugen, wissen im allgemeinen nicht, wie man mit Geld umgeht, und weigern sich, etwas darüber zu lernen.

## Geld in der neuen Welt

Die neue Welt gründet sich auf das Vertrauen in das Universum in unserem Innern. Wir erkennen, daß die schöpferische Intelligenz und Energie des Kosmos die Quelle und der Ursprung aller Dinge ist. Wenn wir mit dieser Quelle wieder in Berührung kommen und uns der Führung des Kosmos überlassen, gehört uns ›die ganze Welt‹. Unsere Leere wird mit unserem inneren Reichtum gefüllt.

Wir erkennen, daß Geld ein Spiegelbild für die Energie ist, die durch uns kanalisiert wird. Je mehr wir lernen, aus dem Vertrauen in unsere Intuition heraus zu leben und zu agieren, um so stärker wird unser Kanal für die kosmische Energie und um so mehr Geld werden wir haben. Das Geld, das wir in unserem Leben verdienen, resultiert aus unserer Fähigkeit, auf unsere innere Stimme zu hören und zu wagen, dieser Stimme zu folgen. Wenn dein Ego aufhört, Kontrolle über dein Leben auszuüben, und du lernst, der kosmischen Führung zu folgen, wird immer mehr Geld in dein Leben fließen. Da kein Opfer damit verbunden ist, fließt es dir leicht und mühelos zu. Du bist nicht mehr vom Geld abhängig und hältst nicht mehr daran fest. Statt dessen machst du die wundervolle Erfahrung, welche Freude es bereitet, wenn man lernt, der kosmischen Energie zu folgen. Geld ist dabei nur ein zusätzlicher Bonus, der dir in diesem Prozeß geschenkt wird.

Du weißt, daß das Geld in Wirklichkeit nicht dir gehört – es gehört dem Universum. Du bist nur ein Treuhänder, der dieses Geld verwalten darf. Du benutzt es nur so, wie du vom Universum durch deine Intuition angewiesen wirst. Du brauchst keine Angst zu haben, dein Geld zu verlieren, weil du in dem Bewußtsein lebst, daß immer für dich gesorgt ist. Geld kommt und geht, aber du verlierst deshalb nicht deine Lebensfreude und Erfülltheit. Wenn du dir dessen ganz sicher bist, wirst du zu immer mehr Geld kommen, so daß du fortwährend dazu angehalten wirst, dein Vertrauen auf intensiveren Ebenen und durch einen höheren Einsatz zu vertiefen. Wenn wir Kanäle für die kosmische Energie geworden sind, werden viele von uns schließlich dazu aufgefordert sein, aus ihrer völligen Hingabe und Verantwortung gegenüber der göttlichen Kraft mit großen Geldsummen umzugehen. Dies ist eine Möglichkeit, wie man die Kraft des Universums dafür einsetzen kann, die Welt wirkungsvoll zu transformieren.

## Aktiv und rezeptiv

In dem Prozeß, Geld zu kanalisieren, gibt es, wie bei jedem kreativen Prozeß, aktive und rezeptive Aspekte. Der maskuline oder aktive Weg des Geldverdienens besteht darin, nach außen zu gehen und zu handeln. Du siehst etwas, das du haben willst, und beschaffst es dir. Der femine oder rezeptive Weg, Geld zu verdienen, besteht darin, das anzuziehen, was man will.

Wir müssen beide Aspekte beherrschen. Wir müssen in der Lage sein, die nach außen drängende Energie umzusetzen, die ein bestimmtes Ziel verfolgt. Wir müssen das Risiko eingehen, ohne Angst nach ihr zu handeln. Wir müssen uns aber auch darin üben, gut zu uns selbst zu sein, uns zu schätzen und auf unser inneres Selbst einzustimmen, so daß wir das anziehen und empfangen, was wir uns wünschen. Bei vielen Menschen ist die eine Seite stärker ausgeprägt als die andere. Die einen können besser aktiv sein und sich Dinge beschaffen. Sie tun sich aber schwer mit ihrer rezeptiven Seite, Dinge anzuziehen. Oder sie wissen zwar, wie man Dinge anzieht, haben aber Angst, sie sich auch zu beschaffen. Oft ist es nötig, diese beiden Seiten ins Gleichgewicht zu bringen. Vielleicht mußt du lernen, die Geschenke, die Anerkennung, Liebe und Energie zu empfangen, die dir gegeben werden. Oder du mußt dich darin üben, deine Energie in die Welt einzubringen. Dadurch kann sie ungehindert durch dich kanalisiert werden und wird nicht an einem Ende des Kanals blockiert.

In die Praxis umgesetzt bedeutet dies, daß du in bezug auf Geld und Arbeit bereit sein mußt, Risiken einzugehen. Wenn du immer nur tust, was du tun solltest, um Geld zu verdienen und dir Sicherheit zu schaffen, hörst du nicht auf deine innere Simme, die dir sagt, was du wirklich tun mußt.

Dies kann sehr beunruhigend sein, wenn es deine Arbeitsstelle und dein Geld betrifft. Ich werde oft gefragt: »Was soll ich tun, wenn mir meine innere Stimme sagt, ich soll nicht zur Arbeit gehen?« Wenn du riskierst, deine Stelle zu verlieren, indem du dir einen Tag frei nimmst, ist dies sicherlich nicht die klügste Entscheidung. In diesem Fall wirst du deine Seelenstruktur erst einmal festigen müssen, indem du anfangs in einem kleineren Rahmen deinen Impulsen nachgibst. Du kannst dir einen halben Tag frei nehmen oder du planst ein verlängertes Wochenende. Aber eines Tages wirst du aufwachen und wissen: »Ich will heute wirklich nicht zur Arbeit gehen«, und du wirst diesem Gefühl nachgeben und dich dabei wohl fühlen. Wenn mir meine innere Stimme einen solchen Rat gibt, brauche ich gewöhnlich ein wenig Zeit für mich selbst, damit neue Inspirationen durch mich dringen können. Oder ich brauche ganz einfach Zeit und Ruhe, um Gefühle zu verarbeiten, die mich innerlich aufwühlen.

Wenn du wagst, deinem Impuls zu folgen, wirst du ein paar Stunden oder Tage später feststellen, daß sich deine Energie tatsächlich erneuert hat. Du wirst nun in der Lage sein, die Dinge, die getan werden müssen, in einem Viertel der Zeit zu erledigen, die du normalerweise dafür gebraucht hättest. Dabei wirst du viel inspirierter und kreativer sein. Wenn du risikobereit bist und dir selbst vertraust, ist alles möglich. Wenn du zu Hause geblieben bist, erhältst du vielleicht einen Anruf von jemandem, der dir eine bessere Stelle anbietet, wo du viel mehr Geld verdienst (so ging es einem meiner Freunde). Vielleicht hast du aber auch eine Inspiration, die dir eine günstige Möglichkeit eröffnet. Oder du folgst einer Eingebung, jemanden zu besuchen, der dir dann den Anstoß zu einem großen Abenteuer gibt. Wenn du deine Arbeit haßt, wird die Energie, die du für deine Arbeit brauchst, nicht erneuert. Weil deine wahre kreative Energie blockiert ist, wirst du auch weiterhin Geldprobleme haben. Schließlich wirst du deine Stelle aufgeben, weil es einfach nicht länger geht.

Im Grunde genommen geht es in bezug auf Geld einzig und allein darum, daß du das tust, was du schon immer tun wolltest. Das Universum wird dich dafür belohnen, wenn du seinetwegen Risiken auf dich nimmst. Es ist jedoch wichtig, daß die Risiken, die du eingehst, im richtigen Verhältnis zu deinem Wachstumsstadium stehen. Mit anderen Worten, wenn du gerade zu lernen anfängst, wie du deiner Intuition vertrauen und folgen kannst, wirst du wohl kaum ein Millionen-Geschäft aus einem Gefühl aus dem ›Bauch‹ heraus abschließen wollen. Genauso wie du wahrscheinlich kaum von einem Gebäude springen würdest, in der Hoffnung, daß du fliegen kannst. Es ist wichtig, im Kleinen zu beginnen. Lerne, bei den alltäglichen Dingen deiner Intuition zu folgen. Sag ›nein‹, auch wenn du dich gedrängt fühlst, ›ja‹ zu sagen. Tu das, wozu du Lust hast, auch wenn du nicht genau weißt, warum. Handle nach deinem Impuls. Rufe einfach an! Bleib einfach von der Arbeit zu Hause! Denk an Dinge, die du gerne machst, und mache sie einfach! Dies wird dich so stark machen, daß du größere Sprünge wagen kannst.

## Harmonie

Wenn du den wesentlichen Lernprozeß einmal verstanden hast, wie du deiner Intuition folgst und nach ihr handelst, dann hast du auch die Voraussetzung, um Geld zu kanalisieren. Doch es ist wichtig, über einige Besonderheiten Bescheid zu wissen, die im speziellen Zusammenhang mit Geld stehen.

Wenn man die Struktur seines Kanals ausbildet, sind Harmonie und Ausgewogenheit von großer Bedeutung. Bist du in einer Richtung zu extrem gewesen, wirst du vielleicht genau ins entgegengesetzte Extrem verfallen müssen, um die beiden Gegenpole zu integrieren und in Harmonie zu bringen. Wenn du beispielsweise einen sorglosen und gleichgültigen Umgang mit Geld getrieben hast, oder in der Einstellung gelebt hast, Geld spielt keine Rolle, mußt du wahrscheinlich Strukturen ausbilden, die speziell mit Geld zu tun haben. Diese Strukturen beinhalten folgendes: Zu lernen, wie man mit seinem Scheckheft umgeht, wie man sein Geld richtig einteilt, und ganz allgemein die Regeln zu verstehen, die dem Umgang mit Geld auf dieser Welt zugrunde liegen. Es kann sein, daß du an diesen Übungen Interesse findest und davon fasziniert bist. Der Umgang mit Geld spaltet dich nicht mehr von deinem spirituellen Bewußtsein ab, sondern er verhilft dir vielmehr dazu, daß dich mehr kosmische Energie durchströmen kann.

Menschen, die nur wenig von Geld verstehen, haben es gewöhnlich vermieden, sich mit diesem Thema auseinanderzusetzen, weil sie glauben, daß sie dadurch davon abgehalten werden könnten, das Wunder des Lebens zu erfahren. Sie haben Angst, sie könnten all ihre Zeit auf ihren Intellekt verschwenden, anstatt ihrem Energiefluß zu folgen. Wenn du diese Angst hast, geh in dich und bitte das Universum, dich zu führen. Suche dir eine Möglichkeit, den Umgang mit Geld zu erlernen, die dir angenehm ist. Vielleicht läßt du dich von einem Fachmann beraten, der dir hilft, deine Finanzen in Ordnung zu bringen. Schließlich muß dieser Lernprozeß nicht unangenehm oder langweilig sein. Du wirst feststellen, daß dein Leben positiv davon beeinflußt wird.

Diejenigen, die den Umgang mit Geld bereits beherrschen, müssen womöglich lernen, sich mehr zu entspannen und loszulassen. Für sie ist es Zeit aufzuhören, immer nur nach den Gesetzmäßigkeiten des Geldes zu leben. Sie müssen den spirituellen Aspekt des Geldes in ihr Leben einbringen. Dazu müssen sie ihrer Intuition vertrauen und sich von ihr führen lassen. Sie müssen lernen, mehr Neues und Unbekanntes zu wagen.

Ähnlich verhält es sich, wenn du bisher sehr sparsam gewesen bist. In diesem Fall mußt du lernen, beim Geldausgeben impulsiver und intuitiver zu sein. Gib Geld aus, wenn dir gerade danach ist und dein Gefühl aus dem ›Bauch‹ dich dazu veranlaßt. Lerne, diesem Impuls zu folgen und du wirst feststellen, daß du dabei nicht bankrott gehst. Vielmehr wird dieses Verhalten dazu führen, daß noch mehr Geld in dein Leben fließt. Du kannst es loslassen und ausgeben, je nach dem, wie du von deiner Intuition instruiert wirst.

Wenn du hingegen allzu verschwenderisch gelebt hast und immer mehr Geld ausgegeben hast, als du tatsächlich besitzt, wirst du sehr wahrscheinlich lernen müssen, sparsamer und vernünftiger mit deinem Geld umzugehen. Richte dich auch in diesem Fall ganz nach deinem inneren Gefühl. Wenn du offen bist, auf deine Intuition zu hören, wird sie dich lehren: »Lerne Pläne zu machen für den Umgang mit Geld. Lerne, wie du mit deinem Geld besser haushalten kannst.« Dies wird dir helfen, und du wirst nicht das Gefühl haben, dich einschränken zu müssen. Wenn du auch hier stets deiner Intuition folgst, wirst du Menschen begegnen, von denen du etwas über den Umgang mit Geld lernen kannst.

Es ist ein interessanter Lernprozeß, der schließlich wieder dazu beiträgt, daß du die kosmische Energie immer besser kanalisieren kannst.

## Schwerpunkte setzen

Eine weitere wichtige Gesetzmäßigkeit des Geldes ist, daß es immer dorthin fließt, wo du bereit bist, es zu empfangen, je nachdem, welchen Schwerpunkt du in deinem Leben gesetzt hast. Da Geld Energie ist, wird es immer von deinen Wünschen, Bedürfnissen oder Plänen angezogen. Wenn du Geld immer nur unter dem Gesichtspunkt des reinen Überlebens betrachtet hast, also nur gerade soviel Geld zu haben, wie du für deinen Lebensunterhalt brauchst, wird es genau in dieser Weise manifestiert. Wenn du beginnst, mehr Geld in dein Leben einfließen zu lassen, besteht die Möglichkeit, daß du deine Grundbedürfnisse erweiterst, aber immer noch nach derselben Einstellung verfährst. Auch dann hast du immer gerade soviel Geld, wie du für deine jetzigen Bedürfnisse brauchst.

Mit diesem Problem war ich lange Zeit konfrontiert. Ich folgte einem inneren Programm, das mich bestimmte: »Ich kann nur soviel Geld haben, wie ich gerade brauche. Es ist nicht richtig, mehr zu haben, als ich brauche.« Ich vermehrte meine Bedürfnisse, was sich nicht immer bezahlt machte. Mein Auto ging kaputt, und einige sehr kostspielige Reparaturen wurden notwendig. Meine Katze wurde krank, und ich mußte eine hohe Tierarztrechnung bezahlen. Jede eventuelle Mehreinnahme wurde wieder ausgegeben für Notfälle oder Grundbedürfnisse. Mir blieb immer noch kein Geld übrig, um mir das leisten zu können, was mir Spaß machte. Ich hatte immer noch nicht das Geld dazu, kreativ mir ein Vergnügen oder Extra zu gönnen oder mich mit größerem Luxus zu verwöhnen.

Ich fand, daß ich mir einen Finanzplan aufstellen müsse, in dem sowohl meine Wünsche als auch meine Bedürfnisse berücksichtigt waren. Ich begann in einem vernünftigen Rahmen: »Ich möchte mir jeden Monat wenigstens ein Kleidungsstück kaufen, das nur dem Spaß dient oder reiner Luxus ist. Ich möchte auch etwas unternehmen, was mir Spaß macht.« Ich nahm diese Wünsche in meine Haushaltsplanung auf. Das Geld, das ich dafür brauchte, floß in mein Leben. Darin liegt die Kraft eines Finanzplans. Eine Kostenaufstellung ist wie eine Blaupause. Wenn du die Liste erstellst, schaffst du ein geistiges Bild von deinen Wünschen, und damit erzeugst du auch das dafür notwendige Geld. Dabei kannst du Schritt für Schritt vorgehen und immer mehr expandieren.

## Meine ›Geld-Geschichte‹

Seit ich erwachsen bin, hatte ich die meiste Zeit sehr wenig Geld. Geld spielte keine besonders große Rolle für mich. Im wesentlichen kümmerte ich mich nur darum, daß ich meine Miete und meine Rechnungen bezahlen konnte. Aber den Großteil meiner Zeit und meiner Aufmerksamkeit widmete ich meiner Ausbildung, meiner Bewußtseinsentwicklung und meinem Streben nach mehr Kreativität und Selbstverwirklichung.

Ich verdiente mir das Geld für meinen Lebensunterhalt mit den verschiedensten Jobs – kreativen Projekten, Hausarbeit, Gelegenheitsarbeiten und sogar mit meinem eigenen Geschäft. Ein einziges Mal nur in meinem Leben hatte ich einen geregelten Acht-Stunden-Job – und das für ganze sechs Monate!

Ich lebte immer am Rande des Existenzminimums und machte mir nicht besonders viel daraus, woher ich mein Geld bekam. In dieser Zeit lernte ich, darauf zu vertrauen, daß ich mein Geld immer irgendwie zusammenbekommen würde. Manchmal war ich bis auf den letzten Dollar abgebrannt, und plötzlich kam ich auf die eine oder andere Weise wieder zu Geld. Es war immer für mich gesorgt.

Dann begann ich allmählich, diesen Lernprozeß bewußter zu vollziehen. Ich lernte, meiner Intuition zu vertrauen und nach ihr zu handeln. Ich lernte, mich von meiner inneren Stimme führen zu lassen und zu riskieren, mich der Welt zu stellen. So fing ich an, mehr Geld zu verdienen. Ich führte einen verschwenderischen Lebensstil. Dies ging so weiter, bis ich wirklich sehr gut verdiente, in einer sehr schönen Wohnung lebte und mir fast alle Wünsche erfüllen konnte. Ich gewöhnte mich daran, soviel Geld zu haben, und fing an, mich darauf zu verlassen, obwohl ich mir meiner Einkünfte niemals sicher sein konnte. Ich lebte immer noch von der Hand in den Mund, aber das Geld schien nur so hereinzufließen. Ich verstärkte ständig mein Vertrauen in das Universum, damit es für mich sorgte, und versuchte, mich von ihm führen zu lassen.

Doch dann passierte es ganz plötzlich, daß ich kein Geld mehr hatte. Einige unerwartete Ereignisse hatten dazu geführt, daß ich völlig ›pleite‹ war. Ich konnte gerade meine Miete und meine Rechnungen bezahlen, dann war mein Konto leer. Ich hatte keine Ersparnisse, auf die ich zurückgreifen konnte. Es war eine sehr beängstigende Erfahrung, weil ich bis dahin gewöhnt war, eine bestimmte Summe zur Verfügung zu haben.

Das Erstaunliche an diesem Erlebnis ist, daß ich nur fünf Minuten lang Angst hatte. Ich dachte so etwas wie: »Oh, mein Gott, was soll ich jetzt machen?« Dann war ich vollkommen ruhig. Ich mußte nur diese fünf Minuten der Angst erleben, dann war es, als wäre jegliche Angst in bezug auf Geld für immer verschwunden. Ich wußte, daß ich schon wieder klarkommen würde.

Der wichtigste Punkt dabei ist, daß ich wußte, ich würde zu allem bereit sein, was das Universum von mir verlangte. Ich kann mich daran erinnern, gedacht zu haben: »Gut, ich liebe zwar meine Wohnung, aber ich könnte sie auch aufgeben. Ich liebe alle meine Besitztümer, aber ich kann mich auch davon trennen. Wenn das Universum von mir verlangt, in einem Zelt in irgendeinem Hinterhof zu leben, dann werde ich es tun. Vielleicht wird es ein wunderschönes Erlebnis.«

Ich hatte in mir das starke Vertrauen und das Wissen, daß nichts von dem, was ich besitze, wirklich wichtig ist, und daß ich in Wirklichkeit gar nichts verlieren würde. Was auch immer ich in Zukunft tun würde, auch wenn es etwas völlig anderes wäre, würde ebenso gut sein. Ich wußte, daß immer für mich gesorgt ist. Dieses Wissen war nicht mehr rein intellektueller Natur, denn im ›Kopf‹ hatte ich dies schon lange Zeit gewußt. Das Durchleben der fünfminütigen Angst hinterließ ein Gefühl der Furchtlosigkeit in mir. Ich wußte auch gefühlsmäßig, daß alles in Ordnung war. Dies war ein sehr tiefes Erlebnis.

Schließlich sparte ich ein wenig an meinen Ausgaben und führte einen weniger aufwendigen Lebensstil. Ich fühlte mich gut dabei, und in keinster Weise empfand ich dies als Verlust. Tatsächlich war es für einige Zeit eine ganz interessante Übung. Es war für alles gesorgt, und ich hatte soviel Geld, um meine Unkosten bestreiten zu können. Ich fühlte mich erleichtert. Ich wußte, daß ich genau die Ebene erreicht hatte, die meiner physischen Form entsprach. Ich war nicht länger in einem Teil meiner Persönlichkeit schon weit voraus, so daß andere Teile in mir gar nicht mithalten konnten. Es war, als käme ich zurück auf die Erde und baute mir jetzt ein solides Fundament auf. In diesem Augenblick wußte ich, daß ich mir eine starke Vertrauensbasis in das Universum geschaffen hatte. Von nun an wußte ich, daß immer mehr Geld in mein Leben fließen und ich niemals mehr in die Situation kommen würde, kein Geld zu haben.

Dies liegt nun ungefähr zwei Jahre zurück. Seitdem habe ich immer mehr Geld verdient, und mein Leben ist immer reicher geworden. Jetzt lerne ich, wie ich meinen Reichtum wirklich genießen kann. Ich lerne, mich in jedem Augenblick von meiner inneren Stimme führen und mir sagen zu lassen, was ich zu tun habe. Ich bewege mich auf einer ganz neuen geschäftlichen und finanziellen Ebene, mit der ich noch nie zuvor konfrontiert war. Ich erkannte, daß man mit diesen Dingen nur umgehen kann, wenn man sich absolut der Führung des Universums überläßt. Zuvor hatte ich zwar verstanden, wie man dem Kosmos auf existentieller Ebene folgt, aber nun stehe ich vor der neuen Herausforderung, auf einer breiteren Ebene vertrauen zu lernen, wo die Einsätze höher sind.

Als ich mit dieser neuen Ebene des Reichtums konfrontiert wurde, fühlte ich mich zu Anfang ziemlich unwissend und hilflos. Ich wußte, daß ich Hilfe brauchte, und so bat ich das Universum, mir die richtigen Menschen zu schicken, die mich auf diesem Gebiet lehren und führen konnten. Ich wurde zu einem Buchhalter und einem Manager geführt, die genau richtig für mich waren, und von denen ich genau das lernen konnte, was ich wissen mußte.

Als ich auf Hawaii einige Workshops veranstaltete, wurde mir ein Grundstück angeboten. Dies gab mir gleichzeitig die Gelegenheit, meiner Intuition in einem größeren Rahmen vertrauen zu lernen. Ich hatte schon lange den Gedanken in mir getragen, wie schön es wäre, ein Grundstück zu kaufen und darauf ein Therapiezentrum zu errichten. Hawaii schien mir ein guter Platz dafür zu sein, aber ich hatte mich gar nicht aktiv nach einem Grundstück umgesehen. Tatsächlich betrachtete ich das Therapiezentrum noch als Zukunftsprojekt. Dann fiel mir ein wunderschönes Land buchstäblich in die Hände. Jemand erzählte mir von dem Angebot, woraufhin ich das Grundstück besichtigte und mich sofort verliebte. Es wurde zu einem sehr günstigen Preis angeboten.

Verstandesmäßig wußte ich, daß dies noch nicht der richtige Zeitpunkt war, aber meine Intuition sagte mir, daß es richtig sei, diesen Schritt zu wagen. So wandte ich mich an mein höheres Selbst: »Gut, ich werde dieser Sache nachgehen, weil ich Energie darin spüre. Wenn du nicht willst, daß ich dieses Grundstück kaufe und es nicht der richtige Zeitpunkt dafür ist, dann blockiere meine Energie und sabotiere das Projekt.«

Ich erwartete, daß der Grundstückskauf aus irgendeinem Grund nicht zustande kommen würde, weil ich wirklich glaubte, die Zeit sei noch nicht reif dafür. Dennoch entwikkelte sich das Geschäft. In der Tat fügten sich die Ereignisse wie durch ein Wunder und trieben mich genau in diese Richtung. Als ich schließlich eine Entscheidung fällen mußte, fragte ich immer noch: »Ist es mir wirklich bestimmt, diesen Schritt zu tun?« Mein Manager warnte mich, daß diese Entscheidung zu diesem Zeitpunkt nicht günstig wäre. Obwohl er mich normalerweise immer unterstützt, spiegelte er in diesem Fall den Teil in mir wider, der die Richtigkeit meiner Eingebung bezweifelte. Obwohl ich dachte, daß die Idee nicht gut sei, blieb mein Inneres dabei und sagte: »Tu es!«

Ich wußte, daß ich nicht logisch handelte, aber ich verließ mich auf meine Intuition. Ich kaufte das Grundstück, und das Geschäft lief reibungslos ab. Danach fühlte ich mich außerordentlich gut. Ich war mir darüber bewußt, daß ich einen Sprung in eine neue Ebene meines Selbstvertrauens gewagt hatte und meine Bereitschaft gewachsen war, ein Kanal zu sein und mit der Energie zu fließen.

## Meditation

Setze oder lege dich bequem hin. Schließe deine Augen und beginne, ganz leicht und natürlich zu atmen. Bei jedem Atemzug wirst du immer entspannter.

Achte darauf, wie du dich fühlst. Wie geht es dir gefühlsmäßig? Was spürst du in deinem Körper? Spüre die Energie in deinem Körper. Wie fühlt sie sich an? Spüre, wie du mit jedem Atemzug mehr Energie in dich aufnimmst. Du bist voller Energie und Lebendigkeit.

Stell dir nun vor, daß diese Energie Geld ist. Stell dir vor, wie Geld durch deinen Körper strömt. Wenn du dich für deine Energie öffnest, öffnest du dich für den Überfluß. Geld ist in unbegrenzter Menge für dich vorhanden.

Stell dir soviel Geld vor, wie du dir nur wünschen kannst. Stell dir vor, es liegt vor dir, du kannst es anfassen und damit spielen. Nimm dir Zeit für diese Vorstellung. Sieh, wie das Geld dir zufließt. Sei dir bewußt, daß du das Geld anziehst und daß es ganz leicht und mühelos zu dir gelangt.

Stell dir vor, daß du von all den Dingen umgeben bist, die du dir von diesem Geld kaufen kannst. Sieh, welche Kreativität und Schönheit du in deinem Leben schaffst. Sieh dir die schönen Kleider an, dein Zuhause, deine Autos und deinen Lebensstil. Sieh dir an, auf welch schöpferische und positive Weise du dein Geld ausgibst. Sei dir bewußt, daß das Geld leicht zu dir gelangt ist und daß du es genauso leicht wieder umsetzt.

Fühle, daß du für die Energie in deinem Körper offen bist und ebenso für den unbegrenzten Vorrat an Geld, der dir zur Verfügung steht.

## Übung

Geldmangel spiegelt nur unsere inneren Energieblockaden wider. Schreib auf, auf welche Weise du deine Wünsche und deine Kreativität einschränkst. Wie erreichst du, daß du nicht tust, was du willst?

Hier einige Beispiele:

1. Ich arbeite in einem Büro, obwohl ich viel lieber mit Kindern arbeiten würde.

2. Ich möchte meditieren, aber ich habe nie Zeit dazu.

3. Ich möchte meine künstlerische Begabung weiterentwickeln, aber ich habe keine Zeit dazu; ich muß meinen Lebensunterhalt verdienen.

4. Ich möchte meiner Mutter (Freund, Partner) sagen, wie ich mich fühle, aber ich habe Angst, sie (ihn) zu verletzen.

Stell dir nun vor, du tust in jedem dieser Bereiche genau das, was du willst.

# 20

# Gesundheit

Unser Körper ist unsere elementare Schöpfung, ein Vehikel, das wir uns gewählt haben, um uns in der physischen Welt zum Ausdruck zu bringen. Er ist wie ein erst halb modelliertes Stück Ton, das sich immer weiter formt, um die Energie zu manifestieren, die durch es hindurch fließt. Wenn wir uns unseres Körpers bewußt werden, auf ihn hören und ihn spüren, können wir eine Menge über die Beschaffenheit unserer spirituellen, mentalen und emotionellen Energie erfahren. Unser Körper liefert uns das beste Feedback darüber, ob unsere Denk-, Ausdrucks- und Lebenweise gut für uns ist oder nicht.

Jedes normale Kind, das in einer positiven Umgebung aufwächst, hat einen schönen und lebendigen Körper, der vor Vitalität überschäumt. Diese Schönheit und Vitalität sind eine Manifestation der reinen Lebensenergie des Universums, die sich frei und noch nicht durch negative Verhaltensweisen eingeschränkt entfalten kann. Kleinkinder, die in einer liebevollen Umgebung aufwachsen, sind absolut spontan. Sie essen, wenn sie Hunger haben, sie schlafen ein, wenn sie müde sind, und bringen ihre Gefühle völlig unverfälscht zum Ausdruck. Aus diesem Grund wird ihre Energie nicht blockiert, weshalb das Kind ständig von seiner eigenen natürlichen Energie aufgeladen wird.

Da keiner von uns nur eine annähernd vollkommene Erziehung genossen hat, haben wir schon sehr früh Verhaltensweisen entwickelt, die unserer natürlichen Lebensenergie zuwiderlaufen. Diese Verhaltensweisen dienen uns dazu, in der neurotischen Welt, in der wir uns befinden, zu überleben. Wir übernehmen dieses Verhalten von unserer Familie, unseren Freunden, Lehrern und der Gesellschaft im allgemeinen.

Wenn wir uns so verhalten, wie wir es bei anderen beobachtet haben, oder versuchen, den Normen und Vorschriften gemäß zu leben, die man uns auferlegt hat, leben wir auf eine Weise, die unserem natürlichen Energiefluß widerspricht. Wir handeln nicht mehr so, wie es von unserem Körper und unserem Gefühl her richtig wäre. Wir überhören die Signale, die uns unser Körper gibt in bezug auf die Nahrung, die Ruhe, die sportliche Betätigung und die Fürsorge, die er braucht. Es scheint zu riskant, seiner eigenen Energie gemäß zu leben. Aus diesem Grund blockieren wir unsere Energie, wodurch wir allmählich immer weniger Vitalität verspüren. Wenn der Energiefluß reduziert wird, kann sich der Körper nicht mehr so schnell regenerieren. Deshalb beginnt er zu altern und zu verfallen. Wenn wir unsere chronischen negativen Verhaltensweisen nicht ablegen, schlagen sie sich in unserem Körper nieder, so als verkrüppelte er, um unsere innere Seelenstruktur nach außen zu zeigen, die sich klein und schwach macht.

Wenn du bereit bist, dich für die kosmische Energie zu öffnen, indem du deiner Intuition vertraust und folgst, wird sich dein Gefühl der Lebendigkeit verstärken. Dein Körper spiegelt dies dadurch wider, daß er immer gesünder, schöner und vitaler wird. Jedesmal, wenn du nicht deiner inneren Wahrheit vertraust und folgst, nimmt deine Lebendigkeit ab. Dein Körper reagiert darauf mit verringerter Vitalität, mangelndem Schwung, Schmerz und schließlich mit physischer Krankheit.

Krankheit ist eine Botschaft unseres Körpers, die uns mitteilen will, daß wir irgendwo nicht unserer wahren Energie folgen und unseren Gefühlen nicht die nötige Aufmerksamkeit widmen. Der Körper verwendet viele solcher Signale, angefangen bei relativ subtilen Empfindungen, wie Müdigkeit und Unwohlsein. Wenn wir diesen Hinweisen keine Beachtung schenken und die notwendigen Veränderungen herbeiführen, gibt uns unser Körper stärkere Signale, Schmerzen und leichtere Krankheiten. Wenn wir dann immer noch nicht zu der nötigen Veränderung bereit sind, erkranken wir ernsthaft oder haben einen schweren Unfall. Die massiven Botschaften können wir vermeiden, indem wir auf die kleineren Hinweise reagieren. Aber auch wenn wir einen ›Wink mit dem Zaunpfahl‹ bekommen haben, ist es für eine Heilung noch nicht zu spät, vorausgesetzt, wir wollen wirklich geheilt werden. Dennoch entscheiden sich viele Menschen auch an diesem Punkt nicht für die Heilung. Sie entschließen sich, ihren Körper zu verlassen und wieder mit einem neuen zu beginnen, anstatt ihre Verhaltensmuster in ihrem jetzigen Körper aufzulösen.

Wenn du an einer Krankheit leidest, gönne dir Ruhe. Wenn der Körper erkrankt ist, braucht er immer Ruhe. Wenn du zur Ruhe gekommen bist, frage deinen Körper, welche Botschaft in deiner Krankheit steckt. Dein Körper wird dir immer die Antwort darauf geben, was du tun mußt, um dich zu heilen.

Eine meiner Freundinnen litt unter starken Schmerzen in der rechten Gesichtshälfte. Sie fühlte intuitiv, daß ihr Schmerz nachlassen würde, wenn sie ihre Wünsche und ihr Wissen besser zum Ausdruck bringen könnte. Als sie dies tat, wurde der Schmerz zwar etwas schwächer, war aber immer noch nicht vollkommen verschwunden. Eines Nachts war sie in einer Stimmung, in der sie sich zur Hingabe an das Universum bereit fühlte. Sie sagte dem Universum, daß ihr Leben sie krank mache, und bat um eine Antwort. Sie dachte nicht mehr weiter über ihr Problem nach und schlief ein. In dieser Nacht hatte sie einen Traum, der ihr intuitiv übermittelte, sie solle keine Bierhefe mehr einnehmen. Sie nahm diesen Traum jedoch nicht ernst und nahm weiterhin Bierhefe ein. Einige Tage später hörte sie dann doch damit auf, nachdem ihr Inneres sie ständig dazu ermahnt hatte. Zwei Tage später vergingen die Schmerzen in ihrer rechten Gesichtshälfte.

Wenn du um Heilung bittest, weißt du nie, was dir dein Körper mitteilen wird. Er wird dir vielleicht raten, bestimmte Dinge nicht mehr zu essen, einem Freund deine Gefühle zu zeigen, deinen Job aufzugeben oder zum Arzt zu gehen. Wichtig ist, daß man seinen Körper fragt und dann auf die Antwort hört.

Einer meiner Klienten litt eineinhalb Jahre unter schweren Rückenschmerzen. Während unserer Sitzung bat ich ihn, mit seinem Schmerz Kontakt aufzunehmen und seinen Rücken zu fragen, was er ihm sagen möchte. Dabei erkannte er, daß er den Tod seiner Mutter noch nicht verwunden hatte und die Wut, die er seinem Vater gegenüber empfand, noch nicht zum Ausdruck gekommen war. Er staute sowohl die Wut als auch die Trauer in seinem Rücken an. Schon durch diese Erkenntnis wurde sein Schmerz etwas schwächer. Nachdem wir noch mehr darüber gesprochen hatten, konnte er über den Tod seiner Mutter weinen. Kurz darauf war er bereit dazu, die Wut auf seinen Vater loszulassen. Er sprach mit mir über seine Gefühle und brachte sie auch zu Papier.

Durch diesen Verarbeitungsprozeß verschwanden seine Rückenschmerzen. Sein Rücken ist zu seinem Barometer geworden, das ihm anzeigt, wann er Gefühle unterdrückt. Er weiß jetzt, daß er immer, wenn er Rückenschmerzen hat, sich selbst ›den Rücken stärken muß‹, indem er seinen Gefühlen Ausdruck verleiht.

Wenn wir einmal ein Symptom entwickelt haben, taucht es immer dann wieder auf, wenn wir uns wieder falsch verhalten. Unser Körper liefert uns genaue Informationen über jede blockierte Energie. Nachfolgend habe ich einige häufige Krankheitsursachen zusammengestellt. Zu jeder Krankheit habe ich eine Affirmation formuliert, die die Heilung unterstützt.

*Kopfschmerzen:* Zwei Kräfte oder Gefühle sind miteinander in Konflikt geraten. Laß beide Parteien zur Sprache kommen.

Ich bin jetzt bereit, allen meinen Gefühlen Aufmerksamkeit zu schenken.

*Erkältung:* Der Körper braucht Ruhe. Er muß sich von einem alten Problem reinigen. Er muß wieder ins Gleichgewicht gebracht werden.

Mein Körper ist in vollkommener Harmonie. Ich bin jetzt dazu bereit, mir Ruhe zu gönnen und mir mein Leben leichter zu machen. Ich bin jetzt bereit, das Alte loszulassen.

*Blasse Gesichtsfarbe:* Zurückhalten der männlichen Energie. Das Bedürfnis, mehr zu handeln und sich offener zum Ausdruck zu bringen.

Ich bringe alles zum Ausdruck, was ich will und was ich fühle. Ich zeige meine Gefühle offen und direkt.

*Hautausschlag:* Der Wunsch, auszubrechen und zu handeln. Frage dich: »Wonach ›juckt‹ es mich?«

Ich handle nach meiner Intuition. Ich bin bereit, neue Dinge auszuprobieren. Ich mache, was ich will.

*Allergien:* Mangelndes Vertrauen in die Intuition. Unterdrückte Gefühle. Allergien, die mit tränenden Augen verbunden sind, weisen auf unterdrückte Traurigkeit hin.

Ich vertraue meinen Gefühlen und zeige sie. Ich brauche keine Angst davor zu haben, meine Traurigkeit und meine Wut zuzulassen.

*Rückenschmerzen:* Das Gefühl, daß man andere unterstützen oder die Welt retten muß. Das Bedürfnis, seine Gefühle zu zeigen und zu seinen Gefühlen zu stehen. Schmerzen im unteren Rückenbereich sind ein Hinweis auf unterdrückte Traurigkeit. Schmerzen im oberen Rückenbereich weisen oft auf unterdrückte Wut hin.

Ich schenke all meinen Gefühlen Beachtung. Ich bin gut zu mir selbst. Ich bringe meine Gefühle zum Ausdruck und habe Vertrauen zu ihnen. Ich vertraue anderen, daß sie richtig für sich selbst sorgen.

*Menstruationsschmerzen:* Das Weibliche wird nicht genügend beachtet und anerkannt. Das Bedürfnis nach Ruhe und Innenschau.

Ich schenke meinem weiblichen Wesensanteil vollkommene Anerkennung. Ich handle nach dem, was mir meine innere Frau rät. Ich entspanne mich regelmäßig, gönne mir Ruhe und bin gut zu mir selbst.

*Sehstörungen:* Man vermeidet, bestimmte Dinge in seinem Innern anzuschauen. Oft wurde schon sehr früh im Leben die Entscheidung getroffen, nicht anzuschauen, was man ›intuitiv‹ gesehen hat, weil es zu schmerzlich war. Wenn die innere Wahrnehmung eingeschränkt wird, wird die äußere Wahrnehmung ebenfalls gestört.

Ich bin jetzt dazu bereit, alles in meinem Leben klar zu sehen.

*Hörprobleme:* Das Bedürfnis, äußere Stimmen und Einflüsse auszuschalten. Das Bedürfnis, mehr auf seine eigene innere Stimme zu hören.

Ich muß auf niemand anderen hören. Ich höre nur auf meine eigene innere Stimme und vertraue ihr.

## Sucht

Je unangenehmer es uns ist, unserer natürlichen Energie zu vertrauen, um so wahrscheinlicher ist, daß wir Drogen wie Kaffee, Zigaretten, Alkohol, ungesunde Nahrungsmittel oder übermäßige Mengen an Essen, Marihuana, Speed, Kokain oder sonstiges benutzen, um unsere Energie zu manipulieren und dadurch unseren Körper noch mehr zu ruinieren und ihn weiter verkommen zu lassen.

Die meisten Menschen haben Angst vor ihrer Kraft und ihrer Energie. Sie fürchten entweder, daß sie zu schwach sind, oder daß sie zu stark sind. Sie haben entweder Angst, zuviel Energie zu haben oder zuwenig. Die Wahrheit ist, daß die Menschen ihre eigene Energie finden würden, wenn sie bereit wären, die Suchtmittel aufzugeben. Dadurch könnten sie mit der wahren Quelle ihrer Kraft und Kreativität in Verbindung kommen.

Ich betrachte Süchtigkeit als ein Mittel, seine Kraft unter Kontrolle zu halten und sie zu bändigen. Viele starke und kreative Menschen werden süchtig, weil sie keine innere Stärke besitzen, um ihre Energie zulassen zu können. Ohne das Vertrauen in das Universum scheint es einem, als wäre man von seiner Kraft und Kreativität überfordert. Durch Drogen kann man seine natürliche Energie forcieren oder reduzieren. In beiden Fällen unterbricht man den natürlichen Fluß der kosmischen Energie, die einen durchströmt.

Du mußt nicht wirklich süchtig sein, um zu erkennen, daß du eine Droge benutzt, um deine Energie zu manipulieren. Vielleicht wirst du dir darüber bewußt, daß du drei Tassen Kaffee getrunken hast, um wieder fit zu werden, du dann aber entdeckst, daß du später erschöpft davon bist. Wir sind eine Nation von Kaffee-Süchtigen. Ich betrachte Kaffee als eine starke Droge, weil er die Fähigkeit, der eigenen Energie zu vertrauen und ihr zu folgen, stark beeinträchtigt.

Wenn hinter deiner Sucht ein physisches oder emotionales Problem steckt, du aber feststellst, daß du deine Sucht nicht aufgeben kannst, liegt die Lösung darin, zu erkennen, was du tust. Werde dir bewußt, wann oder warum du Kaffee trinkst. Achte darauf, wie er deine Energie verändert. Schließlich wirst du feststellen, daß du diesen Preis nicht mehr zu bezahlen brauchst.

Erkenne, daß wir alle irgendeine Sucht dazu benutzen, um unsere Energie in Schach zu halten. Um uns von unserer Sucht zu heilen, müssen wir Vertrauen in uns selbst und in das Universum entwickeln. Sei immer mehr dazu bereit, deine eigene Kraft und innere Stärke zu erfahren. Das ist die wahre Heilung.

Für diejenigen, die alkohol- oder drogenabhängig sind, reicht es nicht, sich darüber bewußt zu werden, daß sie durch die Droge ihre Energie reduzieren. Dies kann dir dein

Problem bewußter machen und dir zeigen, wie du von deiner Energie abgeschnitten bist. Aber das physische Verlangen nach der Droge ist im allgemeinen stärker als der Bewußtwerdungsprozeß. Aus diesem Grund rate ich dazu, bei einem professionellen Drogenberater oder einer Selbsthilfe-Gruppe wie den ›Anonymen Alkoholikern‹ Hilfe zu suchen, um von seiner Drogenabhängigkeit loszukommen. Dadurch erhält der Körper die Möglichkeit zu heilen, und das höhere Selbst bekommt die Chance, auf sich aufmerksam zu machen. Wenn man drogenabhängig ist, wird jede Stimme des höheren Bewußtseins vom Körper und von der Droge unterdrückt.

## Meditation I

Setze oder lege dich hin, schließe deine Augen und atme ein paarmal tief ein und aus. Bei jedem Atemzug wird dein Körper entspannter. Entspanne auch deinen Geist und lasse deine Gedanken an dir vorbeiziehen. Versuche, an keinem deiner Gedanken festzuhalten. Fühle, wie du dich in einen ruhigen Ort tief in deinem Innern hinein entspannst.

Dieser Ort ist eine Quelle der Fürsorge und der Heilung. Mach dir bewußt, daß du hier alles findest, was du wissen mußt, um dich zu heilen. Wenn du ein Problem mit deiner Gesundheit hast oder deine Intuition etwas über deinen Körper fragen willst, hast du jetzt die Gelegenheit dazu.

Stelle folgende Frage: »Was muß ich tun, um mich zu heilen? Was braucht mein Körper?« Nachdem du die Frage gestellt hast, bleibe offen für die Antwort. Vielleicht bekommst du sofort eine Antwort oder ein Gefühl dazu, es kann aber auch sein, daß du die Antwort erst in ein paar Tagen erhältst. Es kann sein, daß du die Lösung auf direktem Wege mitgeteilt bekommst, oder du wirst zu einem Menschen oder einem Ort geführt, wo du die Antworten bekommst.

Mach dir bewußt, daß du dich selbst heilen kannst und daß du über unbegrenzt viel Weisheit in deinem Innern verfügst.

Sprich diese Affirmation leise oder laut vor dich hin: »Ich heile mich nun selbst. Ich bin voll Energie und Lebenskraft. Mein Körper sprüht vor Gesundheit.«

## Meditation II

Wenn ein bestimmter Körperteil krank ist oder schmerzt, versuche folgende Meditation:

Mach es dir bequem, atme einige Male tief ein und aus und entspanne Körper und Geist vollkommen. Lenke dein Bewußtsein nun auf die erkrankte Stelle und frage sie, was sie fühlt und was sie dir sagen will. Sei dann offen für das Gefühl in dir und höre, welche Botschaft es dir übermittelt. Frage diesen Körperteil, was du tun mußt, um dich zu heilen. Höre aufmerksam zu, was er dir antwortet, und richte dich danach.

# 21

# Dein vollkommener Körper

Wenn du deinem natürlichen Energiefluß folgst, wird dein Körper immer schöner. Vertraue dir selbst. Schlafe, soviel du willst. Entfalte dich körperlich so, wie es dir gut tut. Esse, worauf dein Körper Lust hat, und folge deinem Herzen. Wenn du bereit bist, deinem Körper zu vertrauen, wirst du lernen, was das Beste für dich ist.

Dies klingt alles sehr einfach. Das Schwierige an der Sache ist, daß wir gelernt haben, unserem Körper zu mißtrauen und ihn als etwas zu betrachten, was wir unter Kontrolle bringen müssen. Einige Religionen lehren sogar, daß der Geist gut und der Körper schwach ist. »Das Fleisch ist sündig und ein Werkzeug des Teufels.« Obwohl wir in der menschlichen Entwicklung soweit fortgeschritten sind, daß dies nicht mehr offen ausgesprochen wird, reagieren wir immer noch mißtrauisch auf unseren Körper. In unserer Kultur sind wir daran gewöhnt, unseren Körper und seine Bedürfnisse zu ignorieren. Unser Verstand sagt unserem Körper, was er zu tun hat. Wir treffen die Entscheidung, daß ein Acht-Stunden-Tag mit drei Mahlzeiten eine ›vernünftige‹ Lebensweise darstellt, und erwarten von unserem Körper, daß er mit dieser Lebensweise zurechtkommt, auch wenn wir uns nicht gut dabei fühlen. Darüber hinaus haben wir intellektuelle Theorien darüber aufgestellt, was gut für uns ist und was nicht, was wir essen sollten und was nicht.

Als Kinder haben wir die Eßgewohnheiten und Tischmanieren unserer Eltern und Gesellschaft übernommen. Man erwartete von uns, mit den gesellschaftlichen Normen konform zu gehen, auch wenn wir lieber etwas anderes zum Abendessen haben oder zu einer anderen Zeit essen würden. Der Körper sagt uns etwas ganz anderes als die Gesellschaft. So haben wir schon sehr früh gelernt, unserem Körper zu mißtrauen. Dieses Mißtrauen verursacht einen Konflikt und eine Disharmonie in unserer ganzen Persönlichkeit. Darüber hinaus bringt es einen Prozeß der Rebellion in unserem Körper in Gang. Wir rebellieren, indem wir um Dinge betteln, nach denen wir normalerweise gar kein Verlangen hätten, wenn wir unserem natürlichen Energiefluß folgen könnten. Wenn wir nicht bekommen, was wir wirklich brauchen, reagieren wir damit, daß wir nach dem erstbesten Mittel greifen, das unser Verlangen befriedigt. Unser Körper reagiert auf dieses Ungleichgewicht, indem er an Gewicht zunimmt oder verliert, einen übertriebenen und unnatürlichen Bewegungsdrang entwickelt, auf bestimmte Nahrungsmittel süchtig wird oder Allergien produziert. Um diese Probleme wieder zu beheben, stellen wir wiederum starre Anforderungen an unseren Körper und erlegen ihm spezielle Diäten und Essenspläne auf, oder wir erlauben uns, nur ganz bestimmte Dinge zu essen. Unser Kopf sagt unserem Körper, was und wann er essen soll, abhängig von der Diät, die wir uns gerade aufgezwungen haben.

So verfahren wir mit unserem Körper nicht nur bei unseren Eßgewohnheiten. Wir haben bestimmte Vorstellungen von sportlichen Übungen, die wir für notwendig halten, um fit zu bleiben. Manche Menschen glauben, sie könnten ihr Idealgewicht nur halten, indem sie sich zu einer faden Diät und eintönigen Turnübungen zwingen. Unsere Gesellschaft fördert diesen Glauben noch und schlägt Profit daraus. Ständig bekommen wir gezeigt, wie ein schöner Körper auszusehen hat. Wir lassen uns Dinge verkaufen, die uns versprechen, daß wir durch sie zu diesem Schönheitsideal gelangen. Man verkauft uns spezielle Diäten, Schlankheits- und Schönheitskuren und Mitgliedschaften in verschiedenen

Gesundheitsclubs. Wir zwängen unseren Körper ständig in eine bestimmte Vorstellung, die wir von seiner Gesundheit haben. Das Problem dieser äußeren ›Idealbilder‹ und ›Patentrezepte‹, die wir von der Gesellschaft übernehmen, besteht darin, daß wir ständig entweder mit unserem Aussehen oder unserem Gefühl unzufrieden sind.

Der Weg zu einem schönen, starken und gesunden Körper ist, jetzt in diesem Augenblick damit zu beginnen, sich selbst zu vertrauen. Hör auf zu kämpfen und überlasse dich den Bedürfnissen deines Körpers. Deine Intuition wird dir sagen, was du essen sollst. Sie wird dich dazu führen, sportlich aktiv zu sein (in diesem Fall wirst du es genießen), oder sie wird dir raten, dir Ruhe zu gönnen und langsamer zu treten. Vielleicht rät sie dir dazu, einen ganzen Tag lang im Bett zu verbringen oder aber, früh aufzustehen. Es gibt keine festen Regeln, und dein Körper weiß selbst am besten, was für ihn gut ist.

Im allgemeinen reagieren Menschen mit Angst, wenn ich ihnen vorschlage, sie sollen sich selbst vertrauen und den Bedürfnissen ihres Körpers nachgeben. Sie haben Angst, daß sie dann den ganzen Tag faul im Bett liegen, Schokolade essen und dick werden würden. Diese Ängste basieren auf der Entfremdung von unserem natürlichen Körperbewußtsein, die durch die vielen Regeln verursacht wurde, die uns von außen auferlegt worden sind. Es kann sein, daß du aus einer Gegenreaktion auf diese Vorschriften, ein paar Tage oder Wochen lang, deiner Sucht und deinen ungesunden Gelüsten nachgibst, aber wenn du Geduld mit deinem Körper hast, wird er sein natürliches Gleichgewicht wiederfinden. Wenn dein Körper lernt, daß er essen kann, was er will und wann er will, wird er sich entspannen und beginnen, nach einer Nahrung zu verlangen, die ihm guttut. Aufgrund des gestörten Verhältnisses zu unserem Körper und seinen Bedürfnissen, kann es sein, daß du eine Zeitlang von deiner Intuition dazu gebracht wirst, auf bestimmte Nahrungsmittel zu verzichten, weil du weißt, daß dein Körper darauf allergisch reagiert oder süchtig darauf wird. Vertraue dir! Du wirst beginnen, zu erkennen und zu fühlen, wie dein höheres Selbst beschaffen ist: lebendig und voller Energie. Dein Körper wird sein natürliches Gewicht finden.

## Selbstbehauptung

Wenn man seinen vollkommenen Körper erschaffen will, ist es das wichtigste zu lernen, sich im Leben konsequent durchzusetzen. Ich habe herausgefunden, daß Menschen mit Übergewicht gewöhnlich von starken Selbstzweifeln geprägt sind. Sie haben Angst, ihren Gefühlen zu vertrauen und nach ihnen zu handeln. Insbesondere müssen sie lernen, ›nein‹ zu sagen, wenn sie etwas nicht tun wollen. Viele übergewichtige Menschen, mit denen ich gearbeitet habe, hatten Schwierigkeiten, ihre persönlichen Grenzen zu setzen. Sie versuchen, es anderen recht zu machen und andere zu umsorgen. Sie lassen zu, daß sich andere in ihr Leben einmischen und sie ausnutzen. Aus diesem Grund benutzen sie ihr überschüssiges Gewicht als Puffer, um andere auf Abstand zu halten.

Frauen haben ganz besonders davor Angst, daß sie sexuell zu attraktiv werden, wenn sie schlank sind. Sie befürchten, unerwünschte Aufmerksamkeit zu erregen oder ungewollte Energie anzuziehen. Sie vertrauen nicht darauf, daß sie mit dieser Anziehung und sexuellen Energie umgehen können. Viele Menschen befürchten, sie könnten zu empfindlich und verletzbar werden. Sie wissen nicht, wie sie sich schützen können. Andere wiederum haben Angst, sie könnten ›abheben‹. Sie benutzen ihr Gewicht, um auf dem Boden zu bleiben. Wenn du solche Ängste hast, kannst du dein ganzes Leben lang nach Diät leben und wirst kein Gramm an Gewicht verlieren, weil du es unbewußt brauchst.

Deshalb ist der Prozeß der Selbstbehauptung so notwendig. Wenn du lernst, deine Gefühle durch dein Handeln zu unterstützen, schaffst du dir innere Stärke und Schutz. Du fühlst dich sicher genug, um dich in neue Situationen zu begeben und Aufmerksamkeit und Energie anzuziehen, weil du weißt, daß du zu allem ›nein‹ sagen kannst, wozu du kein gutes Gefühl hast. Du weißt, daß du dir selbst gegenüber aufrichtig bist und gut für dich sorgst. Dein weiblicher Wesensanteil fühlt sich sicher und bestärkt, weil er weiß, daß ihm dein männlicher die Rückendeckung gibt.

Meiner Erfahrung nach können die Menschen sehr leicht abnehmen, wenn sie erst einmal gelernt haben, sich selbst zu behaupten. Sie verlieren auf natürliche Weise, und ohne sich zu etwas zwingen zu müssen, an Gewicht. Die verstärkte Energiezirkulation in ihrem Körper löst die Energieblokkaden auf, und das Übergewicht nimmt allmählich ab. Sie brauchen es nicht länger, um sich stark und geschützt zu fühlen, deshalb können sie es mühelos auflösen. Wenn sie dazu eine besondere Diät brauchen, fühlen sie intuitiv, was sie essen müssen, empfinden diese Ernährungsweise als natürlich und können diese Diät sogar genießen.

## Warten bedeutet Übergewicht

Wenn du immer darauf wartest, etwas zu sein, zu tun oder zu bekommen, was du haben willst, wird deine Energie blokkiert, und dein Körper spiegelt dies durch Übergewicht. Indem du dich spontan verwirklichst und das tust, was du im Augenblick gerade willst (im wesentlichen heißt das, daß du zu dir selber stehst), kann die Energie frei durch deinen Körper fließen. Diese Energiezirkulation löst dein Übergewicht auf. Je mehr du bereit bist, du selbst zu sein, um so weniger brauchst du Essen als Ersatzbefriedigung. Du wirst die natürliche Befriedigung deiner Bedürfnisse vom Universum erhalten.

Der Schlüssel dafür, zu sich selbst zu stehen, liegt darin, nach seinen Gefühlen und seiner Intuition zu handeln. Ich habe erlebt, wie Menschen in einem Workshop an einem einzigen Wochenende zehn bis fünfzehn Pfund verloren haben, indem sie einfach etwas getan haben, vor dem sie Angst hatten, oder ein unterdrücktes Gefühl zuließen. Wenn du dann fortfährst, so zu leben, löst du deine Blockierungen auf, und du erreichst wieder dein Normalgewicht.

Anfangs mag die Vorstellung, in jedem Augenblick zu sich selbst zu stehen, beängstigend wirken. Wir sind es nicht gewöhnt, unsere Bedürfnisse klar zum Ausdruck zu bringen und entsprechend zu handeln. Wir müssen uns bewußt darum bemühen, uns auf uns selbst einzustimmen und zu wagen, nach unserem Gefühl zu handeln. Doch wenn man es einmal versucht hat, fühlt man sich so gut dabei, daß man dabei bleiben will. Du wirst an Gewicht verlieren, mehr Energie bekommen und lebendiger und schöner werden. Dann gibt es kein Zurück mehr. Die Alternative wäre Eintönigkeit und das Gefühl, tot zu sein. Immer wenn ich meiner inneren Stimme folge, fühle ich mehr Leben und mehr Energie in mir. Jedesmal wenn ich gegen mein inneres Gefühl gehe, entsteht ein Kampf in mir. Ich fühle mich schwer und müde. Wenn ich versuche, das Bedürfnis meines Körpers zu übergehen, werde ich immer müder und lebloser. Die Wahl heißt ganz einfach: Leben oder Tod.

Vielleicht findest du eine Gruppe, die dich in deinen Bemühungen, zu dir selbst zu stehen, unterstützt. Ich habe wöchentlich mit einer Gruppe gearbeitet. Wir haben uns mit der Frage beschäftigt, was es bedeutet, seiner Energie zu folgen und nach ihr zu handeln. Wir haben gelernt, wie wir unsere Gefühle spontan zum Ausdruck bringen und uns von emotionellen Blockaden befreien, die unserer Selbstverwirklichung im Wege stehen. Die Teilnehmer dieser Gruppe haben sich körperlich sehr verändert. Einige haben abgenommen. Unser Körper kann sein Übergewicht nicht halten, wenn er von viel Energie durchströmt wird.

Eine meiner Klientinnen hatte über achtzig Pfund Übergewicht, als sie mit mir zu arbeiten begann. Sie hatte jede erdenkliche Schlankheitskur ausprobiert, konnte ihr Problem jedoch nie mit Erfolg lösen. Als sie lernte, sich selbst zu vertrauen, begann sie sich zu heilen, indem sie ihre unterdrückten Gefühle zum Ausdruck brachte. In der wöchentlichen Gruppe erhielt sie die nötige Unterstützung, um ihre Gefühle und Wünsche offen zu zeigen. Sie fing an, ihrem Körper zu vertrauen, und aß nur noch das, worauf sie auch wirklich Lust hatte. Sie wurde physisch und geistig klarer und leichter, und bereits nach einigen Monaten hatte sie über vierzig Pfund abgenommen.

An diesem Punkt dachte sie, sie bräuchte die Gruppe nicht mehr, obwohl sie immer noch Übergewicht hatte. Ich hatte jedoch das Gefühl, daß sie immer noch viele Gefühle zurückhielt (was ihr Rest-Übergewicht bewies). So ermutigte ich sie, uns mitzuteilen, was sie bis jetzt noch nicht ausgesprochen hatte (sie hatte ›abgewartet‹). Sie antwortete, daß sie sich von drei Mitgliedern der Gruppe verunsichert fühlte. Sie erinnerten sie an Menschen und schmerzliche Ereignisse aus ihrer Vergangenheit. Die drei Personen spiegelten sie selbst, ihren Ehemann und ihren Sohn. Sie erinnerten sie an Dinge, die sie nicht ausgesprochen oder bewältigt hatte. Sie wurde an ihren Selbstbetrug erinnert, weshalb sie jedesmal wütend wurde, wenn sie diese drei Personen nur sah.

Ich machte ihr den Vorschlag, in Einzelsitzungen mit mir zu arbeiten und, wenn sie dann bereit wäre, in die Gruppe zurückzukehren, um den Teilnehmern gegenüber ihre Gefühle zum Ausdruck zu bringen. Es war wichtig, daß sie das aussprach, was sie in der Vergangenheit vermieden hatte. Als sie ihre angestauten Gefühle losgelassen hatte, fing sie an, ihre alten Wunden zu heilen und sich ihre Vergangenheit zu verzeihen. Ihre Energie war nun nicht mehr an die Vergangenheit gebunden und konnte so ungehindert durch ihren Körper fließen. Sie verlor weiterhin Gewicht, ohne eine spezielle Diät einzuhalten.

Ich habe immer wieder erlebt, daß Menschen abnehmen können, ohne auf etwas zu verzichten. Tatsächlich passiert genau das Gegenteil: Sie befriedigen ihre inneren Bedürfnisse und werden im Hier und Jetzt lebendiger.

Es ist kein Geheimnis, einen schönen Körper zu haben. Vertraue dir einfach selbst und lerne, deinen natürlichen Bedürfnissen nachzugehen. Geh in dich und achte auf deine Intuition. Halte deinen Energiefluß aufrecht, indem du in jedem Augenblick zu dir selbst stehst. Und was das Wichtigste ist: Liebe dich selbst und sei gut zu dir. Du bist wunderschön!

## Essen reduziert die Energie

Viele Menschen essen zuviel, um ihren natürlichen Energiepegel zu senken. Wenn du beispielsweise zu viel nervöse Energie in dir hast, ißt du, um dich zu bremsen. Oder du ißt, weil du das Bedürfnis hast, dich zu erholen. Beides führt dazu, daß ein Teil deiner Energie unterdrückt wird.

Die Menschen haben im allgemeinen Angst vor ihrer Kraft und Energie, deshalb wollen sie den Energiefluß, der sie durchströmt, auf ein kontrollierbares Maß reduzieren. Manche Menschen versuchen dies durch Essen. Andere benutzen Drogen, Alkohol, Beziehungen, Arbeit und verschiedene andere Abhängigkeiten. Je mehr man bereit ist, seine natürliche Energie zu erfahren und zu verwirklichen, um so mehr läßt das Bedürfnis nach, die Energie durch Essen zu dämpfen.

## Wie man sich von negativen Vorstellungen befreit

Die meisten von uns haben eine negative Einstellung zu ihrem Körper und zum Essen. Es ist wichtig, sich mit dieser Einstellung auseinanderzusetzen und sich mehr bewußt zu machen, was wir uns selbst einreden. Wenn du feststellst, daß du dir etwas Negatives oder Unwahres einbildest, hast du die Möglichkeit, diese Gedanken in Affirmationen umzuwandeln (zu Affirmationen siehe Punkt fünf der folgenden Übung). Einige der gebräuchlichsten Negativ-Einstellungen sind:

Alles, was gut schmeckt, ist schlecht für mich.

Schon der Duft von köstlichen Speisen macht mich dick.

Ich darf nur kleine Portionen essen, sonst werde ich dick.

Ich kann meinem Körper nicht vertrauen.

Mein Körper muß kontrolliert werden.

Wenn ich meinen körperlichen Bedürfnissen nachgeben würde, würde ich dick oder krank.

Mein Körper sieht nicht so aus, wie er aussehen sollte.

Ich habe nie mein Idealgewicht.

Ich muß hungern und kämpfen, um einen vollkommenen Körper zu haben.

Wenn man sich seine negativen Gedanken bewußt macht, verursachen sie kein Problem mehr, weil man bereits dabei ist, sich von ihnen zu befreien. Du mußt sie dir einfach bewußt machen und sie in Affirmationen umwandeln, um die Negativität zu beseitigen, die dadurch in deinen Körper dringt. Die negativen Vorstellungen, an denen wir unbewußt festhalten, verursachen die schlimmsten Erfahrungen in unserem Leben und hindern uns daran, das zu verwirklichen, was wir von unserem Bewußtsein her wollen. Beispielsweise arbeitet man bewußt auf das Ziel hin, schlank zu sein, unbewußt hält man aber an dem Bedürfnis fest, dick zu sein. Hinter dem Wunsch nach Schlankheit verbirgt sich eine negative Vorstellung, die den Körper unbewußt beeinflußt. Die Lösung liegt darin, diese Negativ-Vorstellung zu entdecken. Wenn man sie einmal ans Licht gebracht hat, verliert sie ihre Macht.

Einige der hauptsächlichen Negativ-Vorstellungen und Gründe dafür, daß Menschen an ihrem Gewicht festhalten, sind: Selbsthaß und Selbstbestrafung; psychische Schutzreaktion – man fühlt sich zu verletzlich und benützt das Gewicht als Schutzpanzer; Angst, zu sexy und attraktiv für das andere Geschlecht zu sein und mit sexuellen Gefühlen konfrontiert zu werden (den eigenen und den sexuellen Gefühlen, die andere für einen empfinden); Angst, zu schön zu sein, zu viel Aufsehen zu erregen oder zu stark zu sein; das Gefühl, Gewicht gleicht mangelnde Stärke aus; starkes Liebesbedürfnis; Angst, seine Kreativität zu entfalten, indem man die Energie buchstäblich im Körper zurückhält, was sich in Übergewicht niederschlägt; Angst, sich mit seiner inneren Leere auseinanderzusetzen; Angst, im Leben und in Beziehungen erfolgreich zu sein; Angst, seine Probleme fallenzulassen.

Einige dieser Vorstellungen mögen auf dich zutreffen, andere wiederum nicht. Worum es geht, ist, seine zentralen Negativ-Einstellungen zu finden. Nachfolgend habe ich eine Übung beschrieben, die sich in dieser Hinsicht sehr gut bewährt hat.

1. Nimm Papier und Bleistift zur Hand. Mache drei Spalten. In die erste Spalte schreibst du alle Vorstellungen über deinen Körper und Essen. Schreib wirklich alles auf, was dir einfällt, auch wenn es keinen Sinn oder Zusammenhang ergibt. Je mehr du aufschreibst, um so besser. Dies macht deine bewußten und auch unbewußten Gedanken konkret sichtbar. Dazu ein kurzes Beispiel: Ich habe nie mein Idealgewicht. Ich hasse meinen Körper. Ich wünschte, ich könnte mein Aussehen verändern. Ich bin nicht mehr sexy. Ich bin veranlagt, so dick zu werden wie meine Mutter. Sie hat die ganze Zeit Eis gegessen, genauso wie ich. Eis macht dick. Essen macht mich dick. Ich komme an nichts Eßbarem vorbei, ohne davon zuzunehmen. Ich habe keine Willenskraft und Stärke. Der einzige Weg abzunehmen, ist eine Diät zu machen.

2. Beschäftige dich nun mit den einzelnen Vorstellungen. In die zweite Spalte schreibe, wann du dich erinnerst, diese Einstellung zum erstenmal gehabt zu haben. Hast du sie von deinem Vater oder deiner Mutter, einem deiner Geschwister, einem Lehrer oder einem Freund oder einer Freundin übernommen? Du mußt nicht den genauen Ursprung jeder

einzelnen Einstellung ergründen. Betrachte die, die dich am tiefsten berühren, und beschäftige dich mit den Zusammenhängen und Erinnerungen, die in Verbindung mit der jeweiligen Einstellung auftauchen. Wenn du dich später noch an weitere Details erinnerst, kannst du sie in die zweite Spalte nachtragen. Ein Beispiel zu der Einstellung »Ich werde nie mein Idealgewicht erlangen«: stammt von meiner Mutter. In Spalte zwei schreibe ich nun daneben: »Meine Mutter brachte es nie fertig abzunehmen.« Oder zu der Einstellung: »Ich bin nicht mehr sexy« schreibe ich in Spalte zwei: »Ich habe jemanden sagen hören, daß schlank schön ist.« Ich habe dies von Freunden, meinen Eltern und den Medien.

3. Geh die einzelnen Einstellungen durch. Finde diejenigen heraus, die dir jetzt nicht mehr nützlich sind. Frage dich, was dich davon abhält, diese Einstellung aufzugeben. So kann der Grund, daß du an der Einstellung festhältst »Ich werde nie mein Idealgewicht erreichen«, darin liegen, daß dir dein Gewicht Sicherheit verschafft. Vielleicht scheint es dir zu beängstigend, dich ganz zu zeigen.

4. Wenn du deine Negativ-Einstellungen erkannt hast, ist der nächste Schritt, sie aufzugeben. Erkenne, daß sie dir jahrelang nützlich waren. Wenn du willst, bedanke dich für den Dienst, den sie dir erwiesen haben, und lasse sie wissen, daß du jetzt bereit bist, sie aufzugeben. Eine Affirmation, die einem dabei helfen kann loszulassen, ist: »Ich bin jetzt bereit loszulassen.«

5. In die dritte Spalte schreibst du deine Affirmation, die die Negativ-Einstellung widerlegt und berichtigt. Nachfolgend findest du eine Orientierungshilfe:

a) Die Affirmation sollte so kurz und einfach wie möglich sein. Sie sollte für dich bedeutungsvoll sein.

b) Sie sollte in der Gegenwartsform niedergeschrieben werden, so als ob sie schon Wirklichkeit wäre.

c) Du solltest deinen Namen in die Affirmation mit einbeziehen, zum Beispiel: Ich, Shakti, habe einen wunderschönen Körper.

d) Die Affirmation sollte sich direkt auf die Negativ-Einstellung beziehen und sie in eine positive und expansive Vorstellung umwandeln.

e) Die Affirmation sollte dir absolut richtig erscheinen. Sie sollte ein starkes Gefühl in dir auslösen. Wenn sie sich als nicht richtig für dich erweist, versuche die Affirmation so lange umzuändern, bis sie für dich stimmt. Dann:

f) Sprich die Affirmation leise vor dich hin, während du meditierst. Male dir aus, daß alles so eintreten wird, wic du es dir wünschst.

g) Bitte deinen Partner, diese Affirmation zu dir zu sagen, indem er dich mit deinem Namen anspricht und dir dabei tief in die Augen schaut.

h) Nachdem er oder sie das getan hat, sagst du: »Ja, das stimmt.«

i) Schreibe deine Affirmation zehn bis zwanzigmal am Tag auf. Wenn negative Gedanken auftauchen, notiere sie auf der Rückseite des Blattes, dann fahre fort, auf der Vorderseite deine Affirmation aufzuschreiben, bis du ein klares Gefühl dazu hast. Einige Beispiele: Ich habe jetzt mein Idealgewicht. Ich liebe und akzeptiere meinen Körper. Mein Körper ist vollkommen, so wie er ist. Ich bin schön und sexy. Ich bin eine schöne und starke Frau (ein schöner, starker Mann). Ich habe meine Vergangenheit jetzt losgelassen. Ich bin frei, ich selbst zu sein. Ich brauche keine Angst zu haben zu essen. Essen gibt mir Energie und ernährt mich. Jede Kalorie, die ich zu mir nehme, wird zu reiner Energie verbrannt. Ich liebe Essen. Essen mag mich. Ich esse, was und wann ich will, und halte immer mein Idealgewicht. Wenn ich meinen Gefühlen vertraue und danach handle, brauche ich keine Angst zu haben, schlank und schön zu sein.

Dieser Prozeß wird dir helfen, dich mit deinen Klischeevorstellungen auseinanderzusetzen und sie dir bewußt machen. Du kannst diese Übung jederzeit anwenden, um dich von negativen Einstellungen zu reinigen, die verhindern, daß du einen schönen, starken und gesunden Körper besitzt. Wenn du dich von diesen Klischeebildern erst einmal befreit hast, wirst du deinen Körper schön finden und jedes Essen als etwas betrachten, das dich ›nährt‹.

## Liebe und achte deinen Körper

Erkenne die Schönheit in deinem Körper und in dir und fange noch heute an, sie zu schätzen. Konzentriere dich darauf, was du an dir magst und was dir an dir gefällt. Je mehr du dazu bereit bist, desto leichter wird es dir fallen. Dein Körper wird auf diese Anerkennung reagieren und immer schöner werden.

Es ist uns zur Gewohnheit geworden, nur das zu sehen, was wir an uns verändern wollen. Wir warten darauf, vollkommen zu sein, bevor wir uns überhaupt erst einmal wirklich lieben. Du kannst diese selbstkritische Haltung dadurch verändern, daß du dem Aufmerksamkeit schenkst, was du an dir magst, und dir selbst ein positives Feedback gibst.

Wenn es dir Schwierigkeiten bereitet, dich selbst zu lieben und anzuerkennen, fange erst einmal bei anderen Menschen an, die die gleichen Eigenschaften besitzen wie du, und bewundere sie.

Eine meiner Freundinnen, die zwanzig Pfund Übergewicht hatte, nörgelte ständig an sich selbst wegen ihres Aussehens herum. Sie hatte das Gefühl, die einzige Möglichkeit, daß sie sich irgendwann einmal akzeptieren und gefallen könnte, wäre, schlank zu sein. Weil sie ihre eigene Schönheit nicht erkennen konnte, dachte sie, es wäre am besten für sie, bei anderen übergewichtigen Frauen zu beginnen und zu lernen, diese Frauen anzuerkennen. Sie erkannte, wie schön diese dicken Frauen waren und wie sensibel und lebendig sie aussahen. Sie machte anderen Frauen Komplimente über ihr Aussehen. Auf diese Weise konnte sie auch ihren eigenen Körper mit neuen Augen betrachten. Sie begann, sich zu akzeptieren und zu schätzen. Ihr Körper reagierte darauf mit mehr Lebendigkeit und Energie. Sie verlor allmählich ihre überflüssigen Pfunde und behielt die Einstellung bei, ihren Körper so zu lieben, wie er ist.

## Ein Ritual, bei dem du deinen Körper lieben lernst

Stelle dich nackt vor einen großen Spiegel. Sende jedem Körperteil positive Gedanken. Auch wenn du deinen Körper nicht magst oder dir bestimmte Körperpartien nicht gefallen, suche in jedem Körperteil nach etwas Schönem. Erkenne, daß dir dein Körper jahrelang zu Diensten war. Danke ihm für den Dienst, den er dir erwiesen hat. Erkenne, daß er dir nur in die Richtungen gefolgt ist, in die du ihn geführt hast.

Sage beispielsweise zu dir: »Du hast wunderschöne, feste, glänzende Haare.« Schau in den Spiegel und betrachte, wie schön dein Haar aussieht und wie es schimmert und glänzt. Auch wenn es nicht so glänzt, wie du es gern hättest, betrachte dich weiterhin und liebe dich so, wie du gerade bist. Sage zu dir: »Du gefällst mir. Du hast schöne Hände. Du hast feste und gesunde Beine. Du hast eine schöne, reine Haut. Du hast strahlende Augen.«

Verfahre mit jedem Teil deines Körpers auf diese Weise und sende ihm wirklich deine Liebe und Anerkennung. Finde eine Art, jeden Teil deiner selbst zu schätzen. Danke deinem Körper, daß er dir nun schon so viele Jahre zur Verfügung steht. Danke ihm, daß er deinen Bedürfnissen entsprochen und sie dir erfüllt hat. Er hat dir all das gegeben, worum du ihn gebeten hast.

Wenn du willst, kannst du bei diesem Ritual Musik anstellen, die du magst, Kerzen anzünden und das Zimmer mit Blumen schmücken. Mache dieses Ritual ein- bis zweimal am Tag und mindestens eine Woche lang. Es zeigt deinem

Körper, wie sehr du ihn liebst und achtest. Jahrelang hast du ihn nur kritisiert, verachtet oder abgelehnt. Er wird auf die Liebe und Energie, die du ihm gibst, sehr schnell reagieren. Du wirst dich viel leichter und energiegeladener fühlen. Du wirst viel schöner aussehen. Die Falten in deinem Gesicht werden sich entspannen. Du wirst vor lauter Kraft und Gesundheit sprühen. Und du wirst erstaunt sein, welche Wirkung es hat, deinen Körper zu lieben!

## Visualisierungs-Übung

In meinem ersten Buch ›Kreativ Visualisieren‹ habe ich Visualisierungs-Techniken empfohlen, um unseren Körper schöner zu machen. Ich finde diese Übungen sehr hilfreich. Meine Klienten und Leser haben damit wundervolle Resultate erzielt. Aus diesem Grund möchte ich auch hier zwei Techniken beschreiben, die dir helfen können.

1. Immer wenn du an deinen Körper denkst, stelle ihn dir so vor, wie du gerne aussehen möchtest. Erkenne, daß dein Körper vollkommen ist und bekräftige dies. Nimm dir ein paar Minuten am Tag dafür Zeit, dir deinen Körper und sein Gewicht, seine Größe und Kräftigkeit so vorzustellen, wie du sie dir wünscht. Stell dir deinen Körper stark und energievoll vor. Stell dir die Energie vor, die durch dich fließt, und fühle sie.

2. Nimm dir ein Bild aus einer Zeitschrift zu Hilfe, das deine Vorstellungskraft von einem vollkommenen Körper unterstützt. Suche dir ein Foto von einer Person aus, die deinem Schönheitsideal entspricht. Schneide das Bild aus und klebe es an die Wand. Plaziere es an einer Stelle, wo du es täglich anschaust. Stell dir den Körper dieses Menschen als deinen eigenen vor. Du kannst sogar deinen Kopf aus einem Foto ausschneiden und auf den Zeitungsausschnitt kleben, so daß dein Kopf und dein Gesicht auf einem vollkommenen Körper sitzen.

## Meditation

Setze oder lege dich bequem hin. Atme ein paarmal tief ein und aus und entspanne deinen Körper. Bei jedem Ausatmen laß etwas gehen, was du nicht brauchst oder magst. Stell dir vor, wie jede Verspannung, Frustration oder Müdigkeit deinen Körper verläßt. Wenn du einatmest, nimmst du alles in dich auf, was du dir wünscht: Entspannung, Heiterkeit, Kraft, Reichtum und Freude.

Stell dir deinen Körper von diesem Ort der Entspannung und Verjüngung aus vor. Stell dir vor, daß du genauso aussiehst, wie du es gerne hättest. Schau dir jedes Detail an deinem Körper genau an. Du hast jetzt dein Idealgewicht, deine ideale Größe und die idealen Körpermaße. Dein Körper ist stark und voller Energie. Du betrachtest die Schönheit deines Gesichts und deines ganzen Körpers. Du siehst genauso aus, wie du es dir immer gewünscht hast. Du fühlst dich so gut, wie du es dir immer gewünscht hast.

Du kannst fühlen, was es bedeutet, einen Körper zu haben, der deinen höheren Geist unterstützt. Dein höheres Selbst sagt: »Tu dies«, und dein Körper in seiner ganzen Vollkommenheit ist dazu da, dieser inneren Weisheit zu entsprechen.

Du bist Schönheit, Kraft und Energie.

## Übung

1. Schreib alle Dinge auf, auf die du ›wartest‹ (und deshalb Übergewicht bekommst). Oder was zögerst du hinaus (zu sagen, zu tun oder zu werden)?

2. Schreib neben jeden Punkt in deiner Aufstellung, wie du in dieser Beziehung aktiv werden könntest. Wie kannst du dein Warten in die Tat umsetzen, indem du etwas unternimmst, aussprichst oder dir etwas verschaffst, was du gerne hättest?

# 22

# Leben und Tod

Leben ist die Entscheidung, seinem inneren Energiefluß zu folgen. Tod ist die Entscheidung, die Lebensenergie zu blockieren oder gegen sie zu arbeiten. In jedem Augenblick unseres Seins stehen wir vor der Wahl, zu leben oder zu sterben.

Jedesmal wenn wir uns dazu entscheiden, unserer Intuition zu vertrauen und uns von ihr leiten zu lassen, öffnet sich unser Kanal für die kosmische Energie mehr und mehr, und wir werden von immer mehr Lebenskraft durchströmt. Unsere Körperzellen erhalten tatsächlich mehr Energie und können sich viel schneller regenerieren. Wir fühlen uns körperlich, emotional und geistig viel lebendiger und strahlen viel mehr Licht aus. Unser Körper bleibt jung, gesund und schön und sprüht vor Vitalität.

Wenn wir uns aber dazu entschließen, nicht unserer Intuition zu folgen, schließen wir unseren Kanal, und unsere Zellen erhalten weniger Energie. Der körperliche Verfall schreitet viel schneller voran. Wenn wir dem Fluß der Energie nicht folgen, wird unser Leben zum Kampf. Streß und Überanstrengung fordern ihren Tribut von unserem Körper, und der Kampf hinterläßt seine Spuren in unserem Gesicht. Sorgenfalten prägen sich in unsere Haut, und unser Körper bricht vor lauter Anstrengung fast zusammen. Wenn wir nicht damit aufhören, uns in jedem Augenblick tagein tagaus, jahrein jahraus, von unserer Energie abzuspalten, wird unser Körper schließlich alt. Er verfällt und stirbt. Wenn wir unser Verhalten ändern und beginnen, uns selbst zu vertrauen, wird sich der Körper wieder regenerieren.

Ein Teil von uns will leben, will sich dem Leben verpflichten und ist bereit, unserer Intuition zu vertrauen und ihr in jedem Augenblick zu folgen. Ein anderer Teil wiederum mißtraut uns: »Ich kann das nicht. Es ist zuviel für mich – zu intensiv. Ich möchte mich nicht hingeben.« Wenn wir uns gegen uns stellen, erleben wir nur Anstrengung und Kampf. Wenn wir uns dem Leben hingeben, erleben wir Leidenschaft, Lebendigkeit und fließen mit der Energie des Kosmos.

Jedesmal wenn ein Mensch stirbt, hat er zuvor unbewußt entschieden, seinen physischen Körper zu verlassen. Es mag nach außen hin so scheinen, als sei er das Opfer einer Katastrophe oder einer unheilbaren Krankheit geworden. Doch jeder Mensch bestimmt seinen Weg selbst und legt seine Reise fest. Die Seele weiß, was sie tut, auch wenn der Körper dies leugnet. Wenn du anfängst, daran zu glauben, wirst du es auf telepathischem Wege fühlen können. Wenn ein dir nahestehender Mensch stirbt, kannst du spüren, daß er seinen Tod selbst gewählt hat.

Die Menschen kommen auf die Welt, um ein bestimmtes Ziel zu vollenden, und wenn sie ihre Aufgabe hier auf Erden erledigt haben, verlassen sie sie wieder. Wenn sie ihr Ziel nicht erreicht haben, entscheiden sie sich, in ihrem nächsten Leben diese Sache noch einmal in Angriff zu nehmen. Manche Menschen haben das Gefühl, daß sie sich festgefahren haben und ihr Leben nicht funktioniert. »Dieses Leben begann mit zu vielen Widerwärtigkeiten. Ich hatte kaum eine Chance, damit fertig zu werden. Ich möchte lieber noch einmal von vorne beginnen.«

Wenn du dich bewußt für das Leben entscheidest, beeinflußt du auch die Wahl deiner Mitmenschen. In jedem Augenblick, in dem du dich entschließt, deiner Intuition zu vertrauen und danach zu handeln, wählst du Lebendigkeit anstatt Tod. Du verstärkst dadurch die Lebendigkeit in deiner

Umgebung, weil du Lebenskraft ausstrahlst. Jeder Mensch, der mit dir in Verbindung steht, wird dies spüren. Er wird in seiner eigenen Entscheidung, das Leben zu bejahen, bestärkt.

Je mehr wir uns dazu entscheiden, im Licht zu leben, desto gesünder und vitaler wird unser Körper. Wenn wir als Kanal für die kosmische Energie leben, werden wir meiner Ansicht nach den Alterungsprozeß, wie wir ihn kennen, verzögern, ja vielleicht sogar aufhalten. Ich glaube, daß es möglich ist, auch wenn wir älter werden, immer mehr Energie, Lebendigkeit und Schönheit zu entfalten, anstatt weniger. Wir werden unseren Körper nicht mehr unbewußt durch einen Unfall oder eine Krankheit verlassen. Wir werden so lange in unserem physischen Körper leben, wie wir wollen, und werden die bewußte Entscheidung treffen, ihn, wann immer wir etwas Neues beginnen wollen, wieder zu verlassen. Der Tod wird keine Tragödie mehr sein, wenn wir uns entschieden haben zu sterben. Vielmehr wird er zu einem bewußten Übergang in eine andere Dimension des Seins.

## Meditation

Setze oder lege dich bequem hin. Schließe deine Augen, atme ein paarmal tief ein und aus und entspanne deinen Körper. Laß mit jedem Atemzug etwas los, was dich daran hindert, ganz bei dir selbst zu sein. Entspanne dich langsam in dein Zentrum hinein.

Rufe dir eine Situation aus jüngster Vergangenheit ins Gedächtnis zurück, wo du dich entschieden hast, nicht deiner Energie zu folgen, wo du nicht getan hast, was du eigentlich wolltest. Spiel diese Szene im Geist noch einmal durch. Erkenne, wie du gegen deine eigene Wahrheit gehst. Spüre nun nach, wie du dich dabei gefühlt hast. Beobachte deinen Körper und schau nach, wie du dabei ausgesehen und dich körperlich, emotionell und spirituell gefühlt hast.

Geh jetzt noch einmal in dieselbe Situation zurück und stell dir vor, daß du genau das machst, was du willst. Stell dir vor, du entscheidest dich, deiner Energie zu folgen. Achte nun wieder darauf, wie du dich körperlich fühlst und wie du aussiehst. Verwende ein paar Minuten darauf zu fühlen, wie es ist, wenn du dir selbst vertraust und danach handelst, was du willst.

## Übung

Diese Übung wird dir helfen, dir darüber bewußt zu werden, wann du dich für das Leben und wann für den Tod entscheidest.

Mache eine Aufstellung über Entscheidungen, die du im Laufe des Tages getroffen hast. Achte darauf, wann du getan hast, was du wolltest, und wann nicht. (Zum Beispiel: Du hast dich entschlossen, auf eine Party zu gehen, obwohl du eigentlich viel lieber zu Hause geblieben wärst.) Schreibe nun auf, wie du dich bei den einzelnen Entscheidungen gefühlt hast. Achte darauf, wie du dich körperlich und emotionell gefühlt hast.

Sobald du dir bewußter wirst, wann du deiner Energie folgst und wann du gegen sie arbeitest, und wenn du dir über die Folgen der jeweiligen Entscheidung bewußt bist, wirst du dich zunehmend für das Leben und die Lebendigkeit im Hier und Jetzt entscheiden.

## 23

# Die Veränderung unserer Welt

Die Transformation der Welt beginnt in jedem einzelnen von uns selbst. Je mehr ich lerne, meiner Intuition zu vertrauen und nach ihr zu handeln und je mehr ich bereit bin, alle meine Gefühle zuzulassen und zu akzeptieren, desto mehr kosmische Energie kann sich durch mich manifestieren. Durch diese Energie werde ich und meine gesamte Umwelt transformiert.

Diese Wahrheit gilt für jeden von uns. Je mehr du bereit bist, zu dir selbst zu stehen, um so mehr lebst du im Licht. Jeder Mensch in deiner Umgebung wird von deiner Energie profitieren und beginnen, sich selbst mehr zu vertrauen und auch authentischer zu leben. Dadurch werden diese Menschen wiederum selbst zu einem Kanal für die kosmische Energie und beeinflussen somit auch wieder ihre Umwelt. Auf diese Weise verbreitet sich die Veränderung mit großer Geschwindigkeit über die ganze Welt.

Vielleicht hast du schon einmal von dem ›Syndrom des hundertsten Affen‹ gehört. Im Jahre 1952 erforschten Wissenschaftler in Japan das Verhalten wilder Affen. Das Hauptnahrungsmittel dieser Affen waren Süßkartoffeln. Eines Tages beobachtete die Herde, wie ein Affenweibchen etwas tat, was die anderen Affen noch nie zuvor gesehen hatten: Sie wusch ihre Kartoffel, bevor sie sie verzehrte. Dieses Verhalten wiederholte sie auch an den darauffolgenden Tagen, und bald darauf wuschen auch andere Affen ihre Kartoffeln, bevor sie sie aßen. Immer mehr Affen übernahmen dieses Verhalten. 1958 zeigten alle Affen auf der Insel diese neue Verhaltensweise. Wissenschaftler berichten, daß die Affen auf benachbarten Inseln ebenfalls begonnen hatten, ihre Kartoffeln zu waschen. Zwischen den Inseln gab es keine feste Verbindung, und niemand hatte Affen von einer Insel zu anderen gebracht.

Diese Studie birgt eine überaus wichtige Erkenntnis für die Menschheit und unseren Planeten. Durch das Waschen ihrer Kartoffeln entwickelten die Affen eine neue Bewußtseinsebene, und nachdem eine genügend große Anzahl Affen dieses Verhalten akzeptiert hatte, sprang es offensichtlich auch auf die Affen der umliegenden Inseln über, ohne daß ein physischer Kontakt oder eine direkte Kommunikation stattgefunden hatte.

Meiner Meinung nach ist dies die Art und Weise, in der die Evolution des Bewußtseins vonstatten geht. Das Bewußtsein jedes Individuums ist mit dem Massenbewußtsein verbunden und ist ein Teil desselben. Wenn eine kleine, aber bedeutende Anzahl Individuen eine neue Bewußtseinsebene erreicht und sein Verhalten deutlich verändert, beeinflußt diese Veränderung das gesamte Massenbewußtsein. Die Entwicklung jedes einzelnen bewegt sich dadurch in Richtung dieser Veränderung. Dieses Schneeball-System kann durch einen einzigen Menschen ausgelöst werden, der als erster diesen Sprung gewagt hat.

Oft betrachten wir die Welt mit einem schrecklichen Gefühl der Hilflosigkeit. Wir fühlen uns nicht in der Lage, irgendeine positive Veränderung zu bewirken. Die Welt erscheint uns so riesig und das Chaos, in dem sie sich befindet, so kolossal, daß wir uns dagegen viel zu klein und hilflos empfinden. Die Geschichte mit den japanischen Affen hilft uns, zu erkennen, wie mächtig ein einzelner oder eine kleine Anzahl Individuen in bezug auf die Transformation der Welt sein kann.

Da die Welt in Wahrheit nur unser Spiegel ist, muß sie sich im selben Maß verändern, wie wir. Dies kann jeder an seinem eigenen Leben erkennen. Wenn du Selbstvertrauen entwickelst und gut zu dir selbst bist, lösen sich deine alten Verhaltensmuster allmählich auf. Bald wirst du bemerken, daß sich auch deine Freunde, deine Familie und deine Arbeitskollegen anders zu fühlen scheinen und sich anders verhalten. Die Menschen, denen du begegnest, scheinen weniger mit schweren Problemen beladen zu sein (auch wenn sie mit ernsthaften Problemen konfrontiert sind, scheinen sie sie schneller zu lösen). Deine Umwelt beschäftigt sich immer mehr mit kreativen Themen. Dinge, die dich früher in Aufruhr oder Angst versetzt haben, scheinen ihr emotionelles ›Gewicht‹ verloren zu haben. Auch die schweren Probleme der Welt erscheinen dir nicht mehr so erschreckend wie früher, obwohl sie dich nach wie vor beschäftigen.

Der Grund dieser Veränderung liegt darin, daß du begonnen hast, die Kraft des Universums in deinem Innern zu fühlen. Deine Angst nimmt in dem Maße ab, wie du die Gegenwart des Kosmos in deinem eigenen Körper wahrnimmst. Die alten Ängste verlieren sich selbstverständlich immer mehr, wenn du dich für die kosmische Kraft noch mehr öffnest. Während dieses Heilungsprozesses wirst du abwechselnd in Zustände der Kraft und der Angst verfallen. Doch allmählich baust du dir in deinem Innern eine solide Vertrauensbasis auf. Andere fühlen dies und finden darin die Unterstützung, um sich selbst mehr für ihre eigene Kraft und Wahrheit zu öffnen. Deine Mitmenschen und deine Umwelt werden dir dies auf immer positivere Weise widerspiegeln. Je mehr Licht du in dein Inneres eindringen läßt, um so heller wird die Welt, in der du lebst.

## Wie wir die Veränderung herbeiführen können

Besonders in spirituell orientierten Gruppen finde ich häufig die Vorstellung, daß positives Denken und das Visualisieren der Veränderung, die wir uns herbeiwünschen, ausreicht, um die Welt zu verändern. Visualisieren und Affirmationen sind sicherlich ein mächtiges Hilfsmittel. Ich benutze sie oft und empfehle sie als Bestandteil des Transformationsprozesses (schließlich habe ich das Buch ›Kreativ Visualisieren‹ deswegen geschrieben, weil ich von der Wirkung der darin beschriebenen Techniken zutiefst überzeugt bin). Dennoch gehört zur Transformation noch ein anderer, ebenso wichtiger Teil, der häufig übersehen wird.

Wenn die Welt unser Spiegel ist, dann ist alles, was wir außen sehen, ein Spiegelbild unseres Innern. Wir müssen die Verantwortung dafür übernehmen und bereit sein, unser Inneres zu transformieren, wenn wir unsere Außenwelt verändern wollen. Wenn wir also die Armut, das Leid, die Gewalt und das Chaos in der Welt betrachten, müssen wir bereit sein, uns selbst zu fragen: »Was ist die Armut, das Leid, die Gewalt und das Chaos in mir, das sich dort draußen spiegelt? Ich weiß, daß diese Welt mein Spiegel ist und damit in gewisser Weise auch meine eigene Schöpfung. Wenn die Dinge, die ich dort sehe, nicht in mir wären, könnten sie in meiner Welt nicht existieren.«

Der Trick bei der Sache ist, daß man keine Schuld für die Probleme der Welt auf sich lädt. Keiner von uns ist wirklich verantwortlich für das Leben eines anderen. Wir alle erschaffen diese Welt gemeinsam. Und wir alle tun dies nach unserem besten Wissen und Gewissen. Wir sind hier auf der Erde, um zu lernen, und wir müssen aus der Unvollkommenheit lernen, anstatt uns dafür die Schuld zu geben. Wir müssen eine positive Einstellung zur Verantwortung gewinnen, die folgendermaßen lauten könnte: »Ich bin bereit zu lernen, meiner inneren Wahrheit zu vertrauen und nach ihr zu leben. Ich weiß, daß ich dadurch mein inneres Leid und meine Angst überwinde, und auf diese Weise die Welt von Leid und Angst befreie.«

Dies ist ein sehr mächtiges Gelübde, und es ist keine leichte Aufgabe, es auf Dauer zu befolgen. Um das zu tun, müssen wir die Bereitschaft zeigen, uns auf unsere tiefsten Bewußtseinsebenen einzulassen und nicht nur unsere Ängste zu erkennen, sondern uns mit den jahrhundertealten Negativ-Vorstellungen der Menschheit zu konfrontieren, die in unserem Körper gespeichert sind. Um diese negativen Wesensanteile auszumerzen, müssen wir alle Ängste zulassen können in dem Bewußtsein, daß sie sich im Licht auflösen werden.

Wenn ich gefragt werde, was man in bezug auf die Probleme der Welt tun kann, schlage ich meist vor, daß man erkennt und sich darin bestärkt, daß man die Welt verändert, indem man seine eigenen inneren Probleme bewältigt. Ich rate dazu, daß man sich mit den sozialen Problemen beschäftigt, die einen ängstigen oder in Aufruhr versetzen, und herausfindet, welche Angst oder welchen Schmerz diese Probleme in einem selbst anrühren.

Wenn jemand beispielsweise durch Berichte über Gewalttätigkeit sehr stark berührt wird, veranlasse ich ihn dazu herauszufinden, welche Rolle Gewalt in seinem eigenen Leben gespielt hat. War er in seiner Kindheit Gewalttätigkeit ausgesetzt? Hat er selbst gewalttätige Gedanken oder Gefühle? Hat er seine eigenen gewalttätigen Gefühle unterdrückt oder verleugnet? In welcher Form hat er sich selbst Gewalt angetan (durch harte Selbstkritik usw.)?

Ich habe übrigens die Erfahrung gemacht, daß viele von uns therapeutische Hilfe und Beratung brauchen, um mit ihren emotionellen Konflikten fertig zu werden und wieder geheilt werden zu können. Manche Menschen haben eine gewisse Abneigung gegenüber Therapien, vielleicht aus Angst, man könnte sie für krank oder verrückt halten. Ich persönlich habe zu verschiedenen Zeiten in meinem Leben therapeutische Hilfe in Anspruch genommen, was mir außerordentlich gutgetan hat, solange ich in bezug auf den Therapeuten, die Dauer der Therapie usw. meiner Intuition gefolgt bin.

Wenn dich die Armut betroffen macht, in der viele Völker der Erde augenblicklich leben, fühlst du dich veranlaßt, durch eine äußere Geste dabei zu helfen, das Leid eines Menschen zu lindern (z.B. Geld spenden, sich sozial oder politisch betätigen). Geh aber gleichzeitig in dich, um zu erkennen, in welcher Weise du an die Armut in deinem eigenen Leben glaubst oder sie unterstützt. Dies muß nicht nur eine Frage des Geldes sein, du kannst auch in emotioneller oder spiritueller Armut leben, während du von materiellem Luxus umgeben bist. Oder du lebst zwar in emotioneller und spiritueller Zufriedenheit, hast aber die Vorstellung, daß Geld schlecht ist. Aus diesem Grund lebst du weiterhin in einem Zustand der finanziellen Armut.

Armut sowohl auf persönlicher als auch auf weltweiter Ebene wird durch unser Massenbewußtsein bedingt, das an die Armut glaubt. Wir befürchten tief innerlich, daß nicht genug da ist, um unsere Bedürfnisse zu erfüllen – Geld, Nahrung, Liebe, Energie, Anerkennung. So erschaffen wir eine Welt, die diesen Glauben unterstützt. Es gibt Studien darüber, die beweisen, daß auf der Erde genügend Nahrung produziert wird, um jeden Erdbewohner ausreichend zu ernähren. Doch aufgrund unseres inneren Glaubens an Armut lassen wir zu, daß in einigen Ländern Nahrung in Unmengen auf den Müll geworfen wird, während in anderen Teilen der Erde Millionen von Menschen den Hungertod sterben.

Wenn dich Fragen des Umweltschutzes beschäftigen, überdenke einmal folgenden Gesichtspunkt. Mutter Natur ist ein Symbol für den nährenden, femininen Wesensanteil unseres Selbst. Mißachtung und Disharmonie mit der Natur sind nur in einer Gesellschaft möglich, die ihre eigene feminine intuitive Natur mißachtet. Wenn du in Einklang mit deiner inneren Führung bist, gibt es keine Möglichkeit, daß du ernsthaft aus dem Gleichgewicht mit deiner natürlichen Umgebung gerätst.

So wie unser Körper die physische Manifestation unseres Bewußtseins ist, ist die Erde die Manifestation unseres Massenbewußtseins. In gewissem Sinn ist die Erde unser kollektiver ›Körper‹. Die Art und Weise, wie wir sie behandeln, spiegelt, wie wir mit unserem eigenen Körper umgehen.

Der Mangel an Respekt und Harmonie gegenüber unserem Körper zeigt sich auf globaler Ebene in der Art, wie wir unsere Erde behandeln. Wenn wir lernen, unseren Körper zu lieben und ihm zu vertrauen, wenn wir auf seine Signale achten, ihm die Nahrung, Ruhe und Fürsorge geben, die er braucht, damit aufhören, ihn mit Drogen und ungesunder Nahrung zu verschmutzen und zu vergiften und ihn in unsere Klischees von ›richtig‹ und ›falsch‹ zu zwängen, glaube ich nicht, daß wir es fertigbringen, weiterhin unseren ›Erd-Körper‹ zu mißhandeln.

Wir müssen bereit sein, jede Form von Gewalt, Armut und Disharmonie in uns als Individuum zu erkennen und zu heilen, wenn wir darauf hoffen wollen, diese Probleme aus unserer Welt zu schaffen. Die Heilung auf persönlicher und globaler Ebene kann sich so lange nicht vollziehen, wie wir unsere Gefühle verstecken oder verleugnen. Alle Gefühle, Überzeugungen und emotionalen Verhaltensmuster müssens ans Licht des Bewußtseins gebracht werden, damit sie aufgelöst werden können. Das Licht löst die Dunkelheit auf.

## Die Heilung der Welt

Häufig wird darüber gesprochen, in welch schrecklichem Zustand sich die Welt befindet. In vieler Hinsicht scheinen sich die Dinge immer mehr zu verschlimmern. Dies kann sehr beängstigend sein.

Die Erkenntnis, daß die Welt augenblicklich eine elementare Krise der Heilung durchmacht, die dem individuellen Heilungsprozeß sehr ähnlich ist, den viele Menschen erleben, hat mir dabei sehr geholfen.

Wenn wir als Individuen zu neuem Bewußtsein erwachen und beginnen, Licht in unser Sein zu bringen, werden wir uns auch der Dunkelheit bewußt, in der wir bisher gelebt haben. Vom Standpunkt unserer neu erlangten ›Gesundheit‹ aus betrachtet, erscheint die Lebensweise, die bisher für ›normal‹ gehalten wurde, immer verrückter. Die Ängste und Verhaltensstörungen, die verdrängt wurden, weil sie zu schmerzlich waren, um sich damit zu konfrontieren, dringen nun in unser Bewußtsein, um verarbeitet zu werden. Probleme, die wir ›unter den Teppich gekehrt‹ haben, kommen an die Oberfläche, damit wir sie lösen können.

Ich sehe, daß dies im Augenblick auf weltweiter Ebene geschieht. Wenn wir das scheinbare Chaos und das Leid in der Welt als eine gigantische Manifestation unseres individuellen Heilungsprozesses begreifen, können wir erkennen, daß es sich dabei um eine sehr positive Entwicklung handelt. Anstatt uns als Opfer zu fühlen, erkennen wir, daß hier die Kraft des Universums am Werk ist. Wir schätzen uns als die Kanäle, durch die sich die Heilung der Welt manifestiert. Zunächst wird die Dunkelheit um so stärker sichtbar, je mehr wir im Licht leben. Je mehr wir diese Polarität akzeptieren, um so schneller kann die Welt geheilt werden.

## Soziales und politisches Engagement

Einige Menschen sind über diese Vorstellung erbost, weil sie glauben, ich würde einer narzißtischen Selbstbezogenheit das Wort reden, die die Probleme der Welt verleugnet und die Notwendigkeit sozialer und politischer Aktivitäten verneint. Nach längerer Diskussion kann ich solchen Menschen meist (aber nicht immer!) begreiflich machen, daß dies nicht der Fall ist. Die Bereitschaft, sich innerlich und individuell mit der Wurzel des Problems auseinanderzusetzen, ist die effektivste Art, eine Veränderung herbeizuführen. Dies steht in keinem Widerspruch dazu, daß in großem Rahmen äußere Maßnahmen getroffen werden müssen.

Für mich besteht die Frage jedoch darin, wo die Quelle und die Motivation für dieses Engagement zu suchen sind.

Ich habe festgestellt, daß viele Menschen oft mehr von ihren ›guten Absichten‹ bestimmt werden, als vom Universum in ihrem Innern. Häufig werden sie von ihren Ängsten und Schuldgefühlen motiviert, etwas ›besser machen‹ zu wollen. Doch hier kämpft das Ego aus der Position der Hilflosigkeit und Angst heraus vergeblich darum, diese Gefühle auszumerzen. Leider bedingt dieser Versuch, daß die Lösung der Probleme im Ansatz steckenbleibt.

Die Ursache der Weltproblematik liegt in dem Schmerz, der Angst und der Unwissenheit, die daraus resultieren, daß wir die Verbindung mit der Kraft des Universums verloren haben. Wenn wir weiterhin unsere Probleme nach außen projizieren und unsere tatsächliche innere Kraft nicht erkennen, glaube ich, daß wir gerade die Übel unterstützen, die wir bekämpfen wollen.

Wenn wir andererseits bereit sind, die Verantwortung für unsere Ängste zu übernehmen und mit ihnen fertig zu werden, öffnen wir uns den Weg, die Stimme des Universums in uns vernehmen zu können. Wenn es uns zu einer Aktivität drängt, können wir sicher sein, daß unser Handeln kraftvoll und wirklich effektiv sein wird.

Eine meiner Freundinnen war beispielsweise in der Bewegung für nukleare Abrüstung sehr engagiert. Wenn sie über dieses Thema und ihre Arbeit in der Bewegung sprach, zeigte sich ganz offensichtlich, daß sie wirklich große Furcht vor der Möglichkeit eines Atomkrieges hatte. Diese Reaktion ist absolut verständlich und zeigt die Verrücktheit des Atomzeitalters. Für mich lag das Problem meiner Freundin darin, daß sie ihren eigenen Terror und ihre Hilflosigkeit sowie die Angst vor dem Tod nicht erkannte, gegen die sie in ihrem Innern kämpfte. Ihre Aktionen und Worte hatten daher einen zwanghaften Charakter – sie kämpfte wie ein Ertrinkender, der vergeblich nach einem Strohhalm sucht, an dem er sich festhalten kann.

Über einige Jahre hinweg konnte ich beobachten, wie sie diese Phase in ihrem Entwicklungsprozeß verarbeitete. Ich glaube, daß ihr Vertrauen in das Universum stärker geworden ist. Sie setzte ihre Arbeit in der Anti-Atomkriegs-Bewegung fort, weil sie sehr stark an ihre Sache glaubte und tiefe Befriedigung aus ihrer Arbeit zog, aber die Energie war völlig anders. Ihre Aktivitäten waren von Kraft und Energie durchdrungen, und ich bin sicher, daß ihre Arbeit dadurch viel effektiver geworden ist.

Dasselbe Prinzip gilt für den sozialen und politischen sowie jeden anderen Bereich des Lebens. Wenn du etwas tust, weil du glaubst, du ›solltest eigentlich‹, wenn du nur von Angst- und Schuldgefühlen motiviert wirst, dann wirst du, gleich, was du tust, nicht die Wirkung erzielen, die du dir gewünscht hast. Es kann sogar sein, daß du mehr Schlechtes als Gutes erreichst.

Wenn du auf der anderen Seite aber deiner Intuition vertraust und deinem Herzen folgst – und dorthin gehst, wohin dich deine Energie führt, und das tust, was du wirklich willst –, wirst du feststellen, daß alles, was du tust, eine positive Wirkung auf die Veränderung der Welt hat. Du wirst den transformierenden Charakter deiner Handlungen erkennen. Für viele wird dies mit konkretem sozialem und politischem Engagement einhergehen. Die Menschen in deiner Umgebung werden sogar mehr von deiner Energie und Vitalität angesteckt als von deinen Worten und Taten.

Im Augenblick hat mich meine innere Stimme dazu geführt, daß die Gestaltung meines Lebens – Bücher schreiben, Workshops veranstalten, meine Kreativität entdecken und ich selbst sein – genau das ist, was ich persönlich brauche, um ein Maximum an Veränderung in meinem Leben und in der Welt zu bewirken. Ich habe auch das starke Gefühl, daß ich mich eines Tages politisch engagieren werde (wie früher schon) – vielleicht übernehme ich sogar irgendein politisches Amt! Ich weiß, daß dies ein aufregendes Abenteuer für mich werden wird, wenn ich wirklich dazu bestimmt bin. Ich bin neugierig, was das Universum mit mir noch alles vorhat!

# Die Massen-Medien

Meine innere Führung übermittelte mir einmal, daß das Fernsehen der Retter der Welt sei! Ich verwarf diesen Gedanken, weil ich kein Fernseh-Fan bin. Dennoch wurde mir klar, daß das Fernsehen, so idiotisch unser Fernsehprogramm im Augenblick auch noch sein mag, ein machtvolles Instrument ist, um Millionen von Menschen im gleichen Augenblick zu erreichen. Ich glaube, daß es kein Zufall ist, daß das Fernsehen in unserer Zeit entwickelt wurde. Bald wird es in fast jedem Haushalt auf der Welt ein Fernsehgerät geben.

Obwohl das Fernsehen im Augenblick hauptsächlich der Kontrolle von Menschen unterliegt, die bewußtseinsmäßig noch sehr in der alten Welt verhaftet sind, gibt es sogar heute schon einige Lichtblicke. Es ist nur noch eine Frage der Zeit, bis das Bewußtsein der neuen Welt die Programmgestaltung infiltriert und eine bedeutende Rolle im Fernsehen spielt.

Das Fernsehen besitzt zweifellos eine elementare Funktion in bezug auf die Bildung. Wenn es vom Universum gestaltet wird, wird es buchstäblich zu einem ›Kanal‹. Es dient als System, um die Mehrheit der Weltbevölkerung gleichzeitig zu erreichen und neue positive Gedanken zu verbreiten.

Kannst du dir vorstellen, daß sich eine Hausfrau ein rührseliges Fernsehspiel anschaut, in dem die Menschen all die gewöhnlichen Dramen durchleben, aber anstatt der üblichen Verzweiflung und Schicksalsergebenheit am Schluß aus dem Wechselspiel des Lebens lernen und daran wachsen? Ein solcher Film könnte sehr unterhaltsam sein. Sex und Romantik, Geburt und Tod, Drogen und Krankheit, Heirat und Scheidung, all das könnte weiterhin Thema des Films bleiben, aber die Darsteller würden ihre Prüfungen und ihr Leiden in positiver Weise nutzen, um ihr Bewußtsein zu entwickeln, so wie wir es gerade lernen. Wenn die

Hausfrau dies einmal begriffen hat, dauert es nicht mehr lange, bis auch ihr Mann und ihre Kinder diese Einstellung erlangen!

Es ist offensichtlich, daß der Einfluß der Medien – Radio, Zeitungen, Illustrierten, Bücher, sowie das Fernsehen – in bezug auf schnelle positive Veränderungen, nicht übertroffen werden kann, sobald unser Massenbewußtsein für diese Wandlung bereit ist.

Ein Fünf-Schritte-Programm für die Heilung unserer Persönlichkeit und unseres Planeten:

1. Sag folgende Affirmation zu dir: Die Kraft des Universums heilt und transformiert mich. In dem Maße, wie ich geheilt und transformiert werde, wird auch die Welt geheilt und transformiert.

2. Achte auf die sozialen, politischen und ökologischen Gegebenheiten, in denen du lebst. Schenke den Themen besondere Aufmerksamkeit, die die stärkste emotionelle Reaktion in dir auslösen. Finde heraus, wie sie deine persönlichen Konflikte, Ängste, Überzeugungen und Verhaltensmuster widerspiegeln. Vielleicht kannst du nicht sofort einen Zusammenhang erkennen. Bleibe aber offen, diese Information mittels deiner Intuition zu erlangen.

3. Bitte um das Licht des Universums, damit es die Dunkelheit der Unwissenheit, Angst und Beschränktheit in dir und der Welt erhellt und auflöst. Sei offen für jede Botschaft aus deinem Innern, die du zur Unterstützung deines Heilungsprozesses erhältst, sei dies in Form eines Therapeuten, eines Freundes, eines Workshops oder einer Gruppe.

4. Stell dir die Welt und dein Leben regelmäßig so vor, wie du sie gerne hättest (siehe dazu die Meditation am Ende dieses Kapitels).

5. Bitte deine innere Führung, dir ganz klar mitzuteilen, wenn es irgendeine bestimmte Aktivität gibt, die du für deine eigene Heilung und die Heilung der Welt unternehmen sollst. Vertraue und folge deiner Intuition in dem Wissen, daß du zu allem hingeführt werden wirst, was du tun mußt.

## Grundübung zur Überwindung deiner negativen Einstellung

Diese Übung dient dazu, die verborgene negative Einstellung zu erkennen. Wenn du bereit bist, dich mit deinen negativen Einstellungen zu konfrontieren, beginnst du, sie aufzulösen und sie durch Affirmationen zu transformieren.

Du kannst diese Übung alleine oder mit einem Partner machen. Wenn du sie alleine machst, schreibe die Antworten nieder. Wenn du die Übung mit einem Partner machst, gibst du dem Partner die Antwort. Beim ersten Mal beantwortest du alle Fragen und der andere hört zu, dann tauscht ihr die Rollen.

1. Schließe deine Augen, atme tief ein und entspanne deinen Körper beim Ausatmen. Atme wieder tief ein und entspanne deinen Körper noch mehr, wenn du ausatmest. Atme wieder ein und aus und begib dich an einen ruhigen Ort tief in deinem Innern. Werde dir bewußt, daß du als Schöpfer mit dem Universum zusammenarbeitest. Du kannst entscheiden, was du glaubst, was du erschaffst und welche Erfahrungen du in deinem Leben machst. Du entscheidest dich auch, dir deine alten Glaubensvorstellungen und Einstellungen bewußt zu machen, die dich einschränken. Du kannst sie daraufhin loslassen und neue Überzeugungen annehmen, die dich darin unterstützen, dein wahres Selbst mehr zum Ausdruck zu bringen.

2. Greife dir ein bestimmtes Thema oder einen bestimmten Lebensbereich heraus, an dem du arbeiten möchtest. Dies kann ein aktuelles Problem sein oder eine Überzeugung oder Angst, die deine Entfaltung beeinträchtigen. Öffne deine Augen und nimm dir ungefähr zwei Minuten, um deinem Partner das Thema zu beschreiben, an dem du arbeiten willst (oder schreibe es nieder).

3. Beschreibe die verschiedenen Gedanken, die dir zu diesem Thema einfallen. Welche Platte läuft in dir ab? Zum Beispiel: Was ist das Für und Wider in dieser Situation?

Welche Ängste, Sorgen und Vorurteile hast du in bezug auf dieses Thema? Was geht dir alles durch den Kopf?

4. Bringe zum Ausdruck, welche Gefühle du bei diesem Thema hast. Zum Beispiel: Ich bin traurig, ärgerlich, aufgeregt, frustriert und glücklich.

5. Wenn du dir deine Emotionen bewußt gemacht hast, spüre, was du körperlich empfindest. Wo ist dein Körper entspannt und wo ist er verspannt? Hast du ein flaues Gefühl im Bauch oder bist du nervös? Was empfindet dein Körper in bezug auf deine Emotionen?

6. Beschreibe, was passieren würde, wenn deine schlimmsten Befürchtungen eintreffen würden. Was würde geschehen? Wenn deine schlimmste Befürchtung wahr geworden ist, was wäre das Schlimmste, was danach passieren könnte? Was käme danach? Was wäre das Allerschlimmste, was danach geschehen könnte?

Schließe deine Augen und gehe in deine größte Angst hinein. Sei mit ihr im selben Raum. Fühle sie, und laufe nicht vor ihr davon. Hat sie sehr viel Macht über dich? Kannst du beinahe über sie lachen, oder stellt sie tatsächlich eine Bedrohung für dich dar?

Bitte nun das Universum um Hilfe. Nimm deine Angst und übergebe sie dem Universum, überlasse sie deinem höheren Selbst. Bitte um Hilfe, Lösung, Weisheit oder was immer du brauchst, um dich von deiner Angst zu befreien. Atme tief ein. Wenn du ausatmest, fühle, wie du losläßt. Wenn du das Gefühl hast, fertig zu sein, öffne deine Augen und beschreibe, was du gerade erlebt hast.

7. Jetzt gehen wir in die entgegengesetzte Richtung: Was ist das Beste, was dir in deinem Leben passieren könnte? Was möchtest du wirklich? Wie sieht dein Idealbild von dieser Situation aus? Beschreibe ganz genau, wie du es dir vorstellst. Schließe dann deine Augen und entspanne dich. Stelle dir vor, daß diese Wunschvorstellung bereits eingetreten ist. Male dir die Situation aus, fühle und erlebe sie so, als wäre sie bereits Wirklichkeit. Wie fühlst du dich dabei?

Mache eine Art Anprobe, ob dir die Situation auch paßt und gefällt. Dann zeichne eine rosarote Seifenblase um dein Idealbild und blase sie in die Luft. Du überläßt die Seifenblase mit deinem Idealbild nun dem Universum. Es ist nun frei, um all das anzuziehen, was es braucht, um sich zu manifestieren.

8. Wenn du die Augen öffnest, frage dich, welche Negativ-Vorstellung dich daran gehindert hat, das zu verwirklichen, was du willst. Was ist der negativste Gedanke oder die größte Angst in bezug auf diesen speziellen Lebensbereich? Zum Beispiel: »Ich kann nicht bekommen, was ich will«, »Ich bin nichts wert«, »Niemand liebt mich.« Wenn du deine Negativ-Einstellungen gefunden hast, schreibe sie auf.

9. Du kannst diese Negativ-Einstellungen nun in Affirmationen umwandeln (siehe dazu das Kapitel ›Dein vollkommener Körper‹ und die Anleitung zu Affirmationen). Schreibe deine Affirmation regelmäßig auf oder sage sie dir vor, bis sie Wirklichkeit für dich geworden ist.

## Meditation

Setze oder lege dich bequem hin. Atme ein paarmal tief ein und aus und entspanne deinen Körper. Fühle, wie du in einen ruhigen Ort tief in deinem Innern sinkst. Fühle, wie du mit diesem Ort der Kraft und Kreativität, der Quelle deiner Kraft, in Kontakt kommst.

Projiziere dich von dieser Kraftquelle aus in die Zukunft, einen Monat, sechs Monate, ein Jahr oder mehrere Jahre später. Sieh dich in dieser Projektion genauso, wie du sein möchtest. Du bist der Schöpfer deines Universums, und dein Leben ist so, wie du es geschaffen hast.

Beginne, indem du dir bewußt wirst, wie du dich spirituell und emotionell fühlst. Fühle die Kraft in dir. Du vertraust deiner Intuition und folgst deiner inneren Führung. Deshalb geschehen Wunder in deinem Leben.

Schau dir nun deinen Körper an. Wie siehst du aus und wie fühlst du dich körperlich? Du hast jetzt einen Körper, der deinem spirituellen Bewußtsein entspricht – er ist stark, mutig, schön, lebendig und voller Energie. Spüre, wie sich dein Körper anfühlt.

Achte nun darauf, wie du dich kleidest. Stell dir vor, daß du genauso gekleidet bist, wie du es dir wünschst. Du bist wunderschön gekleidet. Wenn du deine Schränke und Schubladen öffnest, befinden sich darin genau die Kleidungsstükke, die du gerne besitzen möchtest.

Wie sieht deine Wohnung aus? Stell dir vor, daß du genauso wohnst, wie du es dir wünschst. Du hast dir deine Umgebung so geschaffen, wie du sie haben willst. Sieh dich darin wohnen. Fühle, wie es ist, so zu wohnen, wie es deinem Geschmack entspricht. Vielleicht hast du verschiedene Wohnungen an verschiedenen Orten überall in der Welt. Sei in allen deinen Wohnungen zu Hause.

Du hast deinen Traumberuf gefunden und die kreative Umgebung, wo du ihn ausüben kannst. Du verdienst eine Menge Geld damit, daß du das tust, was dir am meisten gefällt. Stell dir vor, wie du dich in einer Weise verwirklichst, die dir Freude macht.

Als nächstes schau dir die Menschen an, mit denen du jetzt zu tun hast. Deine Beziehungen sind jetzt lebendig, leidenschaftlich und kreativ. Die Menschen lieben und umsorgen dich. Wenn du einen bestimmten Partner oder mehrere Liebhaber in deinem Leben hast, erlebe die Freude und Intimität, die sie dir schenken.

Betrachte nun von diesem Ort der Kreativität und Freude aus die Welt. Stell dir die Welt als Spiegel der Transformation vor, die in deinem Innern stattgefunden hat. Nimm die Heilung des Planeten wahr. Stell dir die Welt genauso transformiert vor, wie du es dir wünschst.

Wenn du dies getan hast, sprich folgende Affirmation aus: »Dies oder etwas Besseres manifestiert sich jetzt zum größeren Wohle aller Beteiligten.«

## 24

# Eine Vision

Aus dem Fenster meiner Wohnung schaue ich über die San Francisco Bay auf die herrliche Stadt San Francisco. Das Licht über dem Meer und der Stadt verändert sich ständig. Manchmal ist es bewölkt und dunstig, dann wieder strahlend und klar. Aber es verbreitet immer eine mystische Atmosphäre. Vielleicht hat mich diese Aussicht aus meinem Fenster zu einer Vision inspiriert, zu einem Bild, das ich oft vor Augen habe:

Ich sehe eine alte graue Stadt vor mir, die am Verfallen ist. Sie fällt buchstäblich auseinander. Von ihren alten Strukturen sind nur noch Schutthaufen übrig. Doch der Schutt wird abgetragen, und eine wunderschöne neue Stadt erwächst an ihrer Stelle. Diese neue Stadt hat etwas Magisches an sich, und ein Zauber geht von ihr aus – sie scheint die Farben des Universums in sich zu spiegeln. Ich weiß, daß diese Stadt in unserem Inneren entsteht. Sie wird aus dem Licht erschaffen.

# Anhang

## Shakti-Center

Seit Jahren träume ich davon, ein Zentrum für Menschen zu eröffnen, die gerade im Übergang von der alten in die neue Welt begriffen sind. Diese Begegnungsstätte soll ihnen eine positive Umgebung bieten, in der sie lernen, wachsen und kreativ sein können. Dieser Traum ist jetzt Wirklichkeit geworden. In Marin County, Kalifornien (in der Nähe von San Francisco), habe ich das Shakti-Center gegründet, eine Einrichtung, in der Workshops, Kurse, Selbsterfahrungs-Gruppen, Ausbildungsprogramme und ein kreatives Kunst-Programm angeboten werden.

Darüber hinaus veranstalten wir Therapien und Intensiv-Workshops auf Hawaii und anderswo, sowie Wochenendseminare in ganz Amerika, die von mir und/oder Laurel King geleitet werden.

Nähere Informationen sind erhältlich über:

Shakti Center
P. O. Box 377
Mill Valley, California 94942/USA
Telefon (415) 388-7140

Shakti Gawain plant Workshops auch in Europa.*

---

* (Anm. d. Übers.)